职业教育工学一体化课程改革规划教材

21世纪高职高专规划教材·工商管理系列

现代企业经营管理

主　编　相成久

副主编　高　伟　丁熙鸿　苏　莉　楚　明　何　钢

参编人　董宪军　夏玉江　赵　静　冯　伟　李守静　张顺踊

中国人民大学出版社

·北京·

编写说明

一、教材编写理念

本教材以企业实际经营管理工作过程为导向和切入点，以任务为载体，以设立一个企业、完成一系列经营过程为主线，以企业设立与运营管理的职业能力培养为重点，以完成企业设立与运营管理岗位实际工作任务所需的知识、能力、素质要求选取教学内容，以真实或模拟的工作任务为载体对教学内容融合、重构和细化，遵循学生职业能力培养的基本规律，科学设计学习工作任务和学习情境，实现理论与实践一体化融合，教、学、做紧密结合。

二、教材编写特点

1. 由教师独立开发课程转向"校企合作"共同开发，充分体现教材的职业性、实践性和开放性。

2. 从对一个不存在的企业开展经营管理转换为选择项目设立虚拟企业并对企业进行运营管理，切实培养学生的职业能力。传统企业经营管理课程，是针对一个比较成型的企业当中各种孤立经营管理问题进行介绍，而这个企业是在什么背景下产生，如何产生，是做什么的，这些基本问题交代得不是非常清晰，给学生一种不真实、虚无缥缈的感觉，无法引发学生的学习兴趣，影响学生的学习效果。本教材很好地克服了这一问题，从引导学生选择合适项目自行设立的企业入手，围绕这个企业给定一些虚拟条件开展经营活动，完成一系列经营过程并检验最终经营成果。虽然成立的也是一个模拟企业，但通过选项目、设企业，学生知道了企业是如何产生、主要业务是什么，并结合这个企业按照企业运营主要过程完成一系列运营活动，可提高学习针对性，提高学习效果。

3. 教材从"学""做"分离转向"工学结合，做中学，学中做"，切实提高"教"与"学"的效果。传统企业经营管理教材教学多数遵循以教师为主体，教师讲，学生听，然后是作业练习，虽然教师力求通过大量的案例教学丰富教学内容，提高学生学习的兴趣与积极性，但往往学生容易忘记所学理论，或者学生的操作能力总是建立在老师教学之上，缺少主动探究和自主学习的能力。本教材真正体现了工学结合，让学生不但能够学后做、学中做，还能在做中学、做后学。通过进行基于工作过程系统化教材设计，使教材理论与实践有机结合、做与学有机结合、学习与实际工作有机结合，使教材成为学习任务的发起者和完成学习任务的指导者，最大限度地培养学生的职业道德、职业素质和职业能力。

4. 教材力求创设团队合作学习的环境与条件，有利于培养学生团队合作精神和学习能力。

5. 以教材为核心开发教学资源包，资源包以实现真实企业设立与经营管理文件及资源为主体，涵盖各个学习情境学习任务的辅助资源。

三、教材编写分工

本教材由工作在教学一线的教师与相关企业工作人员及工商管理人员合作编写，具体编写分工如下：学习情境1：丁熙鸿、张顺踊；学习情境2：相成久、李守静；学习情境3：何钢、苏莉；学习情境4：楚明、冯伟；学习情境5：高伟、赵静；学习情境6：相成久、董宪军、夏玉江。排版与校对：高伟；统编：相成久。

编写人员具体情况如下：

相成久（主　编，辽宁农业职业技术学院）

高　伟（副主编，辽宁农业职业技术学院）

丁熙鸿（副主编，常州轻工职业技术学院）

苏　莉（副主编，营口市农业工程学校）

楚　明（副主编，辽宁农业职业技术学院）

何　钢（副主编，苏州农业职业技术学院）

董宪军（参　编，黑龙江农林职业技术学院）

夏玉江（参　编，黑龙江农林职业技术学院）

赵　静（参　编，营口市农业工程学校）

冯　伟（参　编，恒熙服饰（大连）有限公司）

李守静（参　编，辽宁省营口市经济技术开发区熊岳工商分局）

张顺踊（参　编，营口壹佰分电子商务有限公司，http://www.ebuyf.com）

为方便教师采用情境教学，本教材提供配套使用的教学资源包。教师如有需要，可登录中国人民大学出版社官网 www.crup.com.cn 下载，或者致电 010-82501749 或发邮件至 Hull@crup.com.cn 索取。

本书在编写过程中引用了很多专家学者的观点和资料，在此表示真挚的感谢，由于时间仓促，如有差错和疏漏，恳请读者批评指正。

目　录

学习情境 1　市场调查

大舞台才能唱大戏，大市场才能做大蛋糕！市场有多大，企业规模才能有多大，财富攫取才能知多少！

——佚名

◎学习情境

李强是一所高职学院大二的学生，在校期间想利用自己所学的专业知识进行自主创业，可是到底从事什么创业项目才能攫取到自己的第一桶金呢？别人给他建议了几个项目，他也看到学院周边的很多生意非常火爆，又听说现在开网店很赚钱，这时李强陷入抉择的困境。同学们！你能帮助李强吗？

【学习目标】

通过本学习情境的学习，掌握市场调查基本知识，根据调查的目的和要求，有针对性地设计调查问卷与调查表，制定调查方案，组织实施市场调查活动，并对调查结果进行系统分析，撰写出调查报告，为科学选择项目奠定基础。

【情境任务】

任务1　制定市场调查方案

任务2　实施市场调查

任务3　调查分析与市场调查报告撰写

【学习建议】

1. 分组设计市场调查方案，实施实地市场调查。
2. 以小组为单位对调查取得的结果进行整理分析，撰写、交流调查报告。

情境任务 1　制定市场调查方案

◎情境导入

李强在经过一段时间的观察后，发现了一个商机：很多高校随着招生规模的扩大，学生人数剧增，与此同时剧增的师生日常生活用品需求量与高校内超市日常生活用品供应量之间产生了供需不平衡。于是，李强决定把握这一商机。为了搞好这一项目，他计划首先开展市场调查工作，并着手调查前的准备工作。

> 思考：怎样设计合理的市场调查方案？

行动任务 设计一份市场调查方案

1. 任务描述

针对某一个市场、某一个产品或为学校周边某一家企业（如某超市、某饭店），或者想了解大学生需求以便自己创业等内容进行一次市场调查，设计一份调查方案。

2. 任务建议

全班按6～8人一组分成若干小组，建议采用随机分组或采用"破冰游戏"分组，比如按班级人数能分6组，则按学生座位报数——1、2、3、4、5、6，循环。为了增加趣味性，可以设定4不允许报，遇到4报一个动物，其他人遇到4报的动物不能重复，报错的做一个小惩罚。要求每人记住自己的号码，都报完数以后，报1的为一组，报2的为一组，以此类推，完成分组。小组成立后即为一个团队，要求各小组选出队长、秘书，然后设计自己的队名、队徽、口号，进行小组成员分工等。

3. 任务要求

小组内自学学习任务中的基本理论知识，结合所学知识及网上搜索（可使用手机）了解如何撰写市场调查方案，之后以团队为单位撰写800字以上的调查方案（字数不含调查问卷），用A4纸打印上交。

方案格式和内容（仅供参考）

调研题目（学生自定）

团队名字、口号、队长、秘书、成员

1. 调查目的和内容。
2. 调查的对象和范围。
3. 调查的方法与实施计划。
4. 调查资料整理和分析的方法。
5. 调查日程安排、时间限制。
6. 调查预算。
7. 组员签字。
8. 附件：小组设计调查问卷一份（小组成员每人可以设计一份问卷，经小组讨论总结后形成一份问卷）。

教师评语

成绩评定

学习任务　初识市场调查

一、市场调查认知

市场调查就是采用科学的方法和客观的态度，对市场发展变化的现状和趋势进行了解与掌握，为企业管理者制定经营决策提供科学的依据。

（一）市场调查对企业的作用

1. 有利于提高企业的经济效益

产品是否满足消费者的需求是衡量一个产品好坏的标准，好的产品才能有好的收益。要保证企业获利，就需要了解消费者的真实需求，市场调查是确定消费者真实需求的最有效途径。因此，做好市场调查是企业取得良好经济效益的前提。

2. 有利于提高企业的竞争力

通过市场调查，企业能及时掌握竞争对手的动态与市场状况，可以对企业的综合竞争力进行分析和研究，并可以及时调整和改进自己的不足，使企业获取有利的信息，保证企业在竞争中立于不败之地。

3. 有利于控制与完善企业的营销信息系统

企业的整个环境信息全部来自于企业的内部系统与市场调查，通过市场调查可以不断地补充与完善企业的信息资料，以便管理者及时调用，为预测与决策提供可靠的依据。

4. 有利于企业发现市场机会

通过科学的市场调查，可以使企业发现一些新的市场机会与消费者对市场的需求，可以不断地改进并研制新的产品来满足市场的需要，及时掌握市场营销环境，为企业带来新的发展机遇。

（二）市场调查的内容

1. 市场环境

市场环境是指影响市场供求变化的宏观环境和微观环境，它们通过直接或者间接的方式给企业的生产经营活动带来制约和影响。

知识链接

市场环境主要包括宏观环境和微观环境。宏观环境主要包括政治经济环境、社会文化环境、自然地理环境、人口、经济、技术等；微观环境主要包括企业内部环境、供应商、顾客、竞争对手、销售渠道等。

市场环境调查的内容有三个层次：

（1）总体环境调查。主要包括政治法律环境调查、经济环境调查、社会文化环境调查、科学技术环境调查、社会人文环境调查等。

（2）产业环境调查。主要是调查企业所要进入行业的生产规模、产业状况、生产状况、市场的供求情况、产业政策、发展前景等。

（3）竞争环境调查。主要是调查产品原材料的取得渠道、产品在市场上的占有率、与其他同类企业的竞争情况、国内外的环境等。

2. 市场需求

市场需求是指有支付能力的需要。主要有市场容量、消费规模、消费结构、市场发展趋势、国家政策的变化对市场的影响及各种营销观念所引起竞争者之间销售状况的变化等。可以通过此项调查掌握市场需求的情况。

3. 市场供给

市场供给是指在一定时期内，生产者已经生产出来并且愿意出售的产品。市场供给量的大小是决定市场供给状况的重要变量，是市场是否持续稳定发展的前提。主要包括市场供给量、供给结构、生产与供应状况、供给变动影响因素及关系等。

4. 竞争对手

只有不断地掌握竞争对手的信息、市场占有等情况，做到知己知彼，才能在竞争中立于不败之地，正确把握经营策略，从而在市场上站稳脚跟。

5. 消费者行为

企业可以运用各种技术和方法，对消费群的认知、态度、动机、决策、购买行为、选择和使用进行分析研究，可以为企业预测并做出正确的决策，为企业制定合理可行的营销方案，使企业获利。

6. 公众情况

公众情况包括对社区、媒介、政府、国际、名流公众以及对企业内部全体成员的看法、态度、工作满意度、评价等进行调查，了解对企业的意见、要求及反应。

7. 顾客满意度

顾客满意度主要通过顾客对企业产品或服务的印象、口碑或评价，分析顾客的认知度、满意率、忠诚度等，发现问题和不足，改进企业工作，以减少顾客抱怨与流失，增加重购率，为企业创造良好的口碑，提升企业的形象。

8. 广告效果

广告效果主要体现在企业广告的到达率、记忆率和效力上。

9. 销售渠道

销售渠道是商品从生产者手中转移到消费者手中所经过的路线。企业对组织机构、销售方式是否方便、经济、合理、通畅，产品是否能满足消费者的需求等都要进行调查。

（三）设计市场调查问卷

1. 调查问卷的定义及特点

调查问卷是调查者事先根据调查的目的和要求所设计的，由一系列问题、说明、备选答案组成的书面文件，是用来收集所需资料的一种调查工具。其具有以下三个特点：

（1）标准性。使用标准性的问卷可以避免因调查者的随意询问而导致获取的答案和资料杂乱无章。

（2）匿名性。为了避免给被调查者带来不必要的麻烦，并且能让被调查者消除顾虑回答真实的感受，一般情况下，调查问卷是不需要被调查者在问卷上署名的。

（3）通俗性。由于调查者的水平参差不齐，所提出的问题一定要通俗易懂，忌讳使用过多的生词。

2．调查问卷的作用

（1）提高市场调查的实施效果。

问卷的标准化程度很高，在整个调查设计过程中能按照研究的原则和要求执行，设计严格的要求及注意事项。问卷设计将调查的目的、内容、问题及答案详细罗列，既节省时间又能保证在调查中准确、迅速地获取详细的资料，简单明了，能让大多数调查者易于选择和接受。

（2）便于对获取的资料进行数据处理和定量分析。

问卷可以将被调查者的态度、观点、动机、行为等定性内容固化为具体的数据表现，可信度高，便于调查者获取准确的资料，开展后期的数据处理与定量分析。

（3）使调查活动简单化，缩小人为计量的误差。

问卷提供了标准化和统一化的数据收集程序，使问题的用语和提问的程序标准化。对每一位调查者问完全相同的问题，每一位应答者看到或听到相同的文字和问题。只要被调查者有一定的文化水平和语言表达能力，就能完成问卷。由于此种方法简便易行，因此，问卷调查的使用面非常广泛。

3．调查问卷的种类

调查问卷按照问卷填答者的不同，可分为自填式问卷调查和代填式问卷调查。

按照问卷传递方式的不同，自填式问卷调查又可分为报刊问卷调查、邮政问卷调查、送发问卷调查和网上访问问卷调查。

按照与被调查者交谈方式的不同，代填式问卷调查又可分为访问问卷调查和电话问卷调查。

4．调查问卷设计的原则

（1）合理性。问卷必须与调查的内容有关。

（2）逻辑性。问题前后与问题之间要有整体感，并相对完善。

（3）条理性。设计问卷前后要有条理、思路清晰。

（4）明确性。问题明确规范。

（5）非误导性。问题中性，没有诱导成分。

（6）避开被调查者的敏感、隐私问题。

5．调查问卷设计的程序

（1）确定调查的目的和对象。

（2）收集与调查对象相关的资料。

（3）确定调查资料的收集方法。

（4）确定问卷的形式。

（5）调查问卷的合理性。

（6）修改定稿并实施。

知识链接

问题设计的方法

（1）直接性与间接性的问题设计。直接性设计针对的是可以直接询问的问题。间接性设计是避免询问敏感、隐私、有威胁的问题。

（2）开放式与封闭式问题设计。开放式问题对所提问题无直接答案，被调查者可以自由回答或者解释对问题的看法。封闭式问题是事先给定问题的各种可能答案，由被调查者选择回答。

（3）动机性和意见性问题设计。动机性问题是为了了解被调查者具体行为的理由而设计的。意见性问题是为了掌握被调查者的真实想法而设计的。

（4）两项选择问题与多项选择问题设计。

（5）量表问题设计。量表问题是为对被调查者的态度、意见或感觉等心理活动进行测定和判别而设计的。

实例链接

例 1—1

（1）直接性问题设计：您是什么职称？

间接性问题设计：不能直接问"您的收入是多少？"

（2）开放式问题设计：您认为目前大学生产生心理健康问题的主要原因是什么？

封闭式问题设计：您购买这部手机的主要原因是什么？

　　　A. 外观漂亮　　　B. 价格便宜　　　C. 性能较多　　　D. 售后服务好

（3）动机性问题设计：您为什么购买××牌香烟？

意见性问题设计：您对这个决定有何意见？

（4）两项选择问题设计：您是否去过北京？

　　　□是　□否

多项选择问题设计：您买电脑是因为（　　　　）。

　　　A. 工作需要　　　B. 上网聊天　　　C. 送给朋友　　　D. 赶时尚

（5）量表问题设计：您已经考过了，您还能再报考这个专业吗？

　　　A. 肯定会　　　B. 可能会　　　C. 也许会　　　D. 可能不会了

知识链接

调查问卷的基本结构

1. 开头部分

（1）标题（研究的主题）。

（2）问候语。

（3）填写说明。

（4）问卷编号。

（5）调查过程的记录情况。

2. 甄别部分

（1）确定合适的调查对象。

（2）排除其他受到干扰的因素。

3. 主体部分

主体部分是问卷的核心内容，设计问题及答案时要有必要的航码，设计项目理，能够满足调查目的。

4. 背景部分

问卷的最后，所列项目为了方便对调查资料进行分类与分析，应根据调查目的和资料分析员的要求合理确定。

实例链接

例1—2　　　　　　　　某超市调查问卷

同学：

您好！

随着高校的大规模扩招，各高校在校学生数量不断增长，高校园区及周边拥有庞大的学生消费市场。超市作为高校园区的日常购物场所，为了能更好地为顾客服务，提高服务质量和满意度，以及了解消费者购买状况，特进行一次市场调查，感谢您的参与！

1. 您了解××超市吗？（　　）

A. 非常了解　　　　B. 比较了解　　　　C. 一般了解　　　　D. 不了解

2. 您在××超市消费过吗？（　　）（已在××超市消费过的请填写第3～9题）

A. 是的　　　　　　B. 没有

3. 您是通过哪些途径了解××超市的？（　　）

A. 同学或朋友　　　B. 杂志　　　　　C. 网络　　　　　D. 报纸

E. 其他

4. 您去××超市的次数为（　　）。

A. 一周1～3次　　　　　　　　　　　B. 一周4～7次

C. 7次以上　　　　　　　　　　　　D. 不去

5. 您购买以下商品的频率由多到少依次为（　　）。

A. 饼干或面包类　　　　　　　　　　B. 泡面类

C. 饮料类　　　　　　　　　　　　　D. 学习用品类

E. 生活用品类　　　　　　　　　　　F. 其他

6. 您对××超市的商品陈列环境的满意度为（　　）。

A. 非常满意　　　　B. 比较满意　　　　C. 一般满意　　　　D. 不满意

E. 不清楚

7. 您对××超市的综合印象为（　　）。

A. 非常好　　　　　B. 比较好　　　　　C. 一般　　　　　D. 不好

E. 不清楚

8. 您对××超市员工的服务态度的满意度为（　　　）。

A. 非常满意　　　　B. 比较满意　　　　C. 一般满意　　　　D. 不满意

E. 不清楚

9. 通常您喜欢在哪里购物？（　　　）

A. 生活区超市　　　　　　　　B. 生活区便利店

C. 外面大型超市　　　　　　　D. 不清楚

10. 若您选择购物场所，您的理由是（　　　）。

A. 方便　　　　　　　　　　　B. 便宜

C. 服务态度好　　　　　　　　D. 便利

E. 从众心理　　　　　　　　　F. 不清楚

11. 您一周的购物消费费用大致为（　　　）。

A. 60 元以下　　　　　　　　　B. 60～100 元

C. 111～200 元　　　　　　　　D. 201 元以上

12. 请您用简短的语句谈谈××超市在哪些方面需要改进。

13. 您对一些超市或便利店"假一罚十"的宣传有何看法？

14. 您的性别：＿＿＿＿；籍贯：＿＿＿＿＿＿＿＿；所在院校：＿＿＿＿＿＿＿＿＿

二、市场调查的原则和程序

（一）市场调查的原则

为了能够获取符合客观实际的市场信息，达到为经营管理决策提供信息支持的目的，市场调查应遵循以下原则：

1. 客观性的原则

客观性的原则是市场调查中最重要的原则，要求调查人在收集信息与资料时必须真实准确地反映实际情况，不能带有个人的主观偏见，保证市场调查资料客观地反映市场的真实情况。

2. 系统性的原则

只有全面系统地收集到有关的市场经济信息，才能对市场做出正确的分析，得出科学的结论，做出明确的决策。只有全面系统，才能防止片面性、主观随意性。由于企业的生产经营受到内部与外部环境的影响和制约，这就要求从多方面描述和反映调查对象本身的变化和特征，做到调查项目的齐全并具有连续性，以便不断地累积信息，进行系统的分析和利用。

3. 时效性的原则

信息在收集、加工、传递、贮存过程中都要及时，讲求时间效益，才能充分提高信息数据的利用价值，掌握时机，抓住机会，使生产经营活动及时地进行。否则，会造成经营决策的滞后，产品不能适销对路。所以，及时掌握有利的情报资料、及时分析、及时反馈是市场调查过程中必须掌控的原则。

4. 经济性的原则

企业在市场调查获取信息时，还要考虑选择恰当的调查方法，节约调查成本，以最少的消耗取得更多的调查资料。所以，尽可能选择合理、经济的调查方法满足调查的目的。

5. 针对性的原则

市场调查的目的主要是解决企业在生产经营过程中所遇到的问题，所以，在进行调查时，要有针对性地进行调查，避免因为调查的内容不适宜而浪费更多的人力、物力、财力。

（二）市场调查的程序

市场调查的程序是指从客户提出调查要求开始到调查结束的全过程及其作业程序。建立一套系统科学的工作程序，是市场调查得以顺利进行、提高工作效率和质量的重要保证。市场调查工作流程如图 1—1 所示。

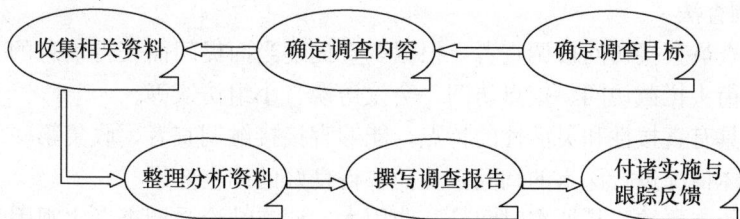

图 1—1　市场调查工作流程

1. 确定调查的目标

从消费者的需求或者从企业自身的目的出发，调查者必须明确所要调查的主体、客体，明确因为什么调查、从调查中想要得到什么、调查能得到什么样的好处、调查会有什么样的结果。只有明确了这些问题，才能更好地开展调查活动。

2. 确定调查的内容

根据确定的调查目标，运用定性研究和系统规划的方法，对市场调查的目的、内容、方法及抽样、调查质量的控制、统计分析、调查的时间进度、费用预算及调查的组织安排等作出具体的规定和设计，在此基础上制定市场调查方案或市场调查计划书。

3. 收集相关资料

通过由研究人员设计好的调查问卷，运用合适的市场调查方法，科学细致地进行组织管理和质量控制，使资料的收集做到准确、及时、全面和系统，确保调查的质量。资料采集的方式通常包括访问、问卷复核和回访三项工作。

4. 整理分析资料

实地调查结束后，即进入调查资料的整理和分析阶段，收集好已填写的调查表后，由调查人员对调查表进行逐份检查，剔除不合格的调查表，然后将合格调查表统一编号，以便于调查数据的统计。调查数据的统计可利用 Excel 软件完成。将调查数据输入计算机后，经 Excel 软件运行后，即可获得已列成表格的大量统计数据，利用上述统计结果，就可以按照调查目的的要求，针对调查内容进行全面的分析工作。

5. 撰写调查报告

调查报告是市场调查的成果，它所提供的资料会对企业的经营决策产生重要的影响。另外，调查报告也是市场调查人员市场调查水平的体现，所以撰写时必须十分慎重。当调查人员对数据所反映的规律、问题有比较清楚的了解之后，研究者就可以着手撰写调查报告。

6. 付诸实施与跟踪反馈

调查者应了解管理者是否采纳调查报告所提出的建议，是否采取措施，并对实施进行跟踪，适时进行调整与修改，以期获得较佳的实施效果。

三、市场调查的方法

市场调查的技术方法分为访问法、文案调查法、观察调查法、实验调查法。

（一）访问法

访问法是以访问被调查者的方式收集所需的资料，是市场调查中最常用的方法之一。按照与被调查者接触的方式分为以下 5 种方法：

1. 面谈调查法

它是由调查员直接访问被调查者，根据调查提纲当面提问而获得信息的方法。其方式有入户访问、街头拦截访问、定点访问、会议访谈、小组访谈等。

面谈调查具有直接性和灵活性的特点，能够直接接触调查者，收集第一手资料，根据被调查者的具体情况进行深入的询问，从而取得良好的调查效果。

面谈调查的主要缺陷是调查时间长、费用大，调查结论受调查者主观因素影响大，调查者个人的态度与兴趣会使得他对应答者的回答做出不同的解释。

🔍 知识链接

街头拦截法是在特定场所拦截访问对象，对符合条件者进行面访调查。这种调查方法相对简单，主要有两种方式：一是街头流动拦截访问，在交通路口等事先选择的地方，先征得访问对象同意后，在现场按照问卷进行简短的面访调查；二是在中心地调查或厅堂测试，拦截访问对象，征得其同意后，到事先安排的房间或厅堂内按一定的程序和要求进行询问。

拦截访问的优点如下：

（1）面对面访问，省时、省力、效率高。

（2）便于对访问员实行监控。

（3）相对于入户访问费用低。

拦截访问的缺点如下：

（1）无法掌握被访者基本资料，回访较难实现。

（2）访问过程易被中止。

（3）访问者主观意识强，对被访者的选取结果影响较大。

入户访问法是对已经抽取的样本由访问员到被访者家中逐一进行访问，是最常用的调查方法之一。

入户访问的优点如下：

（1）调查时间长，获取资料较多。

（2）掌握被调查者的基本资料，便于回访。

（3）调查过程顺利，问卷完成率高。

（4）可重复调查，调查结果准确。

入户访问的缺点如下：

（1）调查费用高，含劳务带、交通带、礼品带。

（2）对调查人员的素质要求较高。

（3）被访者戒备心较强，拒访率高。

（4）对访问进程难以控制。

2. 电话调查法

电话调查法是指调查者根据事先设计好的调查问卷，通过电话向调查对象提问，并笔录答案的调查方法。

电话访问的优点：反馈速度快，省时；访问成本低；访问方式容易被访问者接受；容易控制访问过程。电话访问的突出优点表现在它的高速度、低成本。

电话访问的局限性：受时间限制，不能做深度采访；受电话拥有率的限制，采访用户偏于有电话的被调查者；访问效果只限于语音通话，无法达到其他效果；因为是背书采访，无法确定被调查者所提供的信息是否准确有效；无法判断被调查者的心态；拒答率高。

3. 邮寄访问法

邮寄访问法是调查人员将事先设计好的问卷，通过邮寄的方式送达被调查者手中，请他们答卷后在规定时间寄回，以获取信息的方式。其也可通过报纸、杂志完成。

邮寄调查的优点：调查方式经济，成本低；时间较其他方式宽裕，被访者自由度大；被调查者时间较多，获取信息含量较大；调查区域广；因调查方式容易被接受，可进行深度调查。

邮寄调查的缺点：因无法控制被调查者，可能引起不必要的误会；深度访问对被调查者的要求较高；被调查者的主观意识较强；调查时间较长，信息收集时效差；回收率偏低，影响调查的代表性；距离邮局较远的被调查者不便寄送调查阅卷。

知识链接

邮寄访问法的应用

邮寄调查比较适合对调查的时效性要求不太高，调查对象的名单地址都比较清楚，调查经费比较紧缺，而调查内容又比较多、比较敏感的项目。

提高邮寄访问问卷回收率的方法如下：

（1）做些事后性的工作，跟踪提醒。

（2）提供一些"奖励"给予鼓励。

（3）提前通知被调查者。

4. 网络调查法

网络调查法是通过网络来完成问卷的设计、样本抽取、具体的调查和数据处理等整个调查过程的一种调查方法。网络调查法按照采用的技术方法的不同可分为站点法、电子邮件法、随机 IP 法等。

网络调查法的优点：调查问卷资料全面；调查时间不受限制，较随意；较其他方法而言，有很强的时效性；调查过程无须人员干涉，误差小；调查成本低。

网络调查的缺点：被调查者必须是有电脑的用户，调查范围小；网络突发性事件较多，可能造成资料收集不完整；调查过程无法监控，调查结果的准确性也不能验证。

（1）站点法是目前网络调查的基本方法，是将调查问卷置于网络中供受访者自行填答后传回站点的做法。属于被动调查法。

（2）随机 IP 法：是一种被动调查法，通过随机抽样以随机 IP 地址作为抽样样本进行调查的方法。

（3）电子邮件法是指通过发送电子邮件给被调查者，由被调查者填写后反馈给调查者的调查方法。

5．留置问卷调查法

留置问卷调查法是指调查人员将调查表当面交给被调查者，并向被调查者说明调查目的，由被调查者自行填写调查问卷，再由调查人员按约定日期收回或由调查对象寄回的一种调查方法。它介于邮寄调查法和面谈调查法两种调查方法之间，其特点也介于两者之间。

留置问卷调查的优点：被调查者完成调查随意性强；成本相对较低；调查者可控制回收时间，问卷回收率高。

留置问卷调查的缺点：无法掌握被调查者的行为，无法控制进程；被调查者的随意性强，可能导致测试结果失真；调查时间较长；调查区域范围有一定限制。

（二）文案调查法

文案调查法是指间接地通过查阅各种文献获得信息，简便易行、省时省力，容易组织和实施。

文案调查有以下局限性：

（1）文案资料缺乏较强的真实性。作者在编写文献资料时带有极强的个人主观性，而且一些文案因各种原因与事实不相符合，会影响文献的真实性。

（2）文案收集的难度较大。因一些文案的稀缺及某些领域的保密性质，使得文案调查难度较大。

（3）文案调查的时效性较差。文案调查是一个资料收集、归集、整理的过程，并且收集的主要是历史资料，时效性较差。

（三）观察调查法

观察调查法，就是在现场直接观察或利用各种仪器观察被调查者行为或现场事实的一种收集资料的方法，也可称为实地研究方法。包括：

（1）行为记录法，即通过录音、录像等其他检测技术手段，直接了解消费者需求的不同偏好和营销服务中的各种问题。

（2）直接观察法，即调查人员通过直接观察了解消费者的消费行为。

（3）痕迹统计法，即通过对消费者用后感受的某种痕迹的统计了解、发现自己经营的产品和服务中所存在的问题。

观察法的优点：可以直接了解资料，信息真实度较高；对被调查者的要求不高，适用性强；资料可靠性高，简便易行，灵活性强。

观察法的缺点：只能做表面资料收集，无法深度调查；时间长，费用高；对调查人员的要求较高；观察结果不能代表全面。

知识链接

观察法的应用范围：顾客行为、顾客流量、产品的使用现场、产品销售环境布置。

（四）实验调查法

实验调查法是指市场调查人员有目的地改变影响因素，通过产品的试验或者试销来掌握市场行情的一种方法。

实验调查法的优点：能够揭示问题的实质；真实环境下的调查结果既客观又实用；可以主动地进行变量控制；实验的结论有较强的说服力。

实验调查法的缺点：因短时间无法得出真实结论，所以时间较长；实验必须现场进行，无法保密；因素变化较大，具有一定的局限性；所支出的费用较多，实施难度大。

四、制定市场调查方案

（一）市场调查策划

市场调查策划，也称为市场调查方案设计，是市场调查者根据调查研究的目的和调查对象的性质，在实际调查之前，对调查工作的过程进行安排，提出相应的调查实施方案。

通常这一工作过程包括明确调查问题、确定调查对象与调查总体、确定调查的方法、设计调查执行计划、资料整理和撰写报告、做好调查经费预算等内容。

（二）市场调查方案

市场调查方案有探索性调查方案、描述性调查方案和因果性调查方案。

1. 探索性调查方案

探索性调查方案是在问题的性质不能肯定时而进行的小规模调查活动。是一种定性研究，要求比较简单，也不太严格，一般不涉及问卷调查，具有高度的灵活性。经常采取抽样的方式选择被调查者，主要作用是提示深入研究这一现象或问题的可能途径。

实例链接

例 1—3

某企业产品市场销售量下降，企业无法逐一查明原因，便可用探索性调查来发现问题：是产品处于饱和状态，还是广告宣传做得不够？是产品销售效率不到位，还是消费者改变了消费嗜好？……

2. 描述性调查方案

描述性调查方案是对有关情形缺乏完整的知识时提前设计和规划好了的，建立在大量有代表性的样本基础上的调查活动。它能够提示市场的特征和功能、市场发展变化趋势，为市场营销决策提供依据。调查时应注意两种情况：一是描述的准确性，二是描述的概括性。描述性市场调查策划的重点应放在问卷设计以及抽样方式和样本容量的确定这两个方面。

> **实例链接**
>
> 例1—4
>
> 某销售经营区了解到该地区的主要消费者是40～50岁的中年妇女，并经常介绍同性消费者光顾购物。其掌握了描述性调查的重要决策信息，便可引起经营者的重视。

3. 因果性调查方案

因果性调查方案是需要严格定义问题时，调查一个因素而引起的另一个因素改变的研究活动。目的是寻找足够的证据来验证关联现象或者变量之间的因果关系。因果性调查和描述性调查相似，也需要精心设计，常用的方法是进行实验。

通常假设互补产品的价格变化会引起销售的增加和市场份额的提高，但在特定的竞争环境里，这个假设并不能获得支持。

（三）撰写市场调查方案设计书

市场调查的方案设计有多种，要求从中选择最优方案并加以讨论，最后一般要提供给客户保存，作为今后检查的依据。

市场调查方案设计书的格式大致包括以下几个方面：

（1）标题：要求简明扼要，一目了然。

（2）前言：即摘要，简明扼要地介绍整个调查方案出台的背景、调查原因。

（3）调查目的和意义：说明调查的原因、依据及调查的意义。

（4）调查内容、调查方式方法、调查表及问卷设计、项目范围。

（5）整理分析和提交结果的方式：说明调查报告的数量、形式。

（6）调查进度表：把调查过程中的每个步骤、所需要的时间、负责人及注意事项详细列成表格。

（7）调查费用：尽可能列出总费用及费用明细表。

（8）附录：主要包括调研项目负责人及主要参加者，说明每个人的基本情况、专业水平、调查分工及经历。

情境任务2 实施市场调查

◎情境导入

李强等通过学习市场调查基本知识，设计好了一套完整的调查方案，准备用适当的调查方法对一些高校内市场做详细调查，可是，选择什么样的人员来进行调查才能收到真实的调查资料和高质量的问卷，并能取得好的调查效果呢？李强为此沉思了很久，决定开始着手实施市场调查。

> **思考：调查人员的管理与监控哪个更重要？**

行动任务　市场调查组织实施

1. 任务描述

针对情境任务 1 设计的市场调查方案，印制市场调查表，组织人员到高校校区内或校区周边人员密集的地方进行实地市场调查。调查对象根据调查方案可选择学生和群众，调查方法自由选择。

2. 任务建议

以小组为单位，课上小组讨论研究调查具体事宜，分工并学习如何进行市场调查组织。课余时间组织实地市场调查，并收集调查表。

3. 任务要求

以团队为单位，撰写市场实地调查总结，要求 800 字以上，用 A4 纸打印上交。

格式和内容（仅供参考）
调查题目
团队名称
队长名字
调查组织分工
一、调查中的收获
二、调查中遇到的问题和不足
三、改进措施
队员签字
教师评语

学习任务　市场调查实施

一、市场调查人员的管理

（一）市场调查人员的素质要求

调查工作的主体是市场调查人员，其素质的高低直接影响市场调查的结果。市场调查人员只有具备了一定的素质和条件才能胜任专业技巧性的业务、个体分散的活动和团体合作性的市场调查工作。具体应达到以下几个方面的要求：

（1）具有良好的思想品德。思想品德素质是影响市场调查效果的一个重要因素，也是决定调查人员良好职业道德的首要条件。应从政治素质、道德修养、敬业精神、谦虚谨慎四个方面入手考察市场调查人员的思想品德。

（2）具有较强的分析研究能力。掌握资料审核、分组、整理的方法，掌握资料分析的技术，并能熟练使用 Excel 和 SPSS 等软件系统进行数据处理；能够创造性地运用专业理论解决新问题，根据调查结论提出创新性意见和建议。

（3）具有较高的文化素养和必要的市场调查知识。市场调查需要应用现代化的手段分析市场现象及规律，进行市场预测。因此，要求调查人员要有较广博的文化知识，具有敏锐的观察能力和较强的口头和文字表达能力，能够准确、快速地将被调查者的回答完整地记录下来。

（4）具有良好的身体素质和心理素质。一个合格的市场调查人员应是勤学好问、有思想、有知识并具有创造性的，必须善于倾听、善于思考、善于提出问题、分析问题和解决问题。

（5）具有强烈的责任感并掌握标准的普通话。缺乏责任感的人，即使工作能力很强、专业水平很高，也很难把事情做好。尽量选择普通话标准的人作为市场调查人员，同时也要具体情况具体分析，必要时可采用地方方言进行调查。

知识链接

市场调查人员的责任

（1）提问。提问时，调查人员一定要按要求去提问，不要太随意。

（2）保密。保密是市场调查人员应该具备的最基本的职业道德。

（3）记录。调查人员做调查记录时要求准确，填写清楚、整洁，防止编码时出差错。

（4）审查。调查结束，调查人员要检查整个问卷是否都准确完成等事宜。

（5）发送礼品、礼金。

（6）调查人员不能自作主张地访问另一个人来代替拒访者。

（二）调查人员的培训内容

培训的基本内容如下：

（1）调查人员的责任培训。通过培训让调查人员明白个人所应该承担的责任与工作态度，激发调查的积极性。

（2）市场调查专业知识培训。一个合格的调查人员应该懂得市场调查原理、统计学、市场学、心理学等知识。

（3）项目操作培训。应该加强调查人员在问卷设计、访问方式、分析技术报告等方面进行项目操作的指导和培训。

（4）访谈技巧培训。为了保证调查过程的质量，提高工作效率，应该对调查人员进行访问技巧的培训。

知识链接

访问技巧是指调查人员为了获得准确、可靠的调查资料，运用科学的访问方法，引导受访对象提供所需情况的各种方法和策略。

（1）提问时要注重用词，并在调查时严格按照执行。

（2）严格按事先编排好的顺序提问，不要随意改变问题的顺序。

（3）掌握提问的节奏与速度。

（4）访问调查时不遗漏问卷上的任何一个问题。

（5）严格按要求询问。调查者不可以在被调查者不明白某一问题重复询问时画蛇添足。

（6）重复提问问卷重要词句。

（三）培训的基本方法

（1）环境模拟培训法。培训时由培训者和受训者或者受训者相互之间进行角色转换，一对一模拟调查，练习调查过程。

（2）短期培训班培训法。请有关专家对调查课题的意义、内容、方法等进行讲解，是目前最常用的一种培训法。

（3）参会培训法。召开相关会议让具备一定水平的调查人员参会，并做经验交流与研讨。

（4）分层培训法。也叫哈雷斯法，该方法是由经济学家哈雷斯从自身从事的市场调查与预测经验中总结出来的一种方法。可将受训人员分为监督员与访问员。

（5）实习锻炼法。让培训者到自然的调查环境中实习和锻炼。通过锻炼对实习中出现的问题和经验及时进行总结。

（6）试访培训法。即在培训之后，正式访问之前，调查者到调查现场进行实地访问。通过实际场景的模拟来发现调查员在实际工作中会遇到的各种问题。

二、市场调查进度的控制

（一）市场调查项目控制

1. 对调查计划是否能够顺利执行要进行有效的控制

调查计划是为了保证调查工作的顺利执行而拟定的事先工作安排，安排的是否妥当直接影响调查的质量与结果。其包括对调查人员的选择、培训、调查当中的经费支出、调查进行的日程等。其对于调查人员的选择有一定的要求，比如调查人员的思想道德、文化素质、沟通能力等。调查计划的监督还要注意在调查过程中经费使用的经济性、费用标准、时间及阶段性工作安排。

2. 有效审核调查问卷是否合理是调查质量的重要保证

将初步完成的问卷审核后，再根据内容选择有代表性的调查者进行调查，从调查过程中掌握因为问卷的设计质量而出现的问题，比如误差、调查语言的设计、问题的选项、问卷的内容等。依据测试结果对问卷中表现出来的问题进行反复检测，对发现的问题及时修正。

3. 验证抽样方法是对项目控制的关键环节

在调查过程中，因为调查研究的目的、调查问题的性质及调研经费客观条件都需要调查人员掌握各种类型和各种具体的抽样方法，因此对已经选定的抽样方法应该进行验证。

（二）市场调查人员控制

市场调查人员是调查过程中的一个重要因素。只有通过对调查人员的控制才能掌握调查资料的可靠性及来源，并根据任务与调查质量给予相应的激励。可以从以下几个方面监控调查人员访问的真实性。

1. 调查问卷控制

对调查人员已经完成的调查问卷进行检查，可以从所答问卷的字迹、答卷是否存在问题进行检查，发现问题及时进行处理。

2. 实地现场控制

控制者与调查人员共同进行实地调查，在现场可以对调查人员不符合规定的做法予以指点和纠正，以期收到满意的效果。这种方法适合于电话访谈、拦截访问等调查法。

3. 电话回访

根据调查人员提供的电话号码，由督导或专职访问员进行电话回访。

4. 查实复访

根据调查人员提供的真实地址，由控制者依据调查人员提供的地址进行实地查证。这种方法需要花很多的时间和精力，但控制效果较好。

三、调查质量的监控

调查质量是调查受益者或调查需要者最关注的准确性问题，是指调查的结果与实际情况符合的程度。

（一）调查质量控制的程序

1. 确定控制的目标和控制标准

质量控制目标是调查目标中对调查结果影响较大的因素及关键环节。质量控制标准是反映质量控制目标的各种调查标准，是控制的依据。

2. 对调查过程分阶段进行检查

确定控制目标和控制标准，在实际调查中始终以此为准则，进行每一阶段的比对与检查，及时找出问题及时解决。

3. 解决控制中发现的问题

在对调查质量进行检查时，一旦发现存在问题，就需要迅速做出反应，适时采取纠正措施，以保证调查的总体质量要求。

4. 总结并跟踪反馈

通过归纳质量控制中出现的各种问题，加以整理，以备再次做调查时总结经验教训，并通过调查结果收集反馈意见。

（二）调查质量控制的原则

1. 预先控制的原则

对调查过程中可能出现的失误加以预防控制。

2. 全过程控制的原则

对调查过程中所涉及的调查人员、地域及整个调查活动等各种因素进行有效的控制。

3. 客观控制的原则

以标准的调查要求和准确率为依据客观地衡量和评价调查质量，不受调查者与被调查者主观意识的影响。

4. 质量为主兼顾相关问题的原则

质量控制是调研中的核心问题，但不应该为了处理质量问题而忽略其他相关问题。每一环节都应该做到适度并将可能出现的错误降低到最低程度。

知识链接

市场调查中可能出现的失误

(1) 因违反抽样原则或者应用不合适的抽样方法造成的系统失误；

(2) 所抽取样本不能代表调查全面造成的失误；

(3) 因被调查者拒答等原因造成的调查不全面；

(4) 因调查者误解意思、情绪抵触等引起的调查失误；

(5) 因调查者偷懒、作弊等行为引起的调查失误。

情境任务 3　调查分析与市场调查报告撰写

◎情境导入

通过一段时间认真细致的安排与运行，李强获取了已经调查完毕而收到的大量问卷。下面的任务就是要通过一些合理的方法与工具对这些调查问卷进行分析，以验证这次调查的质量和效益。李强开始组织调查分析人员对调查问卷进行分析，通过分析，李强的团队获得了有价值的信息，并撰写了此次市场调查的报告。

思考：如何通过合理的方法进行市场调查分析？如何撰写市场调研报告？

行动任务　通过调查分析撰写调查报告

1. 任务描述

针对上文情境任务 2 收集的调查问卷，统计下发数量和回收数量，计算回收率，之后进行问卷整理，统计调查数据，填制统计表；按照本情景任务中相关的定量和定性分析的方法进行统计分析，通过分析获得有价值信息，利用获得信息撰写市场调查报告。

2. 任务建议

以小组为单位，课堂上团队内研究如何进行统计分析，采用何种方法，收集各类市场调查报告的格式和写法，利用计算器等工具进行计算分析。课后建议利用 Excel 数据分析工具及数据透视表自动分析（注 Excel 数据分析工具需要加载宏，将后四项勾选才能使用），一些数据还可利用图表分析直观体现。统计分析结果出来以后按照市场调查报告的格式要求，进行小组内分工，每个人编写一部分，最后合成报告，由队长审阅。

3. 任务要求

以团队为单位，撰写市场调查报告，要求 1 000 字以上，用 A4 纸打印上交。

格式和内容（仅供参考）

首页：报告题目　团队　时间

次页：团队名称、队长名字、秘书、组员、分工情况、组员签字

三页：目录

四页：正文

附件：

🦋 学习任务1　市场调查分析

　　市场调查分析是指资料收集者以某种方式或者方法将收集到的调查资料重新呈现出来进行再次分析，以取得调查结果中有用的信息资料。

一、市场调查定性分析方法

（一）定性分析市场调查资料的步骤

　　（1）确定调查资料分析的内容，并审核分析数据。调查分析人员首先要确定分析问卷内容中的哪一部分内容，并审核准备分析的数据是否存在不合理或者不真实之处，并认真阅读数据代表的真实含义。

　　（2）收集与调查分析有关的知识。调查分析人员应该准备好与调查分析有关的知识，以备在分析中应用。

　　（3）制定分析方案。制定分析方案是指整体性考虑分析什么材料、用什么理论、从什么角度对调查资料数据进行解释。

（4）进行资料分析。调查分析人员从这一阶段开始对市场调查资料进行分析研究和解释。

（5）得出综合的分析结论并开始应用。

（二）市场调查定性分析中应该注意的问题

（1）所分析的资料应该具有可靠性和代表性；

（2）在市场调查定性分析中，应该选用适当的分析方法；

（3）应该对确定选用的分析方法再次审定其合理性与代表性；

（4）应该分析调查的核心目的，确定此次调查分析的方向和最终目标。

（三）市场调查定性分析的方法

市场调查定性分析主要是通过对事物性质的确定、对问题实质及相关理论分析从而进行科学阐述的一种方法。具体有以下几种方法：

1．比较分析法

比较分析法又叫对比分析法，是通过对资料中同质的、不同质的资料进行对比，来分析调查资料中事物的联系与区别的一种方法。

知识链接

比较分析法的种类

1．计划执行情况分析

通过实际收集资料与计划情况比较，分析计划执行进度和完成情况。

2．结构对比分析

通过对调查内部构成及不同时间变化的分析，掌握规律及特点，了解调查的本质和获取资料的真实性。

3．质量对比分析

通过资料之间的关联对比分析，反映调查结果是否达到预期的质量和效果。

4．强度对比分析

通过对不同质而密切相关的资料进行强度对比，从而反映调查结果的普遍程度和利用程度。

2．推理分析法

推理分析是按类别分解市场调查中的资料，把握其特征与本质，找出相似及关联，进行合理的逻辑推理。

3．演绎分析法

演绎分析法是把调查资料的整体分解为各个部分，形成分类资料，并通过对这些资料的研究分别把握特征和本质，然后将这些分类研究得到的认识综合起来，形成对调查资料整体认识的逻辑方法。比如对供煤单位进行市场调查，就可以将其煤质、运力、货场等分别进行调查然后汇总，形成一个总体的评价。

4．归纳分析法

归纳分析法可分为完全归纳法和不完全归纳法。完全归纳法是根据调查中的每一个对象都有或都不具有的某种属性，从而归纳出该类事物的全部对象都具有或不具有这种属性的归纳方法。不完全归纳法是根据所要调查产品中部分对象具有或不具有某种属性，且又没发现反例，从而推论出该类事物都具有或不具有某种属性的归纳法。这种方法建立在经验基础上，具有一定的可靠性，简单易行，但可能具有偶然性。

（四）市场调查定性分析的特点

（1）定性分析是对分析目标的性质进行的分析，分析的是目标的本质，有其特殊的个案，需要大量的资料。

（2）与定量分析不同，定性分析无标准化的程序限制，在分析时常变化，比较灵活。

（3）定性分析研究的是事物的整体，而不是某一个点或者面。

（4）定性分析受调查分析者的个人主观因素影响较大，其方法使用上逻辑性较强。

（5）定性分析法是使用逻辑性较强的分析方法，以事实材料为前提。

二、市场调查定量分析方法

市场调查定量分析方法不同于定性分析方法，主要从以下三个方面进行分析：

（一）集中趋向分析

集中趋向分析是一种描述性统计分析法，主要描述数据分布中心的统计量。根据总体各单位的数据差异与集中性，反映社会经济状况的特征和总体中各单位数量一般水平的数值。主要有平均数、众数、中位数等。

1. 平均数

平均数反映了一些数据必然性的特点，是数据数量规律性的一个基本值。简单的平均数是把过去几期实际数之和除以时期资料的个数，得到平均数，并把它作为分析的资料值。一般的计算公式为：

$$\overline{x} = \frac{x_1 + x_2 + \cdots + x_n}{n} = \frac{\sum x}{n}$$

利用平均数，可以将处在不同空间和不同时间的现象进行对比，反映现象一般水平的变化趋势或规律，分析现象间的相互关系等。

📠 **实例链接**

例 1—5

某企业 2015 年 12 个月的生产销售额记录见表 1—1。

表 1—1　　　　　某企业 2015 年 12 个月的生产销售额　　　　　单位：万元

1月	2月	3月	4月	5月	6月	7月	8月	9月	10月	11月	12月
33	31	29	28	29	30	33	32	31	28	29	30

$$\overline{X} = \frac{33+31+29+28+29+30+33+32+31+28+29+30}{12} = 30.25（万元）$$

该公司 2015 年月平均生产销售额为 30.25 万元。

在本例中，30.25 万元充分说明了 2015 年全年的平均销售水平，可用以分析比较上一年度数据，也为下一年度提供依据。

---

2. 众数

众数是指在一组数据中出现次数最多的数据。众数能够反映大多数数据的代表性。众数可反映问题的实质，并有针对性地解决问题。但其依赖组数中出现次数过多的数据，所以一般只用众数描述定类变量的分布中心。

在调查实践中，有时只需要掌握一组数据中出现次数最多的数据就可以反映某一社会经济现象，无需进行其他方面的核算。

实例链接

例 1—6

A 组数据：4、4、5、5、6、7 的众数是多少？（4、5）

B 组数据：1、3、4、5 的众数是多少？（没有）

在上述两组数据中，众数就是列出的所给数据中出现次数最多的那个，比其他数据出现的频率都高。如 A 组中的 4、5。如果数据出现的个数一样，或者每个数据都只出现一次，那么这组数据中，众数可以不止一个或者没有。比如 B 组中无众数。

---

3. 中位数

中位数是将一组数据按从大到小或从小到大的顺序排列后，处在最中间位置的数值。对于定序变量的分布中心，中位数是一个很好的统计量。

计算中位数很简单，在中位数的应用中，要先进行排序，一组数据中有 N 个数据，如果 N 为奇数，则排序之后的第 $(N+1)/2$ 位置的数据就是中位数；若 N 是偶数，则排序后的第 $N/2$ 位置的数据与 $N/2+1$ 位置的数据的平均值就是中位数。但这种方法不适用于定类变量（无法排序）。

实例链接

例 1—7

某公司在产品投放市场某一时间内对 11 位消费者购买次数做了调查，结果按次数排序是：

0、1、1、2、3、4、4、5、5、6、7

则它们的中位数为 4。

平均数、众数和中位数都是反映总体一般水平的平均指标，彼此之间存在一定的关系。在实际应用过程中，应当把握不同方法的特征，采用最合适的调查分析方法。

（二）离散指标分析

数据的离散程度通常由全距（也叫极差）、方差、标准差和平均差等反映。

1. 全距

全距是数据中两个极端值的差值，也就是数据中最大数值和最小数值之差，即全距＝最大值－最大值。在平均数实例分析中，全距就为 33－28＝5（万元）。

全距不能反映一组数据的中间变化情况，只受最大值和最小值的影响，是一个粗略的测量离散程度的指标。在实际调查中，主要用于离散程度比较稳定的调查数据。全距可以一般性地检验平均值的代表性大小，全距越大，平均值的代表性越小；反之，平均值的代表性越大。

2. 方差和标准差

样本的方差是所有观测值与均值的偏差平方和除以样本量减 1，具体计算公式如下：

$$S^2 = \frac{1}{n-1} \sum_{i=1}^{n} (X_i - \overline{X})^2$$

计算方差时用到了所有的数据。方差越小，数据的离散程度越小。

标准差反映的是个案的分值与平均的分值之间的差距，简单来说，就是平均差异有多大。标准差越大表示差异越大。样本的标准差是方差的平方根。具体计算公式如下：

$$S = \sqrt{\frac{1}{n-1} \sum_{i=1}^{n} (X_i - \overline{X})^2}$$

方差和标准差之间是平方的关系。这两个指标都是反映总体中所有单位标志值对平均数的离差关系，是测定数据离散程度最重要的指标，其数值的大小与平均数代表性的大小是反方向变化的。应该注意的是，方差的单位是观测数据单位的平方，即标准差的单位与观测数据的单位相同。

(三) 综合指标分析

1. 平均指标分析

（1）算术平均数是全部数据的算术平均，也就是前面所介绍的平均值。均值是集中趋势的最主要测度值，它主要适合于数值型数据。根据未分组的原始资料，将所有原始资料相加，再除以总体单位总数即得到算术平均值。计算公式为：

$$\overline{x} = \frac{x_1 + x_2 + \cdots + x_n}{n} = \frac{\sum x}{n}$$

（2）加权算术平均数。

加权算术平均数是将各数值乘以相应的权数，然后求总和得到总体值，再除以总的单位数。具体做法是：对以往不同时期的资料分配以后不同的权数，近期资料的权数大，远期资料的权数小。计算公式为：

$$\overline{X} = \sum xf / \sum f$$

式中 f 为各组的次数或权数。

（3）几何平均数。

n 个观察值乘积的 n 次方根就是几何平均数。

简单几何平均数的公式为：

$$X_G = \sqrt[n]{x_1 \cdot x_2 \cdot \cdots \cdot x_n}$$

式中 x 为被平均的变量。

加权几何平均数的公式为：

$$G = \sqrt[\sum f]{\prod x^f}$$

式中 f 为各个变量值出现的次数。

2. 回归数据分析

回归数据分析又称为因果关系分析，是选用回归技术，通过研究某一经济过程的各种因素，分析和计算各种因素对该经济过程的影响程度，再根据未来时期的各项因素的变化，对该经济过程的发展做出结论。回归数据分析分为一元与多元回归分析。以一元回归分析为例，其公式为：

$$y = a + bx$$

用最小二乘法可求得回归系数 a 和 b

$$a = \bar{y} - b\bar{x} \qquad b = \frac{\sum x_i y_i - \bar{x} \sum y_i}{\sum x_i^2 - \bar{x} \sum x_i}$$

实例链接

例 1—8

某城镇 2008—2013 年居民收入与牛奶销售额资料见表 1—2，请用一元回归分析计算当 2014 年居民收入达到 300 万元时，牛奶销售额达到多少万元？

表 1—2　　　　　某城镇 2008—2013 年居民收入和牛奶销售额　　　　　单位：万元

年份	2008	2009	2010	2011	2012	2013
居民收入/x	80	120	150	180	230	260
牛奶销售额/y	10	14	18	22	26	30

解：第一步：求 $\bar{x}$ 和 $\bar{y}$

$$\bar{x} = \frac{\sum x_i}{n} = \frac{1\,020}{6} = 170(万元) \qquad \bar{y} = \frac{\sum y_i}{n} = \frac{120}{6} = 20(万元)$$

第二步：求 a 和 b

$$b = \frac{\sum x_i y_i - \bar{x} \sum y_i}{\sum x_i^2 - \bar{x} \sum x_i} = \frac{22\,920 - 170 \times 120}{196\,200 - 170 \times 1\,020} = 0.11$$

$$a = \bar{y} - b\bar{x} = 20 - 0.11 \times 170 = 1.3$$

第三步：对 $y = 1.3 + 0.11x$ 模型进行相关检验。

第四步：求 2014 年牛奶销售额：

$$y = a + bx = 1.3 + 0.11 \times 300 = 34.3(万元)$$

当 2014 年居民收入达到 300 万元时，牛奶销售额达到 34.3 万元。

学习任务 2 撰写市场调查报告

市场调查报告是通过文字、图表等形式将调查研究成果表现出来，用书面表达的方式反映调查过程和调查结果的一种分析报告。

一、市场调查报告的基本要素

（一）撰写市场调查报告的意义

整个市场调查过程中所做的工作都是为了通过获取一份完整的调查报告来体现调查活动的直接目的和成果。所以，对调查主体而言，调查报告有其深远的意义。

（1）市场调查报告是市场调查所有活动成果和效益的综合体现，有助于企业提高经营管理水平。

调查报告是将调查研究的成果以文字和图表的形式表达出来，可用做市场调查成果的历史记录。一份好的市场调查报告能够使企业管理者清晰地了解企业在生产经营活动中存在的问题、策略实施的效果。

（2）通过市场调查分析得出的结论，可为企业经营决策提供客观依据。通过调查数据之间的分析，使调查者对事物的认识从感性认识上升到理性认识，针对性强，简洁明了，有利于商品生产者、经营者了解、掌握市场行情，为确定企业的经营决策提供依据。

（3）市场调查报告是衡量和反映市场调查活动效益的重要标志。

市场调查报告是对已完成的场调查活动做出完整而准确的描述。这就决定了调查报告必须详细、完整地表达出市场调查中的调查目标、调查方法以及评价，并以文字、表格和形象化的方式真实地反映调查结果、建议等内容，对整个调查过程有总结性的作用。

（4）市场调查报告能够对企业发挥重要的辅助参考作用，是重要的原始资料。

市场调查报告是经过审核、提炼、研究得出的综合材料，是对整个营销调查活动所了解内容的集中反映，具有很强的说服力，是企业宝贵的原始资料。

（二）市场调查报告的形式

1. 市场调查书面报告

市场调查书面报告是最常用的报告形式。在书写调查报告时，要求思路清楚，结论明确。一般要求可以通过它充分了解调查活动的研究目的和调查活动的基本过程；在书面调查中要提供相关的资料和数据来支持报告中的结论，并要对资料做出解释，使阅读者能够正确理解其含义。

2. 市场调查口头报告

目前，一般在提交书面市场调查报告的同时，许多调查项目主体都要求用口头形式对研究结果做出汇报。口头报告是一种直接沟通方式，对于听众有疑问的地方可以当面解答，其最大的特点是加快了沟通交流的速度，因而特别受工作繁忙、时间紧迫的高层领导者的欢迎。

（三）市场调查报告的特点

1. 社会性

市场调查报告是从不同侧面客观反映社会情况和问题，能够从本质上反映社会群众真实的愿望。

2．真实性

市场调查报告是在占有大量现实和历史资料的基础上，用叙述性的语言实事求是地反映某一客观事物。

3．逻辑性

市场调查报告离不开确凿的事实，是对核实无误的数据和事实进行严密的逻辑论证，探明事物发展变化的原因，预测事物发展变化的趋势，提示本质性和规律性的东西，得出科学的结论。

4．针对性

针对性是指每一份市场调查报告都是根据不同的调查目的而针对性地进行调查，都能够反映一定的社会经济现象，对企业市场营销活动有十分重要的指导意义。

5．时效性

时效性在很大程度上决定了市场调查报告的使用价值和企业的决策效率。调查人员必须及时将调查结果形成调查报告，迅速地提供给决策者，以便管理者适时做出决策。

6．典型性

调查报告主要体现调查对象的典型性和运用材料的典型性，最能反映一般事物的本质与规律，是为了解决某一个问题、总结某项经验或研究某一事物的发展趋势而做的。

知识链接

调查报告的写作原则

1．内容简洁

在报告中讲究句子和段落的简短。

2．重点突出

调查报告要突出其针对性和适用性。调查内容既要全面又要突出重点。

3．实事求是

要求调查人员必须有严谨和科学的工作态度，实事求是地反映情况。

4．逻辑严谨

理论和实际相结合，论证过程有严密的逻辑性。

二、市场调查报告的结构与写作技巧

（一）市场调查报告的基本结构

从严格意义上说，市场调查报告没有固定不变的格式。市场调查报告一般由标题、目录、摘要、主体部分、调查结尾等部分组成。

1．标题

调查报告的标题包括市场调查报告的名称、调查主体、调查方的项目负责人（撰写调查报告者）、提交报告日期等。如果报告属于机密，应该做标注。标题可以制作成调查报告的封面，也可单独占用一张纸。标题必须准确揭示报告的主题，要简单明确、高度概括。有直叙式标题、表明观点式标题和提出问题式标题三种。

标题按其形式又可以分为单行标题和双行标题。单行标题是用一句话概括调查报告的主题或要回答的问题，如"关于西宁市小车用户拥有情况的调查"等。双行标题由主标题与副标题组成，一般用主标题概括调查报告的主题或要回答的问题，副标题标明调查对象及内容，如"大学生就业情况调查——以某地 A 校为例"等。

2. 目录

为了便于阅读，在提交调查报告时，应把各项内容用目录或索引形式标记出来，因为目录也可使人对报告的整体框架有一个具体的了解。目录是报告中完整反映各项内容的一览表，包括题目、大标题、小标题、附件及各部分所在的页码等。

3. 摘要

摘要是市场调查报告中所有内容的精要，是对调查研究活动所取得的主要结果的概括说明。只要阐明报告主体的精髓就可以，不宜过长。

4. 主体部分

主体部分是市场调查报告中的主要内容，是表现调查报告主体的重要部分。这一部分的写作直接决定调查报告的质量高低和作用大小。主体部分要客观、全面阐述市场调查所获得的材料、数据，用它们来说明有关问题，得出有关结论。对有些问题、现象要做深入分析、评论等。总之，主体部分要善于运用材料来表现调查的主题。

5. 调查结尾

该部分主要是形成市场调查的基本结论，也就是对市场调查的结果做一个小结。有的调查报告还要提出对策措施，供有关决策者参考。主要由调查结果、结论与建议、写作难点及附件组成。

（二）市场调查报告的写作技巧

首先，用已经掌握的市场调查研究前期工作资料，根据确定的调查目的、需要的材料和数据，对调查情况做介绍。即对调查所获得的基本情况做介绍，这是全文的基础和内容。最好用叙述与说明相结合的手法，将被调查对象的历史及现实情况等表达清楚，并附以图像、数字等加强其说服力，力求做到准确具体、富有条理，为下文的撰写提供基础。

其次，在对所获取基本情况进行分析的基础上对市场的发展趋势做出预测。这一部分最好用议论的手法来写，因为正确的预测会直接影响政策或者企业的决策行为，在写作用语上要富有论断性和针对性，不能脱离实际。

最后，此阶段，在基本情况介绍和分析预测的基础上，提出具体的建议和措施，所提建议应该实际并具有可行性。这部分内容是市场调查报告写作的主要目的和宗旨，要求中心突出、条理清楚。

📝 情境案例

洗衣粉市场调查分析报告

一、洗衣粉中国市场品牌发展历程

洗衣粉是中国本土品牌最早面对国际品牌竞争的行业之一，也是竞争最激烈的行业之一，到目前为止，其品牌格局的演变大致经历了以下四个阶段：

第一阶段：（1983 年以前）白猫独秀

计划经济体制下，厂家只负责生产，销售则由国家统一实行配给。"白猫"洗衣粉则成了这一阶段国家在洗衣粉配给中的主要产品，从而也奠定了它在消费者心目中的重要地位。

第二阶段：（1984—1993 年）"活力 28"开创新纪元

20 世纪 80 年代初期，"活力 28"超浓缩无泡洗衣粉的问世，开创了中国洗衣粉历史的新纪元。同时"活力 28"也敢为天下先，在当时企业广告意识不强的情况下，在中央电视台不间歇地播放"活力 28"的广告，一时间"活力 28，沙市日化"的广告语和"一比四、一比四"的广告歌走进千家万户。"活力 28"从此名扬天下，一跃成为国内洗衣粉行业的"大哥大"。同时，海鸥、熊猫、桂林、天津等地方品牌开始雄踞一方。

第三阶段：（1994—1997 年）外资四大家族主导

这一时期，外资洗衣粉开始在中国控股合资或直接设厂生产。其凭借丰富的促销手段、高密度的广告宣传、不断的技术革新，在市场上取得节节胜利，在强大的外来攻势下，许多国内品牌要么选择了与外国洗衣粉厂合资，要么无奈地退出市场。市场基本由联合利华、汉高、宝洁、花王四大外资集团所主导。

第四阶段：（1997 年至今）本土品牌成功阻击四大家族

由于成本过高，外资洗衣粉一直未在中国市场有好的盈利表现，所以广告、促销力度渐渐减弱，再加上国内一段时间内消费低迷，消费者也渐渐转向购买价格低廉的国有品牌。而一些国内品牌借此机会，凭借价格和广告优势，确立了自己的地位，如奇强、立白等，而雕牌纳爱斯更是在中低端市场独霸天下。

二、2002—2003 年度品牌竞争格局

1. 总体竞争格局

洗衣粉是中国快速消费品市场充分竞争的领域。洗衣粉行业品牌众多，产品林立。有以量取胜的雕牌、立白，有跨国巨头宝洁、联合利华、日本花王等，也有盘踞一隅的地方性品牌，整个行业充满了变化与变革的契机。

2. 市场竞争深度分析——市场渗透率分析

进入 21 世纪后，雕牌在洗衣粉市场上演了一出从北到南、由西向东横扫天下的好戏。全国 30 个城市市场渗透率变化如下：一方面，洗衣粉作为家庭日常必需品，其市场渗透率近乎 100％，市场容量已经基本饱和。另一方面，尽管人们的洗衣频次似乎有所增加，但趋势依然不明显。所以，任何品牌的增长都以蚕食其他品牌的地盘为代价。全国洗衣粉市场竞争中，只有两个品牌在增长：雕牌一枝独秀，大幅上升；立白避其锋芒，小幅上涨，其他品牌均呈败退之势。截至 2003 年，洗衣粉市场大盘已定。

（1）华北区雕牌急剧增长，2001 年攻下华北。奥妙勉力坚守第二阵营；"活力 28"一落千丈，与其他品牌共同据守第三阵营。

（2）华东区奥妙一直雄霸第一，白猫第二。但 2003 年，雕牌一举攻下华东，坐上华东区头把交椅。

（3）华南区品牌竞争尤酣，立白、汰渍、雕牌均全力攀升，甚至 2002 年已呈颓势的奥妙也在奋力上扬。尽管雕牌依然表现出最强劲的上升幅度，但鹿死谁手，犹言过早。

（4）雕牌 2002 年攻下华西，奥妙和汰渍在第二阵营竞争。

（5）东北区雕牌一马当先，其他品牌一泻千里，溃不成军，汰渍微弱地反抗成功。

3. 品牌忠诚度分析

顾客对雕牌较高的忠诚度为其成功奠定了坚实的基础，或者说，雕牌之所以能在全国范围内所向披靡，得益于其较高的品牌忠诚度。

三、主要品牌手段分析

1．雕牌

雕牌的成功，除在区域市场的运筹帷幄、各个击破外，其对于自身的品牌定位及对核心消费人群的诉求，是其制胜的另一法宝。

作为家庭必需品的洗衣粉，价格不能不是一项考虑的因素。尤其是洗衣频次高、洗衣粉消费多的家庭，对价格更为敏感。雕牌采取了走中低端路线、瞄准家庭主妇的方法，不仅瞄准了最核心、最大量的消费人群，而且为自己开辟了一块广阔的天地。

此外，从雕牌消费者的心理定位看，雕牌依然瞄准比较传统、保守、具有奉献精神的家庭主妇的心理，她们是家庭主妇的主流和主体。相反，像奥妙的消费者，则倾向于追求自我、具冒险精神的职业女性。而职业女性，注定不会成为洗衣粉市场的消费主力。

2．奥妙

1999 年，经过多年摸索后的联合利华，向宝洁发起总攻。当年 11 月，联合利华将两款新推出的奥妙洗衣粉——奥妙全效和奥妙全自动洗衣粉全面降价，降幅分别达 40％和 30％，400 克奥妙洗衣粉的价格从近 6 元一下落到 3.5 元，这个价格当时仅相当于宝洁产品价格的一半左右。由于奥妙精心营造的高档形象已深入人心，老百姓突然能够买得起以前买不起的高档洗衣粉了，市场由此洞开，奥妙也得以超越宝洁的汰渍。而这种局面维持到了今天。

3．汰渍

汰渍作为宝洁旗下的主打品牌，在进入中国市场之初，凭借丰厚的财力及自己准确的产品诉求，在短时间内成为市场的领导品牌，虽然这几年由于营销力度减弱而出现市场份额下降的情况，但它在消费者心目中还是有较强的地位。

4．立白

1994 年进入洗衣粉行业的立白，在一开始，就选择了农村包围城市的策略，在每个县找经销商，和每个经销商探讨立白的销售与经营，在双方的共同努力下，立白站稳了根基。

四、洗衣粉市场未来发展趋势

目前，洗衣粉的竞争是外资打外资、中资打中资。中资的首要任务就是消灭二、三级的品牌，然后成长为全国性的大品牌。估计只需三四年时间，中资品牌就可以在市场站稳脚跟，然后向洋品牌发起总攻。

问题思考：

1. 在该市场调查报告的开头，使用了什么样的叙述技巧？
2. 依据自己的看法说出该调查报告在结构上是否存在问题。
3. 请补充完整该调查报告中存在的缺陷。

思考与讨论

1. 什么是市场调查？市场调查的意义是什么？
2. 市场调查有哪些步骤？
3. 市场调查有哪些方法？
4. 如何做好市场调查分析？
5. 市场调查报告如何撰写？

拓展训练

以在校大学生作为调查对象，调查大学生消费情况，包括消费结构、消费习惯。

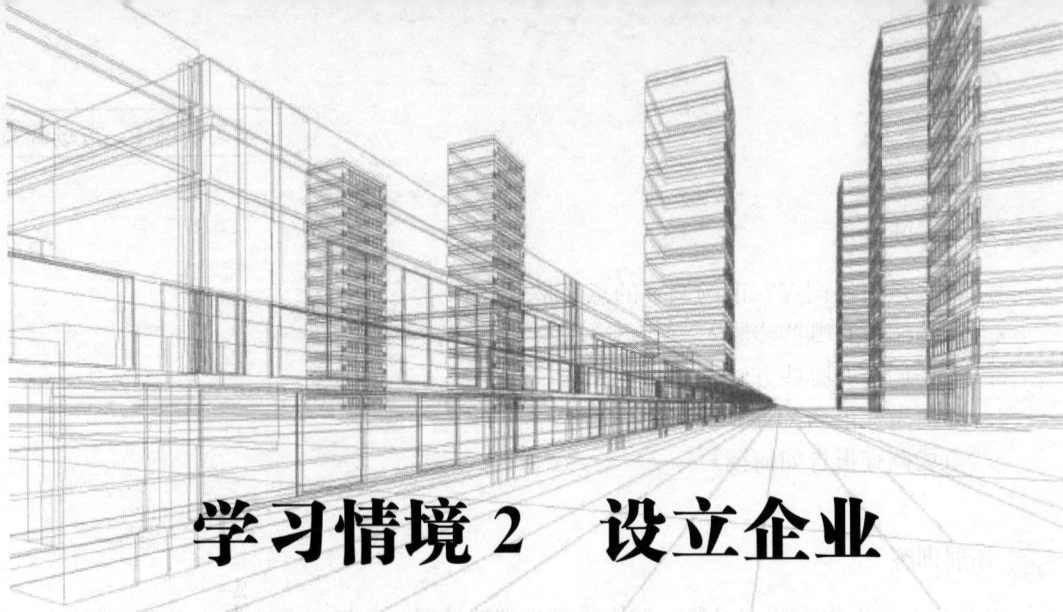

学习情境2 设立企业

把握机会，人生只有一次，那些成功和成就最大的人都是敢于和善于行动的人，万事俱备号的轮船永远不会驶离岸边太远！

——英哲学家本杰明·迪斯雷利

◎**学习情境**

李强和他的团队在前一个学习情境市场调查的基础上，寻找到了几个好的项目和市场机会，现在需要确定一个项目，设立一个企业，将选定项目付诸实施，抓住市场机会，实现自身价值。请同学们和李强一起行动起来，建立自己的公司。

【学习目标】

通过本学习情境的学习，能够掌握项目论证、可行性研究报告的编写，了解企业设立的条件和程序，认识和初步应用企业日常经营中的管理制度和管理体制。

【情境任务】

任务1　项目选择与论证

任务2　设立模拟企业

任务3　筹集资金

任务4　组织结构设计与岗位分析

任务5　员工招聘录用与管理

【学习建议】

1. 分组设计自主创业可行性方案。

2. 模拟设立一家有限责任公司。

情境任务1　项目选择与论证

◎**情境导入**

创业你准备好了吗？

为实现个人价值的最大化，为了解决自己的物质或精神需求，或者是为了摆脱工作对自己的束缚，创业、自己当老板这条路被许多人视为达到理想彼岸的金光大道。

据研究机构反复多方位地对创业项目进行研究，发现了中国创业领域所存在的问题和风险，集中地说来，存在着四个 95%：

- 在职者群体中，有 95% 的人想过个人创业；
- 在想过个人创业的在职者群体中，有 95% 的人一直只是停留在想象的阶段；
- 在付诸实际行动的个人创业者中，有着高达 95% 的失败率；
- 在所有的个人创业失败案例中，有 95% 不是因为项目本身的问题。

那么，在这些想过个人创业的群体中，为什么有 95% 的人只是一直在想象呢？这也就是我们常说的那种晚上想想千条路，早晨起来走原路的人，想法挺多，但就是不行动。

李强和他的团队通过市场调研发现了一个商机，他们产生了创业的冲动，同学们请和李强一起学习和付诸行动吧！

> **思考：为什么在付诸实际行动的个人创业者中，有高达 95% 的失败率？**

行动任务　论证项目并编写可行性研究报告

1. 任务描述

运用学习情境 1 所学知识获得市场信息并发现市场机会，采用 SWOT 分析法对各个项目进行分析，每个团队确定一个项目，对项目进行论证，并共同撰写可行性研究报告。

2. 任务建议

每小组确定自己的创业项目，针对项目进行论证和可行性研究，并按照可行性研究报告的标准编写项目可行性研究报告。以授课教师和各项目组组长为项目评估小组专家（本小组项目评审时回避），对各组项目进行评估，要求各小组提供可行性研究报告，并制作项目 PPT 进行答辩。小组取得的成绩作为该组平时成绩计入期末总评。

3. 任务要求

以团队为单位，撰写项目可行性研究报告，要求 2 000 字以上，用 A4 纸打印上交。

格式和内容（仅供参考）
首页：报告题目　团队　时间
次页：团队名称、队长名字、秘书、组员、分工情况、组员签字
三页：目录
四页：正文（包含如下内容）
第一章　总论
第二章　项目背景和发展概况
第三章　市场分析和建设规模
第四章　建设条件的厂址选择
第五章　工厂技术方案

第六章　环境保护与劳动安全

第七章　企业组织与劳动定员

第八章　项目实施进度安排

第九章　投资估算与资金筹措

第十章　财务效益、经济效益和社会效益评价

第十一章　可行性研究结论与建议

附件：

评审小组意见：

教师评语：

学习任务　项目的选择与论证

创业不是乌托邦式的理想加信念，也不是光凭一腔热血加美好梦想就能顺利到达胜利彼岸的。创业，需要对项目进行科学的前期规划、多角度观察、理性分析与论证，有效地分析与整合资源，成熟高效地运作技能，同时具有良好的商业心态。

一、项目选择思路

（一）从市场选择创业项目

缤纷多彩的市场，给创业者提供了宽广的经营天地。可到底哪个创业项目最适合呢？在创业开始就应选择正确的、适合自己的项目。学会经营，参与竞争，控制风险，在市场中争得一席之地。所以，选择合适的创业项目显得尤为重要。那么它的依据是什么？具体怎么操作？我们需要先从市场需求着手。

1. 要在市场分析中花工夫

对于企业来说市场就是"顾客的需要"，首先要判断它在当地有没有发展机会，有没有市场。市场是动态的，在分析哪个项目有发展机会上，要多花时间，要多花工夫。在这个过程中，有些项目要花几个月甚至几年时间；要花力气，严格地审视自己，慎重地判断社会走向，捕捉初露端倪的商业苗头；要能静下心来，认真调查研究，寻找事实根据。

2. 针对市场加以整合，辅以特色

（1）创业项目选择要有开拓性。创业选择的项目一定要有核心竞争力，项目最好是别人没有的，比别人先发现的，与人不同的，强人之处的。

（2）创业项目选择要着眼长远。尽量选择有个性的产品，区分热点和不热的行业。

（3）选择资金周转率高的行业，对于初次创业的大学生，最好选择能迅速收回成本资金的项目。

（4）选择连锁品牌加盟项目，对于一些品牌加盟项目要认真考察，深入调研。选择适合自己的有前景的项目进行创业。

（二）从自身条件选择创业项目

选择项目需要记住四个字——"知己知彼"。知己，就是要清醒地审视自己，包括：自己的优势、强项、兴趣、知识积累与结构、性格与心理特征；个人能力和健康条件；本

人熟悉的业务领域和相关知识技能；个人拥有的物质条件。知彼，指的是对社会未来发展趋势的认识，就是要对市场充分了解。归纳起来，选择的创业项目应：

（1）与个人素质相应。

（2）与个人偏好相合。

（3）与经济能力相当。

二、项目选择的 SWOT 分析

（一）SWOT 简介

SWOT 是 Strengths（优势）、Weaknesses（劣势）、Opportunities（机会）、Threats（威胁）的缩写。对优势（S）、劣势（W）、机会（O）、威势（T）四者的分析就是"SWOT"分析。

1. 优势（S）和劣势（W）

（1）优势是指项目的长处。

它指的是不仅仅是你会什么或你有什么，还主要指的是你具备的而其他人或竞争者可能不完全具备的。例如，你的产品比竞争对手的好；你的商店的位置好；你的员工技术水平很高；拥有核心的技术、大量现成的用户、先发优势、符合用户的消费习惯、行业中的地位等。

（2）劣势是指项目的短处，是项目所处的不利条件或短板，劣势可能会影响项目的成败。

2. 机会（O）与威胁（T）

机会和威胁分析是需要了解存在于项目企业外部的、个人无法施加影响的因素，如国家政治、经济、科学技术、地区变迁等变化。

（1）机会是指市场上存在什么机遇；

（2）威胁是指周边地区存在的对企业不利的因素。

（二）SWOT 分析的步骤

（1）罗列项目的优势和劣势，可能面临的机会与威胁。

（2）优势、劣势与机会、威胁相组合，形成 SO、ST、WO、WT 策略。

（3）对 SO、ST、WO、WT 策略进行甄别和选择，确定项目经营目前应该采取的具体战略与策略。

（三）SWOT 分析决策依据

SWOT 分析如图 2—1 所示。

	机会	威胁
优势	放心大胆 地去干！ （第一象限）	小心谨慎 地去干！ （第二象限）
劣势	创造条件 去干！ （第四象限）	放弃！ （第三象限）

图 2—1　SWOT 分析

三、项目论证

（一）项目论证的含义

项目论证是指对计划实施项目，分别对技术上的先进性、适用性，经济上的合理性、盈利性，环境上的安全性以及实施上的可能性、风险性进行全面科学的综合分析，为项目决策提供客观依据的一种围绕项目进行的技术、经济、政策、资源、环境分析研究的活动。

项目论证应该围绕市场需求、工艺技术、财务经济三个方面展开调查和分析，市场是前提、技术是手段、财务经济是核心，通过详细论证，要回答以下问题：

（1）项目产品或劳务市场的需求如何？为什么要实施这个项目？

（2）项目实施需要多少人力、物力资源？供应条件如何？

（3）项目需要多少资金？筹资渠道如何？

（4）项目采用的工艺技术是否先进适用？项目的生命力如何？

（5）项目规模多大？地址选择的指向性如何？

（二）项目论证的阶段

1. 机会研究阶段

机会研究阶段是可行性研究的初始阶段，是项目投资方或承办方通过占有大量信息，并经过分析确定出发展机会，最终形成明确的项目意向（或项目机会）的过程。它的主要任务是对项目投资进行初步鉴定。在一个指定的地区或部门内，对资源的情况、对市场需求情况的预测及对项目工艺路线和经济效益做一些粗略的分析研究，寻找最有利的投资机会。这种研究一般靠经验数据估计，是估算的，其误差一般为±30%。机会研究阶段的时间较短，为1~2个月，费用也较少。如果这一研究能引起投资者的兴趣，可以转到下一个步骤；如果觉得不行，就此停止。

> **知识链接**
>
> 1. 机会研究的内容
>
> （1）地区研究。通过分析地理位置、自然特征、民族特征、人文习俗、地区经济结构、经济发展状况、地区进出口结构等状况，选择投资或发展方向。
>
> （2）行业研究。通过分析行业的特征，经营者或投资者在行业中所处的位置、地位与作用、增长情况等，进行项目的方向性选择。
>
> （3）资源研究。通过分析资源分布状况、资源储量、可利用程度、已利用状况、利用的限制条件等信息，寻找项目机会。
>
> 2. 机会研究的依据
>
> （1）地区经济发展及产业结构预测；
>
> （2）地区社会发展现状及预测；
>
> （3）地区资源状况及数量现实；
>
> （4）有关法律法规；
>
> （5）部门发展状况及增长率；
>
> （6）进出口结构及趋势分析等。
>
> 机会研究的结果是形成机会研究报告，为决策者提供可供选择的项目发展方向。

2. 初步可行性研究阶段

初步可行性研究阶段是介于机会研究与详细可行性研究之间的一个中间阶段，是在项目意向确定之后，对项目的初步估计和分析。研究的主要目的在于判断机会研究提出的投资方向是否正确。初步可行性研究一般要用半年左右的时间，投资估算误差一般为±20％，所需费用一般占投资总额的1％左右。如果对项目的各个主要问题的研究结果可行，就可转入下一个步骤。有些项目在有较大把握时，就不再做初步可行性研究，直接从机会研究进入详细可行性研究阶段。

初步可行性研究要解决的问题如下：

（1）项目的建设有无必要性；

（2）项目需要多长时间完成；

（3）项目需要多少人力、物力资源；

（4）项目需要多少资金且能否筹集到足够的资金；

（5）项目财务上是否有利可图；

（6）项目经济上是否合理。

初步可行性研究的内容如下：

（1）市场和生产能力；

（2）物料投入分析，包括从建设到经营的所有物料的投入分析；

（3）坐落地点及厂址选择；

（4）项目设计，包括项目总体规划和工艺设备计划、土建工程规划；

（5）项目进度安排；

（6）项目投资与成本估算，包括投资估算、成本估算、筹集资金的渠道和初步筹集方案。

经过初步可行性研究，可以形成初步可行性研究报告。

3. 详细可行性研究阶段

详细可行性研究阶段是在项目决策前对项目有关的工程、技术、经济、社会影响等各方面条件和情况进行全面调查和系统分析，为项目建设提供技术、生产、经济、商业等方面的依据并进行详细的比较论证，最后对项目成功后的经济效益和社会效益进行预测和评价的过程。这一阶段的建设投资和成本估算的误差应为±10％，所需时间为一年左右，项目费用占投资总额的1％～3％。

详细可行性研究的依据如下：

（1）国家有关的发展规划、计划文件；

（2）项目主管部门对项目建设要求、请示的批复；

（3）项目建议书及审批文件；

（4）项目承办单位委托进行详细可行性研究的合同或协议；

（5）企业的初步选择报告；

（6）拟建地区的环境现状资料，如自然、社会、经济方面的资料；

（7）主要工艺和装置的技术资料；

（8）项目承办单位与有关方面取得的协议，如投资、原料供应、建设用地、运输方面的初步协议；

（9）国家和地区关于工业建设的法令，如"三废"排放标准、土地法规、劳动保护条例等；

（10）国家有关经济法规、规定。

详细可行性研究的主要内容如下：

（1）市场研究与需求分析；

（2）新产品方案与规模要求；

（3）生产条件和原料需求；

（4）工艺技术方案设计与安全分析；

（5）经济合理性分析；

（6）项目可操作性分析；

（7）项目实施风险分析；

（8）资源需求状况分析；

（9）经济效益和社会效益分析。

（三）项目论证的一般程序

项目论证的一般程序主要解决以下问题：

（1）明确项目范围和业主目标。主要是要明确问题，包括弄清楚项目论证的范围以及雇主的目标。

（2）收集并分析相关资料。包括实地调查、技术研究和经济研究以及每项研究所要包括的主要内容。需要量、价格、工业结构和竞争将决定市场机会，同时原材料、能源、工艺要求、运输、人力和外围工程将影响对工艺技术的选择。

（3）拟定多种可行的并且能够相互替代的方案。达到目标通常会有多种可行的方法，因而就形成了多种可行的、能够相互替代的方案。在列出可行方案时，既不能把实际可行的方案漏掉，也不能把实际上不可能实现的方案列进去。

（4）进行多方案比较和分析。此阶段包括：分析各个可行方案在技术上、经济上的优缺点；方案的各种技术经济指标如投资费用、经营费用、收益、投资回收期、投资收益率等的计算分析；方案的综合评价与选优。

（5）选择最优方案，对其进行详细的论证。包括进一步的市场分析，方案实施的工艺流程、项目地址的选择及服务设施、劳动力及培训、组织与经营管理、现金流量及经济财务分析，额外的效果分析等。

（6）编制项目论证报告、环境影响报告和采购方式审批报告。项目论证报告的结构和内容常常有特定格式的要求，这些要求将有助于项目论证报告的编制，并约束项目投资人，使之在投资过程中规范操作。

（7）编制资金筹措计划与项目实施进度计划。项目的资金筹措在选择方案时，已做过详细考察。实施中的期限和条件的改变也会导致资金的改变，这些都应根据项目评价报告的财务分析做出相应的调整。同时应做出一个最终的决策，以说明项目可根据协议的实施进度及预算进行。

（四）我国可行性研究的内容

（1）项目兴建的理由与目标；

（2）市场预测；

（3）资源条件评价；

（4）建设规模与产品方案；

（5）场址选择；

（6）技术方案；

（7）原材料供应；

（8）总图运输与公用辅助工程；

（9）环境影响评价；

（10）劳动安全卫生与消防；

（11）组织机构与人力资源配置；

（12）项目实施进度；

（13）投资估算；

（14）融资方案；

（15）财务评价；

（16）国民经济评价；

（17）社会评价；

（18）风险分析；

（19）研究结论与建议。

（五）可行性研究报告

可行性研究报告应编写规范，下面以工业可行性研究报告为例，其一般包括下面 11 个部分。

1. 第一章 总论

总论作为可行性研究报告的首章，要综合叙述研究报告中各章节的主要问题和研究结论，并对项目的可行与否提出最终建议，为可行性研究的审批提供方便。

2. 第二章 项目背景和发展概况

这一部分主要应说明项目的发起过程、提出的理由、前期工作的发展过程、投资者的意向、投资的必要性等可行性研究的工作基础。为此，需将项目的提出背景与发展概况做系统的叙述。说明项目提出的背景、投资理由、在可行性研究前已经进行的工作情况及其成果、重要问题的决策和决策过程等情况。在叙述项目发展概况的同时，应能清楚地提示出以下本项目可行性研究的重点和问题：

（1）项目提出的背景；

（2）项目发展概况；

（3）投资的必要性。

3. 第三章 市场分析和建设规模

市场分析在可行性研究中的重要地位存在于任何一个项目，其生产规模的确定、技术的选择、投资估算甚至厂址的选择，都必须在市场需求情况有了充分了解之后才能解决。而且市场分析的结果还可以决定产品的价格、销售收入，最终影响项目的盈利性和可行性。在可行性研究报告中，要详细阐述市场需求预测、价格分析，并确定建设规模。主要内容包括：

（1）市场调查；

（2）市场预测；

（3）市场推销策略；

（4）产品方案的建设规模；

（5）产品销售收入预测。

4．第四章　建设条件的厂址选择

根据对项目建设规模的论证和建议，按建议的产品方案和规模来研究资源、原料、燃料、动力等的需求和供应的可靠性，并对可供选择的厂址做进一步技术与经济比较，确定新厂址方案。主要内容包括：

（1）资源和原材料；

（2）建设地的选择；

（3）厂址选择。

5．第五章　工厂技术方案

技术方案是可行性研究的重要组成部分。主要研究项目应采用的生产方法、工艺和工艺流程、重要设备及相应的总平面布置、主要车间组成及建筑物结构型式等技术方案。并在此基础上，估算土建工程量和其他工程量。在这一部分中，除文字叙述外，还应将一些重要数据和指标列表说明，并绘制总平面布置图、工艺流程示意图等。主要内容包括：

（1）项目组成；

（2）生产技术方案；

（3）总平面布置和运输；

（4）土建工程；

（5）其他工程。

6．第六章　环境保护与劳动安全

在项目建设中，必须贯彻执行国家有关环境保护和职业安全卫生方面的法律、法规，对项目可能对环境造成的近期和远期影响，对影响劳动者健康和安全的因素，都要在可行性研究阶段进行分析，提出防治措施，并对其进行评价，推荐技术可行、经济、布局合理、对环境的有害影响较小的最佳方案。按照国家现行规定，凡从事对环境有影响的建设项目都必须执行环境影响报告书的审批制度。同时，在可行性研究报告中，对环境保护和劳动安全要有专门论述。

7．第七章　企业组织与劳动定员

在可行性研究报告中，根据项目规模、项目组成和工艺流程，研究提出相应的企业组织机构、劳动定员总数及劳动力来源及相应的人员培训计划。

8．第八章　项目实施进度安排

项目实施时期的进度安排也是可行性研究报告的一个重要组成部分。所谓项目实施时期可称为投资时期，是指从正式确定建设项目到项目达到正常生产这段时间，这一时期包括项目实施准备、资金筹集安排、勘察设计和设备订货、施工准备、施工和生产准备、试运转直到竣工验收和交付使用等各个工作阶段。这些阶段的各项投资活动和各个工作环节，有些是相互影响、前后紧密衔接的，也有些是同时开展、相互交叉进行的。因此，在可行性研究阶段，需将项目实施时期各个阶段的各个工作环节进行统一规划、综合平衡，做出合理而又切实可行的安排。

9. 第九章　投资估算与资金筹措

建设项目的投资估算和资金筹措分析，是项目可行性研究内容的重要组成部分，要计算项目所需要的投资总额，分析投资的筹措方式，并制订用款计划。

10. 第十章　财务效益、经济效益和社会效益评价

在建设项目的技术路线确定以后，必须对不同的方案进行财务、经济效益评价，判断项目在经济上是否可行，并推荐出优秀的建设方案。本章的评价结论是建设方案取舍的主要依据之一，也是对建设项目进行投资决策的重要依据。本章就可行性研究报告中财务、经济与社会效益评价的主要内容做一概要说明。主要内容包括：

（1）生产成本和销售收入估算；

（2）财务效益评价；

（3）国民经济效益评价；

（4）不确定性分析；

（5）社会效益和环境影响评价。

11. 第十一章　可行性研究结论与建议

本章主要包括以下内容：

（1）结论和建议。

（2）对可行性研究中未解决的问题提出解决办法和建议；对应修改的主要问题进行说明，提出修改意见；对不可行的项目，说明不可行的理由；对可行性研究中主要争论问题，说明争论结果。

（3）附件。主要包括：

1）项目建议书；

2）厂址选择报告书；

3）资源勘探报告书；

4）贷款意向书；

5）环境影响报告；

6）需要单独进行辅助研究的单项或配套工程的可行性研究报告；

7）市场调查报告；

8）引进技术项目的考察报告；

9）引进外资的各类协议文件；

10）其他主要对比方案的说明等。

（4）附图。

四、项目经济评价

项目的经济评价是在技术可行性研究的基础上，对拟建项目经济可行性和合理性进行全面的分析论证，做出综合性评价，为项目的科学决策提供依据。经济评价包括财务评价和国民经济评价。

财务评价是从项目或企业微观角度出发，依据国家现行财税制度、现行价格和有关法规，研究、预测和分析项目在计算期内的经济效益，并据此来评价拟建项目或不同方案的财务可行性的一种经济评价方法，财务评价是项目论证（可研报告）的核心。

项目财务评价指标分为静态评价指标和动态评价指标。

（一）静态评价指标

静态评价是不考虑资金利息的评价方法，一般有静态投资回收期、静态投资回收率等指标。

1. 静态投资回收期

静态投资回收期是指项目投产后每年的净收入（或利润）R 补偿原始投资 K 所需的年限。

（1）项目投产后每年的净收益相等时的计算公式如下：

$$T=\frac{K}{R}$$

（2）项目投产后每年的净收益不相同时的计算公式如下：

$$T=\left(\begin{matrix}累计净现金流量开始\\出现正值的年份数\end{matrix}-1\right)+\frac{上年累计净现金流量的绝对值}{当年净现金流量}$$

实例链接

例2—1

通过表2—1所示数据计算静态投资回收期。

表2—1　　　　　　　　　　　某企业近期投资情况　　　　　　　　　单位：万元

项目 \ 年份	0	1	2	3	4	5	6
总投资	6 000	4 000					
收入			5 000	6 000	8 000	8 000	7 500
支出			2 000	2 500	3 000	3 500	3 500
净现金收入			3 000	3 500	5 000	4 500	4 000
累计净现金流	−6 000	−10 000	−7 000	−3 500	1 500	6 000	10 000

静态投资回收期：

$$T=\left(\begin{matrix}累计净现金流量开始\\出现正值的年份数\end{matrix}-1\right)+\frac{上年累计净现金流量的绝对值}{当年净现金流量}$$
$$=4-1+3\,500/5\,000=3.7（年）$$

2. 静态投资回收率

静态投资回收率又称投资利润率，是指项目投产后所获得的年净现金收入（或利润）与投资额的比值，计算公式如下：

$$E=\frac{R}{K}$$

投资项目评价的原则：投资回收期越短，或投资收益率越大，经济效益就越好。

不同部门的投资回收期 T 和投资收益率 E 都有一个规定的标准回收期 $T_标$ 和标准收益率 $E_标$，只有评价项目的投资回收期 $T \leqslant T_标$，投资收益率 $E \geqslant E_标$，项目才是可行的；否则项目就是不可行的。我国行业基准投资回收期见表 2—2。

表 2—2   我国行业基准投资回收期（年）

大型钢铁	14.3	自动化仪表	8.0	日用化工	8.7
中型钢铁	13.3	工业锅炉	7.0	制盐	10.5
特殊钢铁	12.0	汽车	9.0	食品	8.3
矿井开采	8.0	农药	9.0	塑料制品	7.8
邮政业	19.0	原油加工	10.0	家用电器	6.8
市内电话	13.0	棉毛纺织	10.1	烟草	9.7
大型拖拉机	13.0	合成纤维	10.6	水泥	13.0
小型拖拉机	10.0	日用机械	7.1	平板玻璃	11.0

以上两个指标，尤其是投资回收期，由于简单易求而被广泛使用，但是两者都没有考虑资金的时间价值问题，没有反映资金的实际情况，因此结果的可靠性差，只能作为辅助指标使用。

（二）动态评价指标

1. 净现值

净现值是将整个项目投资过程的现金流按要求的投资收益率（折现率）折算到时间等于零时，得到现金流的折现累计值（净现值 NPV），然后加以分析和评估。其计算公式如下：

$$NPV = \sum_{t=0}^{n} (B_t - C_t) \frac{1}{(1+i_0)^t}$$

式中：B_t——第 t 年收入额；

C_t——第 t 年支出额；

n——项目生命周期；

i_0——期望的投资收益率或折现率。

NPV 指标的评价准则是：当折现率取标准值时，$NPV \geqslant 0$ 时，该项目是合理的；如果 $NPV < 0$，则是不经济的。

2. 内部收益率

内部收益率法又称贴现法，就是求出一个内部收益率（IRR），这个内部收益率使项目使用期内现金流量的现值合计等于零，计算公式如下：

$$NPV = \sum_{t=0}^{n} (B_t - C_t) \frac{1}{(1+IRR)^t}$$

内部收益率的评价准则是：当标准折现率为 i_0 时，如果 $IRR \geqslant i_0$，则投资项目可以接受；如果 $IRR < i_0$，则是不经济的。

对于两个投资相等的方案，IRR 大的方案更优。

3. 动态投资回收期

(1) 项目投产后每年的净收益相等时的计算公式如下:

$$T_d = -\frac{\ln\left(1-\frac{Pi}{A}\right)}{\ln(1+i)}$$

式中:

T_d——动态投资回收期;

P——原始投资额;

A——投资后年收益。

(2) 项目投产后每年的净收益不相同时的计算公式如下:

$$T_d = \left(\begin{array}{c}\text{累计财务净现金流量}\\\text{开始出现正值的年份数}\end{array}-1\right)+\frac{\text{上年累计财务净现金流量的绝对值}}{\text{出现正值年份净现金流量的现值}}$$

实例链接

例 2—2

通过表 2—3 所示数据计算动态投资回收期。

表 2—3　　　　　　　　　　　　某企业资金流入流出情况　　　　　　　　　　单位:万元

年份\项目	0	1	2	3	4	5	6
现金流入			5 000	6 000	8 000	8 000	7 500
现金流出	6 000	4 000	2 000	2 500	3 000	3 500	3 500
净现金流量	−6 000	−4 000	3 000	3 500	5 000	4 500	4 000
净现金流折现	−6 000	−3 636	2 479	2 630	3 415	2 794	2 258
累计净现金流折现	−6 000	−9 636	−7 157	−4 527	−1 112	1 682	3 940

动态投资回收期:

$$T_d = \left(\begin{array}{c}\text{累计财务净现金流量}\\\text{开始出现正值的年份数}\end{array}-1\right)+\frac{\text{上年累计财务净现金流量的绝对值}}{\text{出现正值年份净现金流量的现值}}$$
$$=5-1+1\,112/2\,794=4.4(年)$$

(三) 项目投资与收益估算

1. 项目总投资的估算

一个项目的总投资是指为使项目达到预定设计生产能力而需预先垫付资金的总额,包括固定资产投资、流动资金投资和建设期资本化利息之和。其中建设期资本化利息是指在建设期发生的与构建项目所需的固定资产、无形资产等长期资产有关的借款利息。

固定资产投资包括可以计入固定资产价值的各项建设费用支出,以及不计入交付使用财产价值内的应核销投资支出(如不增加工程量、缓建维护费)。

流动资金由储备资金、生产资金、产成品资金、结算及货币资金组成。

项目总投资的计算公式如下：

项目总投资＝固定资产投资＋建设期资本化利息＋流动资金投资

2. 项目总成本费用的预测

总成本费用是指项目在一定时期内为生产销售产品而花费的全部成本和费用。项目总成本费用是反映项目所需物质资料和劳动力消耗的主要指标，是预测项目盈利能力的重要依据。

项目总成本费用的主要计算公式为：

总成本费用＝外购材料＋外购燃料和动力费＋职工工资＋职工福利费＋固定资产折旧费＋
修理费＋租赁费＋摊销费＋财务费＋税金＋其他费用

3. 销售收入和税金的预测

销售收入是指拟建项目建成投产后，其产出的各种产品和服务销售所得的财务收入。其计算公式为：

销售收入＝产品销售价格×产品销售量

在公式中，产品销售量的估算可以假设生产出来的产品全部卖掉，即销售量等于生产量，也可以根据各年生产负荷加以确定，具体可按下式计算：

产品销售量＝项目设计生产能力×生产能力利用率×产品销售率

项目的经济评价中，所涉及和考虑的税金包括两部分：销售税金及附加、所得税。其中，销售税金及附加包括增值税、营业税、资源税、消费税、城市建设维护费及教育费附加，它们不计入成本而从销售收入中扣除，是企业在计算利润前须向国家交纳的税金，而所得税直接从利润中扣除。

税金的预测可根据以上所预测得到的销售量和销售收入以及相应的税率计算得到。

4. 利润的预测

项目利润是项目财务经济目标的集中体现，通过利润的预测可以估算拟建项目投产后每年可以实现的利润和企业每年可以留存的利润额。

利润的计算公式为：

利润总额＝产品销售收入－总成本费用－销售税金及附加
税后利润＝利润总额－所得税

（四）项目的财务评价程序及方法

1. 项目财务评价的程序

（1）估算和分析项目的财务数据。包括总投资、资金筹措方案、产品成本费用、销售收入、税金和利润以及其他与项目有关的财务数据。

（2）编制和分析财务基本报表。主要包括现金流量表、利润表、资金来源与运用表、资产负债表、财务外汇平衡表。

（3）计算财务评价指标。包括反映项目盈利能力和清偿能力的指标，涉及外汇的项目还包括外汇平衡能力指标。常见的有简单收益率、三率、净现值、内部收益率、投资回收期、借款偿还期、财务外汇净现值、换汇成本及节汇成本等。

（4）不确定性分析。主要用盈亏平衡分析、敏感性分析和概率分析法，考察项目的市场适应能力和抗风险能力。

（5）提出财务评价结论。将计算出的项目经济效果评价指标与国家有关部门公布的基准值加以比较，结合不确定性分析的结果进行综合分析，最后从财务角度提出项目可行与否的结论。

2. 项目的财务评价方法

（1）项目财务盈利能力分析。

根据项目现金流量表可以进行项目财务盈利能力分析，项目的盈利水平可以用以下指标来表示：

1）财务净现值（FNPV）。财务净现值是按现行行业基准收益率或设定的折现率，计算项目计算期内各年的现金流量的现值之和。其计算公式为：

$$FNPV = \sum_{t=0}^{n} (CI - CO)_t \frac{1}{(1+i_0)^t}$$

式中：CI——现金流入；

CO——现金流出；

n——计算期；

i_0——基准收益率或设定的折现率。

2）财务内部收益率（FIRR）。财务内部收益率是指项目在整个建设期内各年净现金流入量现值等于净现金流出量现值的折现率，即使项目净现值等于零的折现率。它的经济含义可以理解为项目在 FIRR 的利率下，到项目结束时，项目的所有投资刚好收回。其计算公式为：

$$\sum_{t=0}^{n} (CI - CO)_t \frac{1}{(1+FIRR)^t} = 0$$

财务内部收益率一般可用试差法来计算。先假设一个初始的 i 值，一般可采用相当于机会成本的贴现率来试算，如果净现值刚好为零，则此初始值就是所求的内部收益率；如果净现值为正，就加大 i 值，直到净现值接近或等于零，此时的贴现率就是所求的内部收益率；反之，若净现值为负，就减少 i 值，直到净现值接近或等于零。要精确计算时，可用两个最接近于零的试算正负净现值对应的贴现率进行计算，计算公式为：

$$FIRR = r_1 + (r_2 - r_1) \frac{NPV_1}{NPV_1 + |NPV_2|}$$

式中：r_1——较低贴现率；

r_2——较高贴现率；

NPV_1——与 r_1 对应的净现值；

$|NPV_2|$——与 r_2 对应的净现值的绝对值。

3）投资回收期。如前文所述，投资回收期是指投资项目所获得的净收益达到全部投资所需要的年限，它是考察项目在财务上收回投资能力的主要指标。投资回收期一般从建设期开始计算，如从投产期开始计算，要予以说明。投资回收期分为静态投资回收期和动态投资回收期，公式在前文已经列出，在此不再介绍。

4）投资利润率。投资利润率是指当项目达到设计生产能力后的某一正常生产年份的年利润总额与投资总额的比率，它是考察项目单位投资获利能力的静态指标。对生产期内各年利润变动较大的项目，应计算生产期内平均利润总额与项目总投资的比率，求得平均投资利润率。投资利润率的计算公式为：

$$投资利润率=\frac{年利润总额或年平均利润总额}{项目总投资}\times 100\%$$

（2）项目清偿能力分析。

项目清偿能力分析可考察项目计算期内各年的财务偿债能力。反映项目清偿能力的指标主要有以下三个：

1）资产负债率。资产负债率是指负债总额与资产总额的比率，它是反映项目的财务风险与偿债能力的静态指标。其计算公式为：

$$资产负债率=\frac{负债合计}{资产合计}\times 100\%$$

2）流动比率。流动比率是指流动资产总额和流动负债总额的比率，它反映项目各年偿付流动负债的能力。项目能否偿还短期债务，要看项目的流动资产的流动负债的多少及其关系，所以流动负债比资产负债率更能反映项目的短期偿债能力。其计算公式为：

$$流动比率=\frac{流动资产总额}{流动负债总额}\times 100\%$$

3）速动比率。速动比率是指流动资产总额中减去存货后的余额和流动负债总额的比率，由于存货变现能力较差，存在许多不确定因素，所以剔除存货后的速动比率与流动比率相比，能更好地反映项目的偿付能力。其计算公式为：

$$速动比率=\frac{流动资产总额-存货}{流动负债总额}\times 100\%$$

3. 不确定性分析

不确定性分析是以计算和分析各种不确定因素的可能变化，对项目经济效益影响程度为目标的一种经济分析方法。通过不确定分析，可以推测项目可能承担的风险，进一步确认项目的可能性及可靠性。

（1）盈亏平衡分析——静态的不确定性分析。

盈亏平衡分析是指项目投产后，在一定的市场、生产能力及经营销售条件下，确定产量、成本、价格、生产能力利用率、利润等因素之间的关系。找出一个平衡点，在这一点上收入与支出相等，净收益等于零。

盈亏平衡分析的主要步骤如下：

1）建立基本的盈亏平衡方程。其公式为：

$$PQ=F+VQ_t$$

式中：

  P——产品价格；

  Q——产销量；

  F——固定成本；

  V——单位产品变动成本；

  Q_t——设计生产能力。

2）计算各种盈亏平衡点。

以产品产量表示的盈亏平衡点（产量的最小允许值）的计算公式如下：

$$Q^* = \frac{F}{P-V}$$

以产量表示的盈亏平衡点越低，项目盈利的机会就越大，项目亏损的风险就越小。从风险管理的角度，项目管理组应设法确保项目的产出达到甚至超过产品盈亏界限。由于盈亏平衡点是由项目收入和成本共同作用的结果，因此，要改善项目盈利机会，还必须尽量降低项目的固定成本和可变成本。

以价格表示的盈亏平衡点（若按设计生产能力进行生产和销售，价格的最小允许值）的计算公式如下：

$$P^* = \frac{F}{Q_t} + V$$

以价格表示的盈亏平衡点越低，表示项目未来的经营风险越大。

以设计生产能力利用率表示的盈亏平衡点（生产负荷率）的计算公式如下：

$$BEP_Q = \frac{F}{Q_t(P-V)} \times 100\%$$

在项目的多种方案比较中，生产负荷率越低越好。一般认为，当生产负荷率不超过70%时，项目可承受较大风险。

以单位产品变动成本表示的盈亏平衡点（若按设计生产能力进行生产和销售单位变动成本的最大允许值）的计算公式如下：

$$V^* = P - \frac{F}{Q_t}$$

以固定成本表示的盈亏平衡点（若按设计生产能力进行生产和销售固定成本的最大允许值）的计算公式如下：

$$F^* = PQ - VQ$$

将利用上述各式计算得到的结果与对项目的预测值进行比较，即可判断项目各风险的承受能力。同时，我们还可以发现，固定成本越高，盈亏平衡产量越高，盈亏平衡单位变动成本越低；高的盈亏平衡产量和低的盈亏平衡变动成本意味着项目的经营风险较大，因此固定成本有扩大项目风险的效应，因而在实际的管理决策以及设备、工艺等的选择中应给予足够的重视。

实例链接

例 2—3

假设某企业生产一种产品，单价为 10 元，单位变动成本为 6 元，全年固定成本预计为 200 000 元，销售量计划为 500 000 件，试计算该产品的各种保本点。

解：

$$利润 = (10-6) \times 500\,000 - 200\,000 = 1\,800\,000(元)$$

$$V^* = 10 - \frac{200\,000}{500\,000} = 9.6(元)$$

这就是说，当单位变动成本由 6 元上升到 9.6 元时，企业利润就由 180 万元降至零，所以，单位变动成本的最大允许值为 9.6 元，其变动率为 3.6÷6＝60%。

$$F^* = 10 \times 500\,000 - 6 \times 500\,000 = 2\,000\,000(元)$$

这就是说，固定成本的最大允许值为 200 万元，超过了这个值企业就会亏损。此时，固定成本增加了 20 倍。

$$Q^* = \frac{200\,000}{10-6} = 50\,000(件)$$

上式结果表示 50 000 件是销售量的最小允许值，是盈亏临界点，或者说，实际销售只要达到这个数量，企业就可以保本。

$$P^* = \frac{200\,000}{500\,000} + 6 = 6.4(元)$$

也就是说，销售单价不能低于 6.4 元这个最小允许值，或者说单价下降的幅度不能低于 36%（3.6÷10），否则就会发生亏损。

$$BEP_Q = \frac{50\,000}{500\,000} \times 100\% = 10\%$$

这就是说，实际销售量只要完成原计划销售量的 10%，企业就可以保本。

（2）敏感性分析。

即动态的不确定性分析。敏感性分析是论证方案中一个或多个因素变化时，对整个项目经济评价指标所带来的变化程度的预测。进行敏感性分析时要考虑资金时间价值，采用现值分析法，所以是一种动态分析方法。

敏感性分析的主要步骤和内容为：

1）计算基本情况下备选方案的净现值和内部收益率。

2）选定分析因素及其变化范围，常选的因素有投资额、建设年限、项目寿命周期、生产成本、销售价格、投产期和达产期等。选定的原则是：选取因其变化将较大幅度影响经济评价指标的因素；选取项目论证时数据准确性把握不大或今后变动幅度大的因素。

3）单因素敏感性分析。分别假设一个因素变化而其他因素不变，将新预测的数据取代基本情况表的相关内容，重新计算变动后的净现值和内部收益率，从而考虑评价指标的变化大小对项目或方案取舍的影响。

4）多因素敏感性分析。计算有两个或多个因素变化，其他因素不变的情况下，对项目经济效益的影响。一般是先通过单因素敏感性分析，确定出两个或多个主要因素，然后用双因素或多因素敏感性图来反映这些因素同时变化时对项目经济效益的影响。

5）对整个项目的敏感性进行汇总、对比，从中确定各因素的敏感程度和影响大小的先后次序，以便决策项目是否可行以及实施中应重点防范的因素。

（3）概率分析。

敏感性分析固然可以考察各不确定性因素对经济指标的影响程度，然而却难以表明不确定性发生的可能性有多大，以及在同一因素不同变化幅度综合考虑时，会对项目产生多少影响。利用概率分析法，可以求出各种因素发生某种变动的概率，并以概率为中介进行确定性分析。

概率分析的一般步骤为：

1）在许多不确定因素中经过分析判断先选出一个最不确定的因素，或影响程度最大的因素，将其他几个因素假定为确定因素。

2）估计这种不确定因素可能出现的概率。概率估计的准确度直接影响概率分析的可靠度，并影响项目决策的正确与否。因素分析人员必须通过认真细致的调查、收集整理数据，做出慎重的估计。

3）计算期望值的大小。期望值又叫数学期望值，是反映随机变量平均水平的数字，其计算公式为：

$$E(x) = \sum_{i=1}^{n} x_i P(x_i)$$

式中：$E(x)$——期望值；

x_i——i 情况下的数值；

$P(x_i)$——出现 x_i 数值的概率。

五、项目评估

项目评估指在项目可行性研究的基础上，由第三方（国家、银行或有关机构）根据国家颁布的政策、法规、方法、参数和条例等，从项目（或企业）、国民经济、社会角度出发，对拟建项目建设的必要性、建设条件、生产条件、产品市场需求、工程技术、经济效益和社会效益等进行评价、分析和论证，进而判断其是否可行的评估过程。

（一）项目评估的程序

（1）成立评估小组，明确评估目的、内容、方法以及进度安排；

（2）进行资料审查分析，收集并补充必要的数据资料；

（3）进行项目分析与评估；

（4）编写评估报告；

（5）对评估报告进行讨论与修改；

（6）召开专家论证会；

（7）评估报告定稿及批准。

（二）项目评估的内容

（1）项目与企业概况评估；

（2）项目的必要性评估；

（3）项目建设规模评估；

（4）资源、原材料、燃料及公用设施条件评估；

（5）建厂条件和厂址方案评估；

（6）工艺、技术和设备方案评估；

（7）环境保护评估；

（8）建筑工程标准评估；

（9）实施进度评估；

（10）项目组织、劳动定员和人员培训评估；

（11）投资估算和资金筹措；

（12）项目的财务效益评估；

（13）国民经济效益评估；

（14）社会效益评估；

（15）项目风险评估。

（三）项目评估报告

（1）项目概况。

1）项目基本情况；

2）综合评估结论，提出项目是否批准或可否贷款的结论性意见。

（2）详细评估意见。

（3）总结和建议。

1）存在或遗留的重大问题；

2）潜在的风险；

3）建议。

情境任务2　设立模拟企业

◎情境导入

　　李强和他的团队对他们的项目进行了详细的论证，并撰写了可行性研究报告，大家都信心满满。李强想：有了好项目，还需要合法经营。那么如何才能合法经营呢？最好的途径就是成立自己的公司，成为法人。同学们，带领你的团队一起来学习如何设立公司吧！

> 思考：个体工商户是公司吗？李强为什么不申请个体工商户？

行动任务　注册有限责任公司

1. 任务描述

李强和他的团队的创业项目获得了很高的评价，于是李强和几个同学多次磋商，决定共同出资合伙成立公司制企业，他们上网搜索了公司法，了解了现在公司注册的相关事宜，共同讨论了公司的名称、经营范围及出资比例，并按照真实企业注册程序模拟成立有限责任公司。

2. 任务建议

（1）以原小组成员为单位，针对小组确定的创业项目，建立有限责任公司，从相关网站下载企业注册文件，由小组成员填写，教师扮演工商、银行、税务、会计师事务所等机构工作人员履行审批手续。各小组严格按照公司注册流程提交文件，填写申请表及公司章程，可到网上搜索当地的工商局网站，进入网站了解公司注册流程和事项。

（2）设计企业组织机构、企业管理制度及企业文化。

3. 任务要求

以团队为单位，对于提交材料齐全、各项条件符合当前企业注册流程和资格的，教师给予虚拟的营业执照和法人证书，并且在以后学习情景的行动任务中都以该公司为背景。

学习任务　认识现代企业制度

一、企业及其类型

企业是生产力发展到一定阶段的产物，是随商品生产的发展而产生的。在我国的市场经济中，参与市场活动的主体包括两大类：一类是组织，另一类是个人。而在形形色色的组织中企业是最重要的主体。

（一）企业的含义与特征

1. 企业的含义

企业是指拥有一定资金、人员、场地，能够独立从事商品生产、经营或提供社会服务的，以盈利为目的，产权明晰，符合法律规定条件的经济组织。

2. 企业的特征

作为一个企业，必须具备以下基本特征：

（1）经济性，企业从事社会商品生产、流通、服务等经济活动。

（2）盈利性，企业进行生产经营活动的目的是获取利润。

（3）财产独立性，企业要拥有一定数量、技术水平的生产设备和资金，拥有出资者投资形成的财产权。

（4）组织完备性，具有一定技能、一定数量的生产者和经营者，形成满足企业生产经营需要的完备组织体系。

（5）社会性，企业运营不仅取之于社会，还需用之于社会，而且企业的一切相关者都在不同程度、不同方面与社会发生联系。

（6）合法性，企业必须是依法成立的。

（二）企业的类型

按不同的划分标准，企业可以划分为很多类型。企业的类型不同，对企业今后发展影响的程度也不同，因此，企业的开办者要对企业的类型做出选择。

1. 按照企业的自然属性分类

企业类型举例见表 2—4。

表 2—4　　　　　　　　　　　　　　　　企业类型举例

分类标准	企业类型
所从事的经济活动	（1）工业企业　（2）农业企业　（3）商业企业　（4）运输企业　（5）邮电企业　（6）建筑安装企业　（7）金融企业　（8）旅游企业　（9）饮食服务企业
资产所有制性质	（1）国有企业　（2）集体所有制企业　（3）私营企业　（4）混合所有制企业
占用资源的集约程度	（1）劳动密集型企业　（2）资金密集型企业　（3）技术密集型企业　（4）知识密集型企业
企业规模	（1）大型企业　（2）中型企业　（3）小型企业
组织结构	（1）单厂企业　（2）多厂企业　（3）企业集团
技术性质	（1）传统技术企业　（2）高新技术企业

2. 根据企业制度的形态构成分类

这是国际上对企业进行分类的一种常用方法。按此方法可将企业分成独资企业、合伙企业和公司制企业。

（1）独资企业。独资企业又称个人业主制企业，是指由个人出资举办、完全归个人所有、单独承担无限责任的企业。出资者是企业主，企业主对企业的财务、业务、人事等重大问题有决定性的控制权。企业主独享企业的利润，独自承担企业风险，对企业债务负无限责任。从法律上看，个人业主制企业不是法人，是一个自然人。

（2）合伙企业。合伙企业是由两个或两个以上的当事人，按照协议共同出资、合伙经营、利润共享、共同承担无限责任的企业。合伙企业的合伙人之间是一种契约关系，对企业债务负无限责任。从法律上看，合伙企业不是法人。

（3）公司制企业。又称公司，公司是依法定程序设立、以盈利为目的的企业法人。公司制企业不同于独资企业、合伙企业。前者属于法人企业，出资者承担有限责任。后两种属于自然人企业，出资者承担无限责任。根据《中华人民共和国公司法》（以下简称《公司法》）的规定，我国的公司仅指有限责任公司和股份有限公司。

有限责任公司是由法律规定的一定数量（我国《公司法》规定为 50 个以下）的股东出资设立，各股东仅以出资额为限对公司债务承担责任，公司以其全部资产为限对公司债务承担责任的企业法人。

股份有限公司是由法律规定的一定数量（我国《公司法》规定为 2~200，其中须有半数以上的发起人在中国境内有住所）的发起人出资设立，全部资本分为均等股份，股东以其所持股份为限对公司债务承担责任，公司以其全部资产为限对公司债务承担责任的企业法人。公司制企业有许多优点，主要包括：

1）降低经营风险，承担有限责任。

2）可以发行股票，有利于募集资本，扩大生产经营规模。

3）有利于法人资本的稳定和优化资本组合。

4）所有权与经营权分离，专家管理，提高效率，企业寿命得以延长。

公司制企业也有一些缺点，主要包括：

1）组建困难，组建费用较高，政府有较多的限制（审批、注册资本、产业政策）。

2）税负较重，往往需要交纳双重所得税。

3）定期公布财务信息，保密性较差。

二、企业设立的条件

（一）公司制企业设立的条件（《公司法》第二十三条）

1. 申请设立有限责任公司应当具备的条件

（1）股东符合法定人数。

（2）有符合公司章程规定的全体股东认缴的出资额。

📖 **知识链接**

现行《公司法》修改内容解读

之前的《公司法》为 2005 年颁布，现行《公司法》为 2013 年颁布、2014 年实施的《公司法》。现行《公司法》共修改了 12 处，修改的内容共包括三方面：将公司注册资本实缴登记制度改为认缴登记制，取消了公司注册资本最低限额制度，简化了登记事项和登记文件。

（1）将注册资本实缴登记制改为认缴登记制。

根据现行《公司法》的规定，除法律、行政法规以及国务院决定对公司注册资本实缴有另行规定的以外，取消了关于公司股东（发起人）应自公司成立之日起两年内缴足出资，投资公司在五年内缴足出资的规定；取消了一人有限责任公司股东应一次足额缴纳出资的规定。转而采取公司股东（发起人）自主约定认缴出资额、出资方式、出资期限等，并记载于公司章程的方式。

（2）放宽注册资本登记条件。

根据现行《公司法》的规定，除对公司注册资本最低限额有另行规定的以外，取消了有限责任公司、一人有限责任公司、股份有限公司最低注册资本分别应达 3 万元、10 万元、500 万元的限制；不再限制公司设立时股东（发起人）的首次出资比例以及货币出资比例。

（3）简化登记事项和登记文件。

根据现行《公司法》的规定，有限责任公司股东认缴出资额、公司实收资本不再作为登记事项。公司登记时，不需要提交验资报告。

（3）股东共同制定公司章程。

公司章程是公司内部的行为规范，有限责任公司的章程应由全体股东订立，签名盖章。其包括以下绝对必要记载的事项：

1）公司的名称和住所；2）公司的经营范围；3）公司的注册资本；4）股东的姓名或者名称及住所；5）股东的权利和义务；6）股东的出资方式和出资额；7）股东转让出资的条件；8）分配利润和分担风险的办法；9）公司的机构及其生产办法、职权、任期和议事规则；10）公司的法定代表人；11）公司的解散事由与清算办法；12）公司章程的修改程序。

（4）有公司名称，建立符合有限责任公司要求的组织机构。

公司名称应符合下列要求：

1）公司名称中不得含有下列内容和文字：

a. 有损于国家、社会公共利益的；b. 可能对公众造成欺骗或者误解的；c. 外国国家（地区）名称、国际组织名称；d. 政党名称、党政军机关名称、群众组织名称、社会团体名称及部队番号；e. 其他法律、行政法规规定禁止的。

2）企业名称应当使用符合国家规范的汉字，一般不得使用外国文字、汉语拼音字母、阿拉伯数字。

3）在名称中间使用"国际"字样的。"国际"不能作为字号或经营特点，只能作为经营特点的修饰语，并应符合行业用语的习惯，如国际贸易、国际货运代理等。

4）只有全国性的、国务院批准或授权机关批准的大型企业、国家工商行政管理总局规定的企业准许使用"中国""中华""国际"等字头。

设立董事会、监事会的有限责任公司，董事会成员为 3～13 人，监事会成员不得少于3 人，监事会中应有适当比例的职工代表，职工代表的比例不得低于 1/3，具体比例由章程规定。股东人数较少或者规模较小的有限公司可以设 1 名执行董事，1～2 名监事，不设董事会、监事会。

（5）有公司住所。

住所是公司的主要办事机构所在地，通常是公司发出指令的业务中枢机构所在地。公司的住所是公司章程载明的地点，是公司章程的必要记载事项，具有公示效力。公司住所记载于公司章程中才具有法律效力，是公司注册登记的必要事项之一。公司住所变更必须履行法定的变更登记手续。

知识链接

公司的主要办事机构一般是指公司董事会等重要机构，因为董事会是公司的经营管理决策机构，对外代表公司。

公司可以建立多处生产、营业场所，但是经公司登记机关登记的公司住所只能有一个，并且这个公司住所应当是在其登记的公司登记机关的辖区内。

2. 股份有限公司的设立条件

（1）发起人符合法定人数。设立股份有限公司，应当有 2 人以上 200 人以下为发起人，其中须有半数以上的发起人在中国境内有住所。

（2）有符合公司章程规定的全体发起人认购的股本总额或者募集的实收股本总额。股份有限公司采取发起设立方式设立的，注册资本为在公司登记机关登记的全体发起人认购的股本总额。在发起人认购的股份缴足前，不得向他人募集股份。股份有限公司采取募集方式设立的，注册资本为在公司登记机关登记的实收股本总额。法律、行政法规以及国务院决定对股份有限公司注册资本实缴、注册资本最低限额另有规定的，遵照其规定执行。

（3）股份发行、筹办事项符合法律规定。股份有限公司股份的发行、筹办事项，除要符合《公司法》的规定外，还要符合《证券法》等相关法律、法规的规定。

（4）发起人制定公司章程，其中采用募集方式设立的，需经创立大会通过。采取发起方式设立公司的，应由全体股东共同制定公司章程；当采取募集方式设立公司的，发起人制定的章程需要在公司创立大会上通过，方能认定为全体股东的认可。

（5）有公司名称，需建立符合股份有限公司要求的组织机构。

（6）有公司住所。

知识链接

股份有限公司发起人也称为创立人，是指依照有关法律规定订立发起人协议，提出设立公司申请，认购公司股份，并对公司设立承担责任者。

根据《公司法》的有关规定，股份有限公司的发起人应当承担下列责任：

（1）公司不能成立时，对设立行为所产生的债务和费用负连带责任；

（2）公司不能成立时，对认股人已缴纳的股款，负返还股款并加算银行同期存款利息的连带责任；

（3）在公司设立过程中，由于发起人的过失致使公司利益受到损害的，应当对公司承担赔偿责任。

（二）非公司制企业的设立条件

1. 申请企业法人登记应当具备的条件

（1）有符合规定的名称和章程；

（2）有国家授予的企业经营管理的财产或者企业所有的财产，并能够以其财产独立承担民事责任；

（3）有与生产经营规模相适应的经营管理机构、财务机构、劳动组织以及法律或者章程规定必须建立的其他机构；

（4）有必要的并与经营范围相适应的经营场所和设施；

（5）有与生产经营规模和业务相适应的从业人员；

（6）有健全的财务制度，能够实行独立核算，独立编制资产负债表；

（7）有符合规定数额并与经营范围相适应的注册资金；

（8）有符合国家法律、法规和政策规定的经营范围。

2. 申请营业登记（非法人）应当具备的条件

（1）有符合规定的名称；

（2）有固定的经营场所和设施；

（3）有相应的管理机构和负责人；

（4）有经营所需要的资金和从业人员；

（5）有符合规定的经营范围；

（6）有相应的财务核算制度。

三、企业设立的程序

（一）公司制企业设立的程序

1. 有限责任公司的设立程序

有限责任公司的设立主要采用准则主义，即除法律、法规明确规定须经审批的外，只要具备有限责任公司的设立条件即可向公司登记机关直接办理注册登记。根据《公司法》的规定，设立有限责任公司一般应经过如下程序：

（1）发起人发起。这是设立有限责任公司的预备阶段，由发起人明确设立公司的意向，并做出必要准备。如果发起人为多人，发起人之间应签订发起人协议，以明确各发起人在公司设立过程中的权利与义务。

（2）公司名称的预先核准。在我国，实行公司名称预先核准制度，在设立有限责任公司时，应向公司登记机关申请拟设立公司的名称的预先核准。只有待名称获得核准后，才可以进行设立公司的后续行为。

（3）制定公司章程。公司章程应当由全体发起人共同商议起草，并经全体股东共同同意通过方可生效。全体股东应当在公司章程上签名、盖章。

（4）必要的审批手续。如果设立的有限责任公司是法律、行政法规规定需要报经批准的有限责任公司，则应当按照法律、行政法规的规定履行必要的批准手续。

（5）申请设立登记。股东认足公司章程规定的出资后，由全体股东指定的代表或者共同委托的代理人向公司登记机关报送公司登记申请书、公司章程等文件，申请设立登记。法律、行政法规规定需要经审批的，还需要提交批准文件。

（6）登记发照。依法设立的公司，由公司登记机关发给公司营业执照。公司营业执照签发日期为公司成立日期。公司营业执照应当载明公司的名称、住所、注册资本、经营范围、法定代表人姓名等事项。公司营业执照记载的事项发生变更的，公司应当依法办理变更登记，由公司登记机关换发营业执照。

知识链接

一、注册公司需要准备的材料

1. 公司名称（5个以上公司备选名称）。

2. 公司注册地址的房产证及房主身份证复印件（单位房产需在房产证复印件及房屋租赁合同上加盖产权单位的公章；高新区、经济开发区、新站区居民住宅房需要提供房产证原件给工商局进行核对）。

3. 全体股东身份证原件（如果注册资金是客户自己提供，只需要提供身份证复印件；如果法人是外地户口在新站区、经济开发区、高新区注册，需要提供暂住证原件）。

4. 全体股东出资比例（股东占公司股份的安排）。

5. 公司经营范围（公司主要经营什么，有的范围可能涉及办理资质或许可证）。

二、注册公司流程

第一步：准备5个以上公司名称到工商局核名。

第二步：到刻章厂刻章一套，分为公章、财务章、法人章、合同章。同时到银行开立验资户并存入投资款。

第三步：整理资料，到工商局办理营业执照。

第四步：整理资料，到质量技术监督局办理公司组织机构代码证。

第五步：整理资料，到国税局办证处办理国税证。

第六步：整理资料，到地税局办证处办理地税证。

第七步：到开立验资户的银行或其他银行开设公司基本账户。

第八步：公司会计整理资料，到国地税务分局办理公司备案及报税事宜。

知识链接

《公司设立登记申请书》填写范例

一、《公司设立登记申请书》

公司设立登记申请书

名　称	××市××科技开发有限公司			
住　所	××市××街×号		邮政编码	115××
法定代表人姓　名	李××		职　务	执行董事
注册资本	10（万元）	公司类型	有限责任公司	
实收资本	10（万元）	出资方式	货币	
经营范围	科技开发（以上经营范围中属于法律、行政法规和国务院决定、规定须经批准的项目，应当依法经过批准后方可经营）……			
营业期限	自 2015 年 1 月　　日至 2035 年 1 月　　日			
备案事项				
本公司依照《中华人民共和国公司法》《中华人民共和国公司登记管理条例》设立，提交材料真实有效。谨此对真实性承担责任。				
法定代表人签字：　　　　　　　　指定代表或委托代理人签字： 　　　　李××　　　　　　　　　　　　　刘×× 　　　2015 年 1 月 11 日　　　　　　　　2015 年 1 月 11 日				

注：1. 提交文件、证件应当使用 A4 纸。

2. 公司类型：有限责任公司和股份有限公司。其中，国有独资公司应当注明"有限责任公司"（国有独资）；一人有限责任公司应当注明"有限责任公司"（自然人独资）或"有限责任公司"（法人独资）；股份有限公司是上市公司的应当注明"股份有限公司"（上市）。

二、公司股东名录

××市××科技开发有限公司股东（发起人）名录

股东（发起人）名称或姓名	证件名称及号码	认缴出资额（万元）	出资方式	持股比例（%）	实缴出资额（万元）	出资时间	出资方式	余额交付期限	备注
王××	身份证号 3506××××××××××××111	6	货币	60	6	2015年1月11日	货币	/	E
李××	身份证号 3506××××××××××××222	2	货币	20	2	2015年1月11日	货币	/	E
××建筑工程有限公司	执照号 350600×××××××××	2	货币	20	2	2015年1月11日	货币	/	A

注：1. 根据公司章程的规定及实际出资情况填写。

2."备注"栏填写下述字母：A. 企业法人；B. 社会团体法人；C. 事业法人；D. 国务院、省级人民政府、经授权的机构或部门；E. 自然人；F. 其他。

3. 出资方式填写：货币、非货币。

三、董事、监事、经理信息

××市××科技开发有限公司董事、监事、经理情况

姓名 李×× 职务 执行董事	姓名 王×× 职务 经理
身份证件号码：3506×××××××××××222	身份证件号码：3506×××××××××××111
（身份证件复印件粘贴处）	（身份证件复印件粘贴处）
姓名赵×× 职务 监事	姓名 职务
身份证件号码：3506×××××××555	身份证件号码：
（身份证件复印件粘贴处）	（身份证件复印件粘贴处）
姓名 职务	姓名 职务
身份证件号码：	身份证件号码：
（身份证件复印件粘贴处）	（身份证件复印件粘贴处）

四、法定代表人信息

××市××科技开发有限公司法定代表人登记表

姓　　名	李××	是否公务员	否
职　　务	执行董事	联系电话	136×××1111
任免机构	股东会		

（身份证件复印件粘贴处）

法定代表人签字：　李××

2015 年 1 月 11 日

2. 股份有限公司的设立程序

根据《公司法》的规定，股份有限公司有两种设立方式：发起设立与募集设立。前者是指由发起人认购公司应发行的全部股份而设立公司；后者是指由发起人认购公司应发行股份的一部分，其余股份向社会公开募集或者向特定对象募集而设立公司。

（1）发起设立程序。

1）发起人发起。发起人之间订立发起人协议，明确各自在公司设立过程中的权利、义务及责任。

2）公司名称的预先核准。在公司名称获得核准后，再以核准后的公司名称进行设立公司的后续手续。

3）制定公司章程。发起设立股份有限公司时，应由全体发起人共同制定公司章程，并在章程上签名、盖章。

4）办理必要的行政审批。根据法律、法规规定需要报经审批的，应当根据有关规定办理必要的审批手续。

5）发起人认购公司股份。以发起设立方式设立股份有限公司的，发起人应当书面认足公司章程规定其认购的股份。

6）选举董事会和监事会。发起人缴清全部股款并验资后，应当召开创立大会，选举董事会和监事会。

7）申请设立登记并公告。董事会应于创立大会结束后 30 日内，向公司登记机关申请设立登记。公司登记机关在接到申请之日起 30 日内做出是否给予登记的答复。对符合法律规定条件的，给予登记，发公司营业执照。公司以营业执照签发的日期作为成立的日期。公司成立后，应当进行公告。

（2）募集设立程序。

1）发起人发起。发起人之间订立发起人协议，明确各自在公司设立过程中的权利、义务及责任。

2）公司名称的预先核准。在公司名称获得核准后，再以核准后的公司名称进行设立公司的后续手续。

3）制定公司章程。全体发起人共同制定公司章程，并在章程上签名、盖章。与发起设立不同的是，公司章程需待创立大会通过后方能生效。

4）办理必要的行政审批。根据法律、法规规定需要报经审批的，应当根据有关规定办理必要的审批手续。

5）发起人认购股份。以募集方式设立股份有限公司的，发起人认购的股份不得少于公司股份总数的 35％；但是，法律、行政法规另有规定的，从其规定。而且，以募集方式设立股份有限公司的，也不要求一次缴纳全部股款。

6）公告招股说明书，制作认股书。招股说明书应当附有发起人制定的公司章程，并载明下列事项：发起人认购的股份数；每股的票面金额和发行价格；无记名股票的发行总数；募集资金的用途；认股人的权利和义务；本次募股的起止期限及逾期未募足时认股人可以撤回所认股份的说明。

7）签订承销协议和代收股款协议。主要指发起人就股份的承销的方式、数量、起止时间、承销费用的计算与支付等具体事项，与证券公司签订承销协议；发起人就代收和保存股款的具体事项，与银行签订代收股款协议。

8）召开创立大会。发起人应当在发行股份的股款缴足后 30 日内主持召开创立大会。创立大会由发起人、认股人组成。创立大会通常被认为是股份有限公司募集设立过程中的决议机构。创立大会对所列事项做出的决议应当经过出席会议的认股人所持表决权过半数通过。

9）设立登记并公告。以募集设立方式设立的公司应当在创立大会结束后的 30 日内，由董事会向公司登记机关即工商行政管理机关申请设立登记。公司成立后，应进行公告。

（二）非公司制企业设立的程序

（1）进行名称预先核准登记。

（2）将注册资本的货币资金部分存入指定银行。

（3）办理资产评估和验资手续。

（4）填写登记注册书，制定企业章程。

（5）提交登记文件、证件，受理后按约定日期领取营业执照。

四、现代企业制度

企业制度就是企业体制，包括产权制度、财务会计制度、组织制度和管理制度，是这四个制度的总称。

现代企业制度是指为适应现代化大生产的需要，反映市场经济体制的要求，使企业真正成为面向国际、国内市场，自主经营、自负盈亏、自我发展、自我约束的法人实体和市场竞争主体，并具有中国特色的一种企业制度。

这里必须明确两个问题：一是现代企业制度不是单项制度，而是一个系列的制度群，它是规范企业行为、处理企业各方面关系的整个制度体系；二是建立现代企业制度是发展社会化大生产和社会主义市场经济的必然要求，是企业深化改革的方向。

（一）现代企业制度的主要内容

1．企业法人制度

企业法人制度，是出资者为了进入市场、参与竞争、获取利润，出资构造的一种企业经营制度并使其人格化，具有独立的法律地位，能够享有民事权利和承担民事责任。完善法人制度，关键是确立法人财产权，实行出资者所有权与法人财产权的分离。法人财产权是现代企业制度的基石。出资者所有权表现为出资者拥有股权，即以出资者的身份依法享有资产受益、选择管理者、决定公司章程和财产处置等权利；法人财产权表现为公司依法享有法人财产的占有、使用、收益和处理权，以独立的财产对自己的经营活动负责。同时，企业法人行使法人财产权，受出资人所有权的约束和限制，必须对出资人履行义务，依法维护出资人的权益，对所有者承担资产保值增值的责任。企业享有独立的法人财产权，进一步解决了企业由有人负责到有能力负责的问题，实现了企业的民事权利和行为能力的统一，能够成为市场经济中完整的法人实体。现代企业法人制度的核心是使企业拥有法人财产权。

2．有限责任制度

实行有限责任是现代企业制度的一个重要特点。有限责任制度有两层意思：一是企业只以全部法人财产为限，对债务承担有限责任；二是当企业破产清盘时，出资者只以投入企业的资本额为限，对企业承担有限责任。

3．科学的企业组织制度

科学的组织制度使企业的权力机构、监督机构、执行机构之间的责任明确，并且互相制约，使每一方的利益得到保障；同时，企业行为又受到合理的约束。公司企业是现代企业组织中的一种重要形式，它有效地实现了出资者所有权和法人财产权的分离，具有资金筹集广泛、投资风险有限、组织制度科学等特点，在现代企业组织形式中具有典型性和代表性。

4．科学的企业管理制度

（1）建立合理的企业机构；

（2）建立现代企业的用工制度；

（3）建立现代企业的工资制度；

（4）建立现代企业的财务制度；

（5）建立现代企业的职工队伍。

（二）现代企业制度的特征

现代企业制度的特征可归纳为以下几点：

1．产权清晰

产权，是指在市场经济条件下，财产交易过程中的所有权问题，也可以说产权就是所有权的具体化。产权清晰就是要明晰产权关系，真正把企业法人财产与出资者的财产严格分离开来。产权清晰主要包括三种情形：企业产权自有，企业原始产权明确，法人产权由企业独立营运。

2．权责明确

现代企业制度要求明确界定出资者与企业法人各自应承担的责任和拥有的权利。具体反映在以下几个方面：

（1）出资者权责明确。出资者按投入企业的资本额享有所有权的权益，即资产受益权。同时还具有重大决策和选择经营者等权利。当企业破产时，出资者只以投入企业的资本额为限，对企业债务负有限责任。

（2）法人权责明确。企业以其全部法人财产，依法自主经营、自负盈亏，照章纳税，对出资者承担资产保值增值的责任。当企业破产时，企业以全部法人财产对债务承担有限责任。

3．政企分开

建立现代企业制度，政府与企业各自的职责与权利分明。政府不参与、不直接干预企业的生产经营活动，政府通过宏观经济杠杆进行调控和指导，并为企业创造宽松的外部环境，包括清明的政治环境、稳定的治安环境、优良的服务环境、平等的政策环境、充分的保障环境等。企业则按照市场需求组织生产经营活动，以提高劳动生产率与经济效益为目的。在市场竞争中长期亏损、资不抵债的企业要依法破产。

4．管理科学

建立科学的企业领导体制和组织管理体制，调节所有者、经营者和职工之间的关系，形成激励和约束相结合的经营机制。这一特征要求企业建立科学的组织管理机构，建立科学的内部管理体制和企业规章制度。要形成激励和约束相结合的经营机制，协调出资者、经营者和职工之间的关系，做到让所有者放心、经营者专心、生产者用心。

五、企业文化

众所周知，三流企业是人管人，二流企业是制度管人，一流企业靠企业文化管人。那么什么是企业文化？企业文化，是指企业全体成员所共同信奉和遵从的价值观念、思维方式与行为准则。即企业借助于某种文化观念、历史传统、共同价值标准、道德规范和生活观念等意识形态因素，在一种企业精神的统率下，增强企业员工的凝聚力、向心力、持久力、创业心等素质，将企业各种力量统一于既发展企业又发展个人的共同方向上，使企业增强对外的竞争力和生存力的一种管理思想和方法。

企业文化是客观存在的。在一个有较长历史的企业内，人们由于面临共同的环境，通过在共同的活动中相互影响，会逐步形成某些相似思想观念和行为模式，表现出独特的信仰、作风和行为规则。若把一个企业看作一个整体的"人"，那么企业文化就反映了这个"企业人"所具有的整体修养水平和处世行为特点。企业文化产生于企业管理的过程中，并随着管理过程的发展及企业内外环境的变化而变化，是物质文化和精神文化相结合的产物。其结构如图2—2所示。

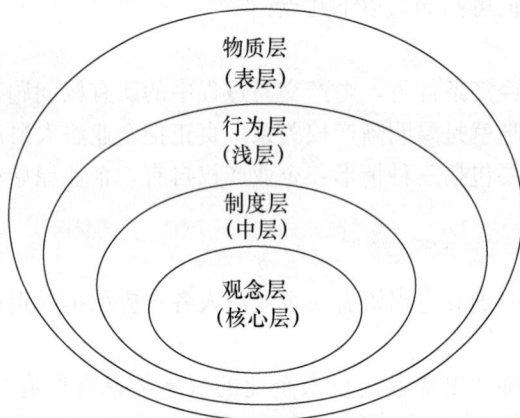

图 2—2　企业文化结构图

（1）物质层，指企业员工创造的产品和各种物质设施等所构成的器物文化。包括：企业名称和标识；产品结构、外表、款式；劳动环境和员工休息娱乐环境；文化设施以及厂容、厂貌等。

（2）行为层，指企业在生产经营、学习娱乐中产生的活动文化。包括企业经营、教育宣传、人际关系、文娱体育活动中产生的文化现象。具体包括企业家行为和企业员工行为。

（3）制度层，即企业制度文化，企业的各种规章制度、道德规范和职工行为准则的总称，是一种强制性文化。包括企业的领导制度、人事制度、劳动制度和奖惩制度等，以及企业内部长期形成的企业风俗。

（4）观念层，指独具本企业特色的意识形态和文化观念，它是企业文化的核心层。包括企业精神、企业伦理、价值观念、企业目标等。

情境案例

海尔的企业文化

海尔集团总裁张瑞敏说："海尔是海"，海是无限的。在海尔，每一天半就有一个新产品问世。海尔还是一本书，是一部创业、改革、发展史，一部管理的百科全书，一部企业文化专著。海尔成功的妙诀是企业文化的建造和更新。用张瑞敏的话说，就是"有生于无，无形财富可以变成有形财富"。海尔文化主要包括以下七个层次：

（1）表层海尔文化。海尔标志、海尔中心大楼、海尔广告、海尔的样品展室、海尔的园区绿化、可爱的海尔兄弟商标……

（2）浅层海尔文化。海尔职工礼貌、素养、标准蓝色着装；迅速反应，马上行动的作风……

（3）中层海尔文化。产品——注重环保、用户至上的海尔产品，售后服务"用户永远是对的"理念的建立和实施，无搬动服务及 24 小时安装到位的服务项目……

（4）深层海尔文化。OEC 管理模式，"日事日毕、日清日高"和"三 E 卡"管理，定额淘汰，竞争上岗的组织平台，创自主管理班组做法……

（5）里层海尔文化。管理理念，包括："有缺陷的产品就是废品"的质量理念；适应中国国情的"吃休克鱼，用文化激活休克鱼"企业兼并理念；"东方亮了，再亮西方"的市场扩张理念；"首先卖信誉，其次卖产品"的营销理念；"人人是人才，赛马不相马"人才观；"先难后易，先创名牌，后创汇"的国际市场战略；海尔的企业斜坡球体定律等。海尔文化可谓丰富多彩，全面系统，配套协调。

（6）内层海尔文化。海尔远景，也就是十年之内，进入世界 500 强的奋斗目标。

（7）海尔文化内核。也就是海尔的哲学和价值观，那就是"敬业报国，追求卓越"，"海尔真诚到永远"。

情境任务 3　筹集资金

◎情境导入

李强和他的团队打算设立一家有限责任公司。公司成立后，李强准备开展经营，可他发现前一段时间由于搞市场调研、办公司手续把手中的钱花的所剩不多了，李强公司要运营，需要采购资金、流动资金……请问李强他们该怎么办呢？

> **思考：设立企业如何获取资金支持？**

行动任务 1　模拟申请银行贷款

1. 任务描述

李强和他的团队在经营中出现资金不足，于是李强和几个同事磋商，打算筹点钱。于是他们开始研究资金筹集问题，他们以小微企业为背景申请银行贷款，按照小微企业贷款条件和程序向银行提交了贷款材料。

2. 任务建议

以原小组成员为单位，编制和填写相关材料，一些文件可以上网搜索，然后按照本企业资料进行修改。教师模拟银行管理者，审阅企业贷款材料。

3. 任务要求

以团队为单位，要求团队提交材料齐全，符合当前企业贷款流程。教师模拟银行管理者，审阅合格则按照银行贷款程序与企业签订贷款合同，开具贷款额支票（虚拟）。

小微企业申请贷款的条件

（1）企业自身经营规模、财务状况分析及趋势预测。

（2）产品情况、市场情况、企业发展规模情况、同行业所处水平。

（3）合作需求、计划及建议。

（4）企业法人营业执照（已年检）、企业法人资格认定书、企业组织机构代码证书、税务登记证、基本户开户行的开户许可证、法人身份证（以上均为正本复印件）、法人简历。

（5）企业财务审计报告，最近一期财务报表（均需加盖财务印鉴）。

（6）企业贷款卡（复印件）。

（7）企业在各商业银行的业务合作及企业内部融资状况。

（8）公司章程、企业董事会人员名单。

（9）企业章程、法人和被授权人签字及授权书。

（10）企业概况、有关背景资料等基础信息资料。

行动任务 2（选学） 模拟发行公司股票

1. 任务描述

李强的公司越做越大，李强之前很羡慕上市公司，也在想自己的公司能不能上市。于是李强和他的团队开始为公司上市做准备，他们学习了公司上市的条件、程序，着手上市。李强公司上市后，他们发行了股票。

2. 任务建议

以小组为单位，自学公司上市的相关内容，收集公司上市的相关文件。根据相关文件编制本公司上市资料。为了使同学们对股票有进一步的了解，可以组织学生到机房进行模拟炒股，进入模拟炒股扣富官网（http://www.cofool.com）注册用户，各小组可以模拟炒股。

3. 任务要求

由于此项任务比较复杂，距离学生将来就业也比较遥远，学生可只了解其中主要内容，不必要求太过全面。

学习任务 企业资金筹集

一、企业筹资的目的

企业筹集资金一般有如下目的：

（1）创立性筹资动机。是指企业设立时，为取得资本金并形成开展经营活动的基本条件而产生的筹资。

（2）支付性筹资动机。是指为了满足经营业务活动的正常波动所形成的支付需要而产生的筹资。如季节性资金需求、临时性交易支付需求。

（3）扩张性筹资动机。是指企业因扩大经营规模或对外投资需要而产生的筹资。

（4）调整性筹资动机。是指企业因调整资本结构而产生的筹资动机。一是优化资本结构，合理利用财务杠杆效应；二是债务内部结构调整。

企业筹资的目的可能不是单纯和唯一的。

二、企业筹集资金的原则

（1）筹措合法：遵循国家法律、法规，合法筹措资金，勿借高利贷。

（2）规模适当：分析生产经营情况，正确预测资金需要量。

（3）取得及时：合理安排筹资时间，适时取得资金。

（4）来源经济：利用各种筹资渠道，选择资金来源。

（5）结构合理：研究各种筹资方式，优化资本结构。

三、筹集资金的渠道和方式

企业进行生产经营活动的先决条件是必须具有一定数量的资金。它是生产经营中资金循环周转的起点，也是企业财务管理的首要问题。在企业的整个资金筹集过程中，首先要预测、衡量企业各项资金的需要量。企业应根据市场调查确定生产和销售数量及其他生产经营任务，在确保合理、勤俭节约、加速周转的前提下，确定某个时期生产经营活动所必需的资金数量。其次，就要确定相应的筹资渠道和方式。

一般来说，在筹资时应充分考虑挖掘企业内部潜力，在此基础上，再考虑从外部获得所需资金。筹资有多种方式和渠道，但要考虑其成本、偿付期限、担保条件、可能性、资金提供者的有关要求、本企业的偿付能力等因素，还需要考虑其对企业投资收益的影响，然后确定企业筹资的最佳组合方式。

企业资金来源包括资本金、资本公积金、留存收益、企业负债四个方面。

（一）资本金

企业资本金是指企业在工商行政管理机关登记的注册资金，即企业开办时的本钱。企业筹集资本金的方式可以是多种多样的，既可以吸收货币资金的投资，又可以吸收实物、无形资产等形式的投资，企业还可以通过发行股票来筹集资本金。

发行股票筹集资本金是股份公司最常用的一种融资手段。股票是股份公司为筹集资本金而发行的。股票，是持股人拥有公司股份的入股凭证，它代表股份制企业的所有权。通过发行股票，一是可以较快、较多地筹集包括单位和个人在内的社会闲散资金，解决社会化大生产发展需要集中大量资金和资金分属不同所有者之间的矛盾；二是借助股票发行，可以开拓经济联合渠道，可以把企业与企业、企业与个人、我国与外国的经济利益较好地结合起来。

股份公司发行股票筹资，是一种很有弹性的筹资方式，因为股票无到期日，所以公司无须为偿还资金担心。而且，当公司经营不佳或资金短缺时，可以不发股息和红利。因此，发行股票筹资风险低。但是，由于投资者承担的风险较大，他们只有在股票的报酬高于债券的利息收入时，才愿意投资于股票，加之股息和红利要在税后利润中支付，使股票的筹资成本大大高于债券成本。另外，增发普通股会降低原有股东的控制权。

（二）资本公积金

资本公积金是一种资本储备形式，或者说是一种准资本，可以按照法定程序转化为资本金。其主要来源包括如下几个方面：

（1）股票溢价。股份公司以发行股票的方式筹集资本金，其股票发行价格与股票面值可能一致，也可能不一致。按超出股票面值的价格发行，为溢价发行；按低于股票面值的价格发行，为折价发行；按与股票面值相同的价格发行，为面值发行。企业如果采用溢价发行股票，其取得的收入，相当于将股票面值的部分作为资本金；将超出面值的部分在扣除发行股票所支付的佣金、手续费等支出后，即股票溢价净收入作为资本公积金。

（2）法定资产重估增值。按照国家法律、法规进行资产重估，将重估价值大于账面净值的差额，作为资本公积金。

（3）企业接受捐赠的财产。企业接受捐赠，是指赠方给企业无偿赠予，其不同于接受投资，可将其作为资本公积金。

（三）留存收益

留存收益是企业生产经营活动所取得净收益的积累。它一般包括如下几个方面：

（1）盈余公积金。它是企业按照规定从税后利润中提取的积累资金。盈余公积金可以按照法定程序转增资本金，可以用于弥补企业以前年度亏损，还可按规定用于分配股利。

（2）公益金。它是企业按规定从税后利润中提取的专门用于企业职工集体福利设施的准备金。

（3）未分配利润。它是企业实际利润和已分配利润的差额，在分配前形成企业资金的一项来源。

（四）企业负债

企业负债是指企业承担的能够以货币计量，并需以资产或劳务偿付的债务。企业借入资金是企业筹集资金的重要方式。

企业负债一般按其偿还期限的长短分为流动负债和长期负债。流动负债是指可在一年或超过一年的一个营业周期内偿还的债务，包括短期借款、应付票据、应付账款、预收货款、应付工资、应交税金、应付利润、其他应付款、预提费用等。长期负债是指偿还期限在一年或超过一年的一个营业周期以上的债务，包括长期借款、应付债券、长期应付款等。企业利用负债筹集资金的几种主要方式如下：

（1）短期借款。指企业借入期限在一年以下的各种借款。

🔍 知识链接

小微企业申请银行贷款步骤

步骤一：提出申请。需要的资料有基本资料、辅助资料、业务操作必需资料［包括授信申请、企业董事会决议（如公司章程要求）；企业具体贷款用途及资金使用方向（用款计划、用款总额度）；还款来源分析（计划和措施），并且就还款的资金安排做出每月的现金流量分析；抵押情况，其他相关法律性文件、函电等］。

步骤二：进行审批。包括立项、信用评估、可行性分析、综合判断、贷前审查。

步骤三：签署合同。如果银行对贷款申请审查后，认为其全部符合规定，并同意放贷，则应该与贷款人签署借贷合同。

小微企业贷款注意事项

1. 建立良好的银企关系

（1）企业要讲究信誉。企业在与银行的交往中，要使银行对贷款的安全性绝对放心。

如何使银行对企业放心呢？首先，企业要抓好资金的日常管理。因为银行在对企业进行考察时往往是从企业资金的使用、周转和财务核算等方面入手。其次，企业应经常主动地向银行汇报公司的经营情况，使银行在与企业经常性的沟通中，增加对企业的信任度。最后，企业还应苦练内功，真正提高企业的经营管理水平，用实际行动建立良好的信誉。

（2）企业要有耐心。在争取贷款时要有耐心，充分理解和体谅银行的难处，避免一时冲动伤和气，以致得不偿失。

（3）要主动、热情地配合银行开展各项工作。如积极配合银行开展各种调查，认真填写和报送企业财务报表；贷款到期主动按时履行还款或展期手续，以取得银行对中小企业的信任等。

2. 写好投资项目可行性研究报告

投资项目可行性研究报告对于争取项目贷款的规模大小，以及银行贷款的优先支持，具有十分重要的作用，因此，中小企业在撰写报告时，要注意解决好以下几个问题：

（1）报告的项目要符合国家的有关政策，重点论证在技术上的先进性、经济上的合理性以及实际上的可行性等问题。

（2）要把重大问题讲清楚，对有关问题做出有力的论证。如在论证产品销路时，必须就市场对该产品的需求、当前社会的生产能力及将来的趋势等做出分析和论证。

（3）把经济效益作为可行性的出发点和落脚点。

3. 突出项目的特点

不同的项目都有各自内在的特性，根据这些特性，银行贷款也有相应的要求。

选择合适的贷款时机要注意既有利于保证中小企业所需要资金及时到位，又便于银行调剂安排信贷资金调度信贷规模。一般来说，中小企业如要申请较大金额的贷款，不宜安排在年末和每季季末。

4. 争取中小企业担保

机构的支持中小企业由于自身资金少、经营规模小，很难提供银行需要的抵押、质押物，同时也难以取得第三方的信用担保，因而要取得银行的贷款非常困难。投融资专家张雪奎老师认为，这些固然是不利条件，但如果能和各方面搞好关系，融资工作提前做到位，得到中小企业担保机构这些专门机构的支持，向商业银行贷款就容易得多。

（2）商业信用。指商品交易中的延期付款或延期交货所形成的借贷关系，是企业之间的一种直接信用关系。利用商业信用融资主要包括赊购商品和预收货款两种形式。

（3）短期融资融券。又称商业票据，是由大型工商企业或金融企业所发行的短期无担保本票，是一种新兴的筹集短期资金的方式。短期融资券成本低，筹资数额大，能提高企业信誉。但是，发行短期融资券的风险较大，弹性小，条件较严格。

（4）发行债券。债券是债务人为筹集资金而发行的、承诺按期向债权人支付利息和偿还本金的一种有价证券。我国企业发行的债券一般称为企业债券，对股份有限公司而言称为公司债券。

（5）长期借款。指企业向银行等金融机构以及向其他单位借入的、期限在一年以上的各种借款。

（6）租赁筹资。指出租人在承租人给予一定报酬的条件下，在契约或合同规定的期限内，将财产租让给承租人使用。租赁主要分为营业租赁和融资租赁两类。

情境任务4　组织结构设计与岗位分析

◎情境导入

李强的公司之前是由他和几个同学创立的。创立之初，他们简单进行了分工，李强任总经理，可是经营一段时间后，他发现自己很累，很多事情全靠他一个人来做。李强看到很多公司老板其实很轻松，而自己从早忙到晚，累得够呛，公司业绩却没怎么提升。李强想了解真正成熟的公司是什么样子，于是他拜访了几家公司，发现这些公司组织分工明确，员工各负其责。而自己的公司没有组织，职责不清。同学们，请和李强一起设计公司的组织结构吧！

> 思考：什么是组织？企业为什么要有自己的组织？

行动任务　设计企业组织结构图并编写岗位职责

1. 任务描述

各小组针对自己创立公司所经营项目的特性，划分职能部门，设计出本公司的组织结构图；根据各职能部门和工作岗位需求编制相关岗位职责。

2. 任务建议

以原小组成员为单位，进行圆桌会议，学习讨论公司组织结构构建问题。首先要分析本公司经营项目类型，是生产企业还是销售企业或是科技、电商企业……根据公司组织结构类型并结合企业实际设计组织结构。岗位职责可以上网收集相关资料，然后根据企业实际进行修改。

3. 任务要求

组织结构设计应符合公司实际情况，对于各岗位职责应划分合理、清楚。根据现有岗位职责，重新在小组内部进行岗位任命和权责分工。各项工作完成后，将组织结构图、岗位职责、企业人事岗位清单等打印上交。

学习任务1　组织结构设计

一、组织结构设计的有关概念和具体内容

（一）组织结构设计的有关概念

1. 组织

组织就是把管理要素按目标的要求结合成的一个整体。它是动态的组织活动过程和静态的社会实体的统一。具体来说，包含以下四个方面：

（1）动态的组织活动过程。即把人、财、物和信息，在一定时间和空间范围内进行合理有效组合的过程。

（2）相对静态的社会实体。即把动态组织活动过程中合理有效的配合关系相对固定下来形成的组织结构模式。

（3）组织是实现既定目标的手段。

（4）组织既是一组工作关系的技术系统，又是一组人与人之间的社会系统，是两个系统的统一。

2．组织结构设计

组织结构是表现组织各部分排列顺序、空间位置、聚集状态、联系方式以及各要素之间相互关系的一种模式，它是执行任务的组织体制。具体来说，组织结构设计包含以下几层意思：

（1）组织结构设计是管理者在一定组织内建立最有效相互关系的一种有意识的过程。

（2）组织结构设计既涉及组织的外部环境要素，又涉及组织的内部条件要素。

（3）组织结构设计的结果是形成组织结构。

（4）组织结构设计的内容包括工作岗位的事业化、部门的划分，以及直线指挥系统与职能参谋系统的相互关系等方面的工作任务组合；建立职权、控制幅度和集权分权等人与人相互影响的机制；开发最有效的协调手段。

（二）组织结构设计的具体内容

1．劳动分工

劳动分工是指将某项复杂的工作分解成许多简单的重复性活动（称为功能专业化）。它是组织结构设计的首要内容。

2．部门化

部门化是指将专业人员归类形成组织内相对独立的部门，它是对分割后的活动进行协调的方式。部门化主要有四种类型：功能部门化、产品或服务部门化、用户部门化和地区部门化。

3．授权

授权是指确定组织中各类人员需承担的任务的责任范围，并赋予其使用组织资源所必需的权力。授权发生于组织中两个相互联接的管理层次之间，责任和权力都是由上级授予的。

4．管理幅度和管理层次

管理幅度是指一位管理人员所能有效地直接领导和控制的下级人员数。管理层次是指组织内纵向管理系统所划分的等级数。一般情况下，管理幅度和管理层次成反比关系。扩大管理幅度，有可能减少管理层次。反之，缩小管理幅度，就有可能增加管理层次。

管理幅度受许多因素的影响，有领导者方面的因素，如领导者的知识、能力和经验等；也有被领导者方面的因素，如被领导者的素质、业务熟练的程度和工作强度等；还有管理业务方面的因素，如工作任务的复杂程度、所承担任务的绩效要求、工作环境以及信息沟通方式等。因此，在决定管理幅度时，必须对上述各方面因素予以综合考虑。

确定管理层次应考虑下列因素：

（1）训练。受过良好训练的员工，所需的监督较少，且可减少他与主管接触的次数。低层人员的工作分工较细，所需技能较易训练，因而低层主管监督人数可适当增加。

（2）计划。良好的计划使工作人员知道自己的目标与任务，可减少组织层次。

（3）授权。适当的授权可减少主管的监督时间及精力，使管辖人数增加，进而减少组织所需的层次。

（4）变动。企业变动较少，其政策较为固定，各阶层监督的人数可较多，层次可较少。

（5）目标。目标明确，可以减少主管人员指导工作及纠正偏差的时间，促成层次的简化。

（6）意见交流。意见的有效交流，可使上下距离缩短，减少组织层次。

（7）接触方式。主管同员工接触方式的改善，也可使层次减少。

早期的管理组织结构中，通常管理幅度较窄而管理层次较多。其优点是分工明确，便于实施严格控制，上下级关系容易协调；缺点是管理费用较高，信息沟通困难，不利于发挥下属人员的积极性。随着管理组织的不断革新和发展，采用管理幅度较宽、管理层次较少的结构（扁平结构）的企业越来越多。其优点是管理费用较低，信息沟通方便，有利于发挥下级的积极性；缺点是不易实施严格控制，对下属人员的相互协调较为困难。

二、组织结构设计的原则与重点

（一）组织结构设计的基本原则

（1）战略导向原则。组织是实现组织战略目标的有机载体，组织的结构、体系、过程、文化等均是为完成组织战略目标服务的，达成战略目标是组织设计的最终目的。组织应通过组织结构的完善，使每个人在实现组织目标的过程中做出更大的贡献。

（2）适度超前原则。组织结构设计应综合考虑组织的内、外部环境，组织的理念与文化价值观，组织的当前以及未来的发展战略等，以适应组织现实状况。并且，随着企业的成长与发展，组织结构应有一定的拓展空间。

（3）系统优化原则。现代组织是一个开放系统，组织中的人、财、物与外界环境频繁交流，联系紧密，需要开放型的组织系统，以提高对环境的适应能力和应变能力。因此，组织机构应与组织目标相适应。组织设计应简化流程，有利于信息畅通、决策迅速、部门协调；并充分考虑交叉业务活动的统一协调和过程管理的整体性。

（4）有效管理幅度与合理管理层次的原则。管理层级与管理幅度的设置受到组织规模的制约，在组织规模一定的情况下，管理幅度越大，管理层次越少。管理层级的设计应在有效控制的前提下尽量减少管理层级，精简编制，促进信息流通，实现组织扁平化。

其中，管理幅度受主管直接有效指挥、监督部属能力的限制。管理幅度的设计没有一定的标准，要具体问题具体分析。粗略地讲，高层管理幅度 3～6 人较为合适，中层管理 5～9 人较为合适，低层管理幅度 7～15 人较为合适。

影响管理幅度设定的主要因素如下：

1）员工的素质。主管及其下属能力强、学历高、经验丰富者，可以加大控制面，管理幅度可加大；反之，应小一些。

2）沟通的程度。组织目标、决策制度、命令可迅速而有效地传达，渠道畅通，管理幅度可加大；反之，应小一些。

3）职务的内容。工作性质较为单纯、较标准者，可扩大控制的层面。

4）协调工作量。利用幕僚机构及专员作为沟通协调者，可以扩大控制的层面。

5）追踪控制。设有良好、彻底、客观的追踪执行工具、机构、人员及程序者，可以扩大控制的层面。

6）组织文化。具有追根究底的风气与良好的企业文化背景的公司也可以扩大控制的层面。

7）地域相近性。所辖的地域近，可扩大管理控制的层面，地域远则需缩小管理控制的层面。

（5）责权利对等原则。责权利相互对等，是组织正常运行的基本要求。权责不对等对组织危害极大，有权无责容易出现瞎指挥的现象；有责无权会严重挫伤员工的积极性，也不利于人才的培养。因此，在结构设计时应着重强调职责和权利的设置，使公司能够做到职责明确、权力对等、分配公平。

（6）职能专业化原则。公司整体目标的实现需要完成多种职能工作，应充分考虑专业化分工与团队协作。特别是对于以事业发展、提高效率、监督控制为首要任务的业务活动，应以此原则为主，进行部门划分和权限分配。当然，公司的整体行为并不是孤立的，各职能部门应做到既分工明确，又协调一致。

（7）稳定性与适应性相结合的原则。首先，企业组织结构必须具有一定的稳定性，这样可使组织中的每个人工作相对稳定，相互之间的关系也相对稳定，这是企业能正常开展生产经营的必要条件，如果组织结构朝令夕改，必然造成职责不清的局面。其次，企业组织结构又必须具有一定的适应性。由于企业的外部环境和内部条件是在不断变化的，如果组织结构、组织职责不注意适应这种变化，企业就缺乏生命力、缺乏经营活力。因此，企业应该根据行业特点、生产规模、专业技术复杂程度、专业化水平、市场需求和服务对象的变化、经济体制的改革需求等进行相应的动态调整。企业应该强调并贯彻这一原则，应在保持稳定性的基础上进一步加强和提高组织结构的适应性。

（二）组织结构设计的重点

进行组织结构设计应把握以下重点：

（1）组织的目标。应使组织内部各部门在公司整体经营目标下，充分发挥能力以达成各自目标，从而促进公司整体目标的实现。

（2）组织的成长。需考虑公司的业绩、经营状况与持续成长。

（3）组织的稳定。随着公司的成长，逐步调整组织结构是必要的，但需考虑经常性的组织、权责、程序变更会动摇员工的信心，产生离心力，因此应该保证组织的相对稳定。

（4）组织的精简。组织机构精简、人员精干有助于资源的合理配置，实现工作的高效率。

（5）组织的弹性。主要指部门结构和职位具有一定的弹性，既能保持正常状况下的基本形式，又能适应内、外部各种环境条件的变化。

（6）组织的分工协作。只有各部门之间以及部门个人之间的工作协调配合，才能实现本部门目标，同时保证整个组织目标的实现。

（7）指挥的统一性。工作中的多头指挥使下属无所适从，容易造成混乱的局面。

（8）权责的明确性。权力或职责不清将使工作发生重复或遗漏、推诿现象，这样将导致员工挫折感的产生，造成工作消极的局面。

（9）流程的制度化、标准化与程序化。明确的制度与标准作业以及工作的程序化可缩短摸索的时间，提高工作的效率。

三、组织结构设计的程序

企业组织结构的设计只有按照正确的程序进行，才能达到组织设计的高效化。组织结构设计的程序如下：

（一）业务流程的总体设计

业务流程的总体设计是组织结构设计的开始，只有总体业务流程达到最优化，才能实现企业组织高效化。

业务流程是指企业生产经营活动在正常情况下，不断循环流动的程序或过程。企业的活动主要有物流、资金流和信息流，它们都是按照一定流程流动的。企业实现同一目标，可以有不同的流程。这就存在采用哪种流程的优选问题。因此，在企业组织结构设计时，首先要对流程进行分析对比、择优确定，即优化业务流程。优化的标准是流程时间短，岗位少，人员少，流程费用少。

业务流程包括主导业务流程和保证业务流程。主导业务流程是产品和服务的形成过程，如生产流程；保证业务流程是保证主导业务流程顺利进行的各种专业流程，如物资供应流程、人力资源流程、设备工具流程等。首先，要优化设计的是主导业务流程，使产品形成的全过程周期最短、效益最高；其次，围绕主导业务流程，设计保证业务流程；最后，进行各种业务流程的整体优化。

（二）按照优化原则设计岗位

岗位是业务流程的节点，也是组织结构的基本单位。由岗位组成车间、科室，再由车间、科室组成各个子系统，进而由子系统组成全企业的总体结构。岗位的划分要适度，不能太大也不能太小，既要考虑流程的需要，也要考虑管理的方便。

（三）规定岗位的输入、输出和转换

岗位是工作的转换器，就是把输入的业务，经过加工转换为新的业务输出。通过输入和输出就能从时间、空间和数量上把各岗位纵横联系起来，形成一个整体。

（四）岗位人员的定质与定量

定质就是确定本岗位需要使用的人员的素质。由于人员的素质不同，工作效率就不同，因而定员人数也就不同。人员素质的要求主要是根据岗位业务内容的要求来确定。要求太高，会造成人员的浪费；要求太低，保证不了正常的业务活动和一定的工作效率。

定量就是确定本岗位需用人员的数量。人员数量的确定要以岗位的工作业务量为依据，同时也要以人员素质为依据。人员素质与人员数量在一定条件下成反比。定量就是在工作业务量和人员素质平衡的基础上确定的。

（五）设计控制业务流程的组织结构

这是指按照流程的连续程度和工作量的大小来确定岗位形成的各级组织结构。整个业务流程是个复杂的系统，结构是实现这个流程的组织保证，每个部门的职责是负责某一段流程并保证其畅通无阻。岗位是保证整个流程实施的基本环节，应该先有优化流程，后有岗位，再组织车间、科室，而不是倒过来。流程是客观规律的反映，因人设机构，是造成组织结构设置不合理的主要原因之一，必须进行改革。

以上 5 个步骤既有区别又有联系，必须经过反复地综合平衡、不断地修正，才能获得

最佳效果。

四、常见的企业组织结构类型

企业组织结构的主要类型有以下几种：

（一）直线制

直线制是企业发展初期一种最简单的组织结构，如图 2—3 所示。

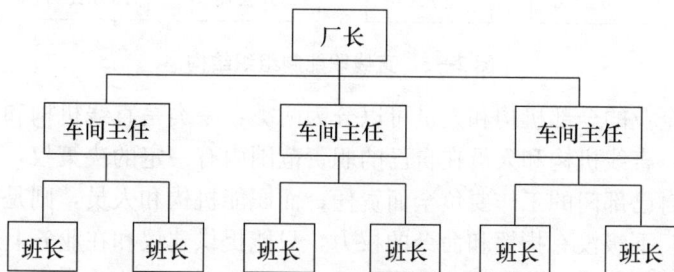

图 2—3 直线制组织结构

（1）特点。领导的职能都由企业各级主管一人执行，上下级权责关系呈一条直线。下属单位只接受一个上级的指令。

（2）优点。结构简化，权力集中，命令统一，决策迅速，责任明确。

（3）缺点。没有职能机构和职能人员充当领导的助手。在规模较大、管理比较复杂的企业中，主管人员难以具备足够的知识和精力来胜任全面的管理，因而不能适应日益复杂的管理需要。

这种组织结构形式适合于产销单一、工艺简单的小型企业。

（二）职能制

职能制组织结构与直线制恰恰相反，它的组织结构如图 2—4 所示。

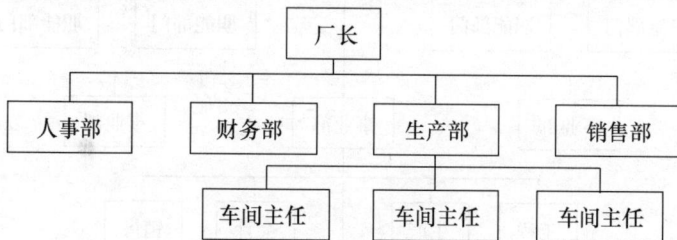

图 2—4 职能制组织结构

（1）特点。企业内部各个管理层次都设职能机构，并由许多通晓各种业务的专业人员组成。各职能机构在自己的业务范围内有权向下级发布命令，下级要服从各职能部门的指挥。

（2）优点。不同的管理职能部门行使不同的管理职权，管理分工细化，从而能大大提高管理的专业化程度，能够适应日益复杂的管理需要。

（3）缺点。政出多门，多头领导，管理混乱，协调困难，导致下属无所适从；上层领导与基层脱节，信息不畅。

（三）直线职能制

直线职能制吸收了以上两种组织结构的长处而弥补了它们的不足，其组织结构如图 2—5 所示。

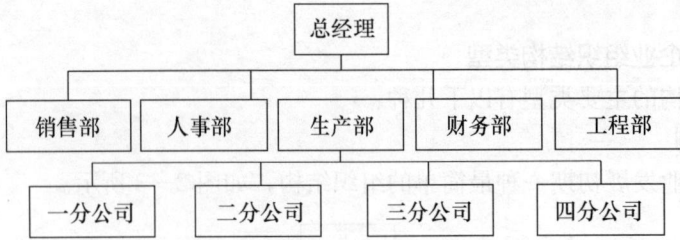

图 2—5 直线职能制组织结构

（1）特点。企业的全部机构和人员可以分为两类：一类是直线机构和人员；另一类是职能机构和人员。直线机构和人员在自己的职责范围内有一定的决策权，对下属有指挥和命令的权力，对自己部门的工作要负全面责任；而职能机构和人员，则是直线指挥人员的参谋，对直线部门下级没有指挥和命令的权力，只能提供建议和在业务上进行指导。

（2）优点。各级直线领导人员都有相应的职能机构和人员作为参谋和助手，因此能够对本部门进行有效的指挥，以适应现代企业管理比较复杂和细致的特点；而且每一级又都是由直线领导人员统一指挥，满足了企业组织的统一领导原则。

（3）缺点。职能机构和人员的权利、责任究竟应该占多大比例，管理者不易把握。

直线职能制在企业规模较小、产品品种简单、工艺较稳定又联系紧密的情况下，优点较突出；但对于大型企业，产生或服务品种繁多、市场变幻莫测，就不适应了。

（四）事业部制

事业部制是目前国外大型企业通常采用的一种组织结构，它的组织结构如图 2—6 所示。

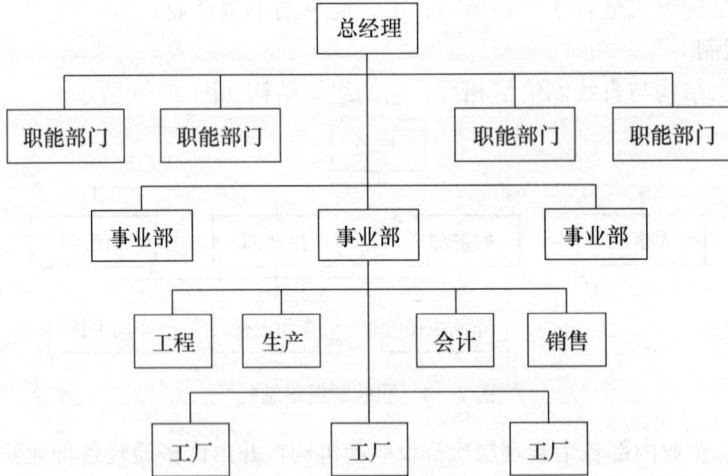

图 2—6 事业部制组织结构

（1）特点。把企业的生产经营活动，按照产品或地区的不同，建立经营事业部。每个经营事业部是一个利润中心，在总公司领导下，独立核算、自负盈亏。

（2）优点。有利于调动各事业部的积极性，事业部有一定经营自主权，可以较快地对市场做出反应，一定程度上增强了适应性和竞争力；同一产品或同一地区的产品开发、制造、销售等一条龙业务属于同一主管，便于综合协调，也有利于培养有整体领导能力的高级人才；公司最高管理层可以从日常事务中摆脱出来，集中精力研究重大战略问题。

（3）缺点。各事业部容易产生本位主义和短期行为；资源的相互调剂会与既得利益发生矛盾；人员调动、技术及管理方法的交流会遇到阻力；企业和各事业部都设置职能机构，机构容易重叠，且费用增大。

事业部制适用于企业规模较大、产品种类较多、各种产品之间的工艺差别较大、市场变化较快及要求适应性强的大型联合企业。

（五）模拟分散管理制

模拟分散管理制又叫模拟事业部，是介于直线职能制与事业部制之间的一种组织结构。

（1）特点。它并不是真实地在企业中实行分散管理，而是进行模拟式独立经营、单独核算，以达到改善经营管理的目的。具体做法是：按照某种标准将企业分成许多"组织单位"，将这些单位视为相对独立的"事业"，它们拥有较大的自主权和自己的管理机构，相互之间按照内部转移价格进行产品交换并计算利润，进行模拟性的独立核算，以促进经营管理的改善。

（2）优点。简化了核算单位，在一定程度上能够调动各组织单位的积极性。

（3）缺点。各模拟单位的任务较难明确，成绩不易考核。

它一般适用于生产过程具有连续性的大型企业，如钢铁联合公司、化工公司等。这些企业由于规模过于庞大，不宜采用集权的直线职能制，而其本身生产过程的连续性又使经营活动的整体性很强且不宜采用分权的事业部制。

（六）矩阵制

矩阵制组织结构如图 2—7 所示。

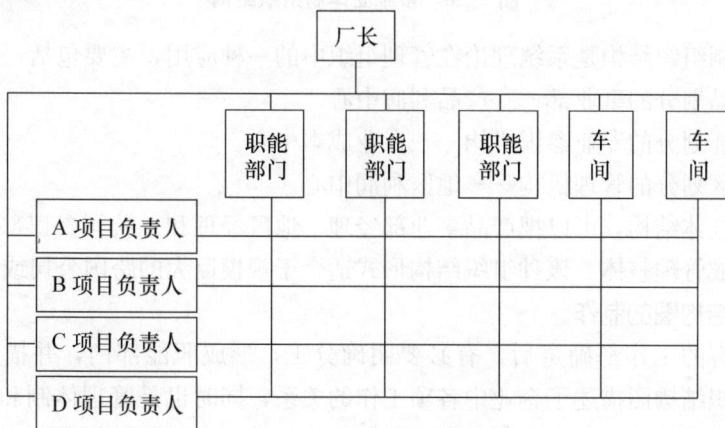

图 2—7 矩阵制组织结构

（1）特点。既有按照管理职能设置的纵向组织系统，又有按照规划目标（产品、工程项目）划分的横向组织系统，两者结合，形成一个矩阵。横向系统的项目组所需工作人员从各职能部门抽调，这些人既接受本职能部门的领导，又接受项目组的领导，一旦某一项目完成，该项目组就撤销，人员仍回到原职能部门。

（2）优点。加强了各职能部门间的横向联系，便于集中各类专门人才加速完成某一特定项目，有利于提高成员的积极性。在矩阵制组织结构内，每个人都有更多机会学习新的知识和技能，因此有利于个人发展。

（3）缺点。由于实行项目和职能部门双重领导，当两者意见不一致时易令人无所适从；工作发生差错也不容易分清责任；人员是临时抽调的，稳定性较差；成员容易产生临时观念，影响正常工作。

它适用于设计、研制等创新型企业，如军工、航空航天工业的企业。

（七）多维立体制

多维立体制组织结构是在矩阵制组织结构的基础上发展起来的，它的组织结构如图2—8所示。

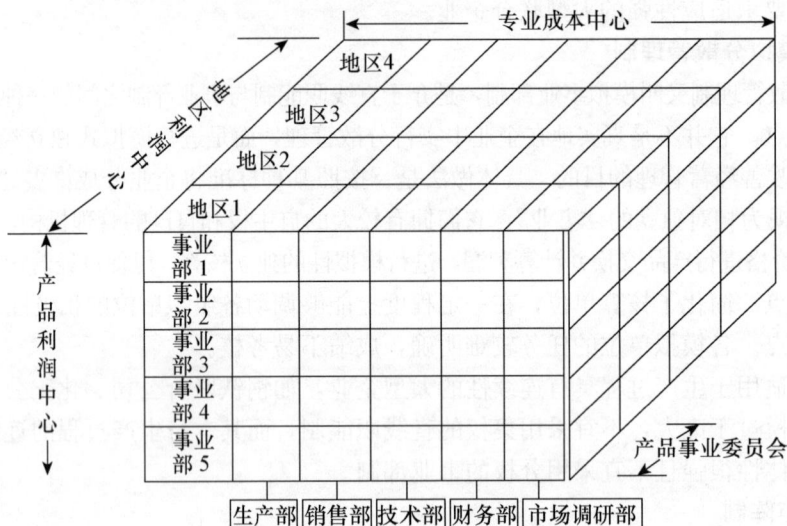

图 2—8　多维立体制组织结构

多维立体制组织结构是系统理论在管理组织中的一种应用，主要包括：

（1）按产品划分的事业部——产品利润中心。

（2）按职能划分的专业参谋机构——专业成本中心。

（3）按地区划分的管理机构——地区利润中心。

通过多维立体结构，可以把产品事业部经理、地区经理和总公司参谋部门这三者较好地统一和协调成管理整体。该种组织结构形式适合于规模巨大的跨国公司或跨地区公司。

五、组织结构图的制作

企业中所有的工作都确定后，有必要明确分工，形成职能部门，并描绘出组织结构图。企业的组织结构图描述了企业中各项工作的关系，同时也是管理体制和管理模式的反映，如图 2—9 所示。

制作图表时应考虑以下几个问题：

（1）图表的主题。确定图表的范围，是一个系统、一个部门、一个地区，还是整个公司的组织结构图。

（2）简洁明了。尽量使图表简洁清楚，强调主要机构。

（3）名称。用职务名称来描述工作水平和职能，如"主管"是不明确的，要尽可能说明责任，如"行政主管"。

（4）次序。不要先写组织中的人员名称，首先要确定职能，然后再将负有相应责任的人名填上去。

（5）职务。在一个矩形框里描述组织各部门的职务。

（6）等级。用垂直线描述不同等级的相关工作，用水平线描述相似等级的工作。

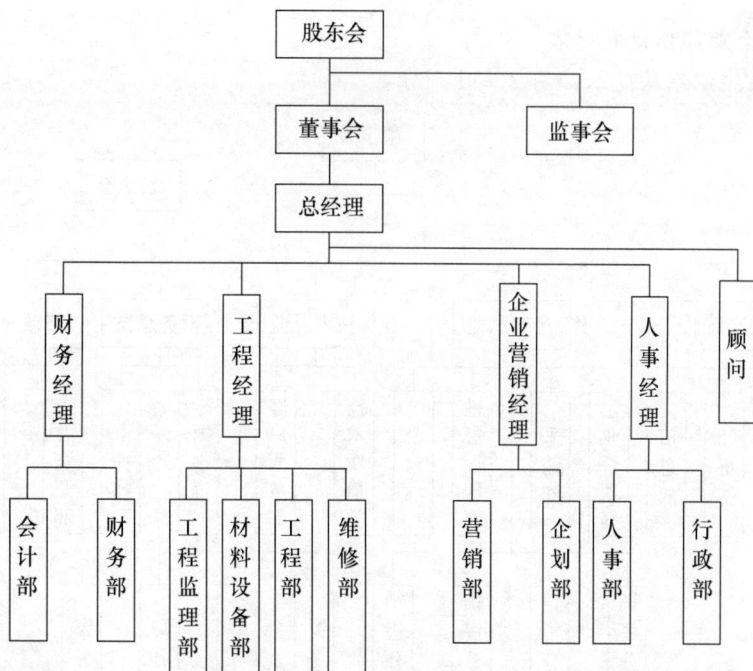

图 2—9　某企业的组织结构

（7）职权。用水平直线或垂直线表示直接权力，用点线表示间接权力。

知识链接

各类型企业组织结构设计模板

1. 生产企业组织结构范本

生产企业组织结构范本如图 2—10 所示。

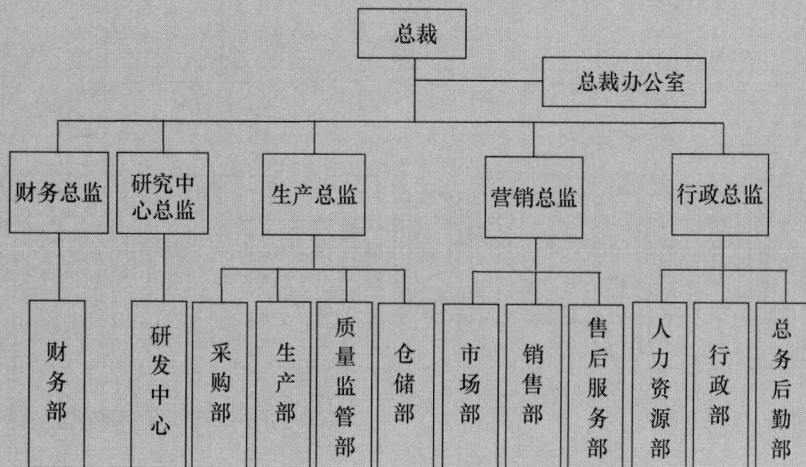

图 2—10　生产企业组织结构范本

2. 销售企业组织结构范本

销售企业组织结构范本如图 2—11 所示。

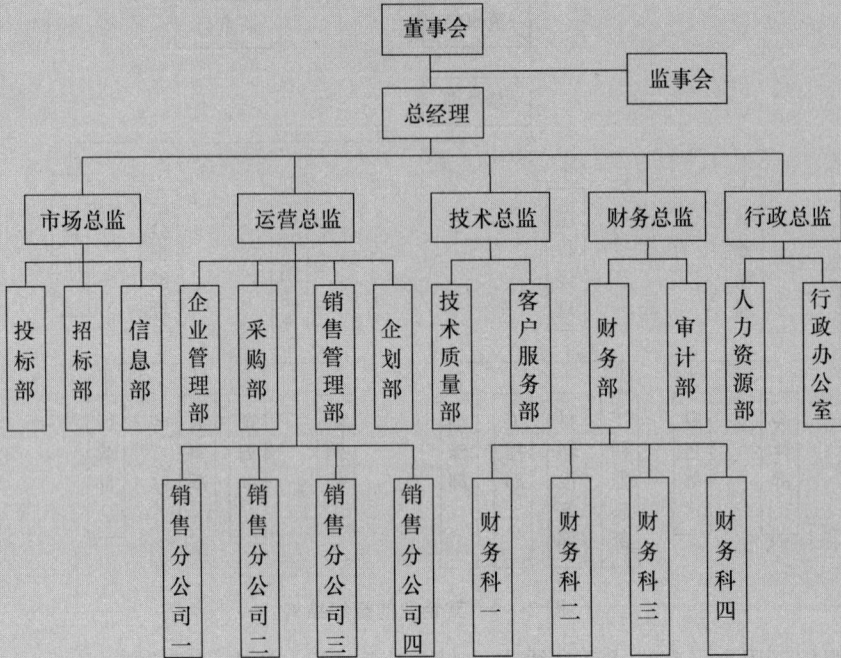

```
                          董事会
                            │────────── 监事会
                          总经理
     ┌──────────┬──────────┼──────────┬──────────┐
   市场总监    运营总监    技术总监   财务总监   行政总监
  ┌──┼──┐  ┌──┬──┬──┬──┐  ┌──┐   ┌──┬──┐   ┌──┬──┐
 投 招 信  企 采 销 企  技 客   财 审   人 行
 标 标 息  业 购 售 划  术 户   务 计   力 政
 部 部 部  管 部 管 部  质 服   部 部   资 办
          理   理      量 务         源 公
          部   部      部 部         部 室
                │
        ┌──┬──┬──┐              ┌──┬──┬──┐
       销 销 销 销            财 财 财 财
       售 售 售 售            务 务 务 务
       分 分 分 分            科 科 科 科
       公 公 公 公            一 二 三 四
       司 司 司 司
       一 二 三 四
```

图 2—11　销售企业组织结构范本

3. 地产企业组织结构范本

地产企业组织结构范本如图 2—12 所示。

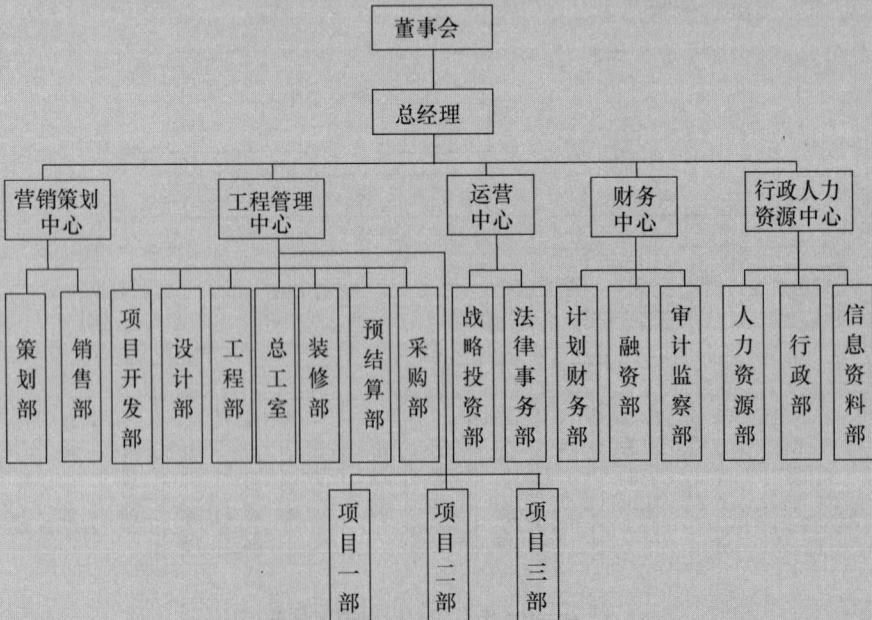

```
                          董事会
                            │
                          总经理
     ┌──────────┬──────────┼──────────┬──────────┐
  营销策划    工程管理     运营       财务    行政人力
   中心        中心        中心       中心    资源中心
  ┌──┐  ┌──┬──┬──┬──┬──┬──┐ ┌──┐ ┌──┬──┬──┐ ┌──┬──┬──┐
 策 销  项 设 工 总 装 预 采 战 法 计 融 审 人 行 信
 划 售  目 计 程 工 修 结 购 略 律 划 资 计 力 政 息
 部 部  开 部 部 室 部 算 部 投 事 财 部 监 资 部 资
       发        部    资 务 务    察 源       料
       部             部 部 部    部 部       部
              ┌──┬──┐
             项 项 项
             目 目 目
             一 二 三
             部 部 部
```

图 2—12　地产企业组织结构范本

4. 科技公司组织结构范本

科技公司组织结构范本如图2—13所示。

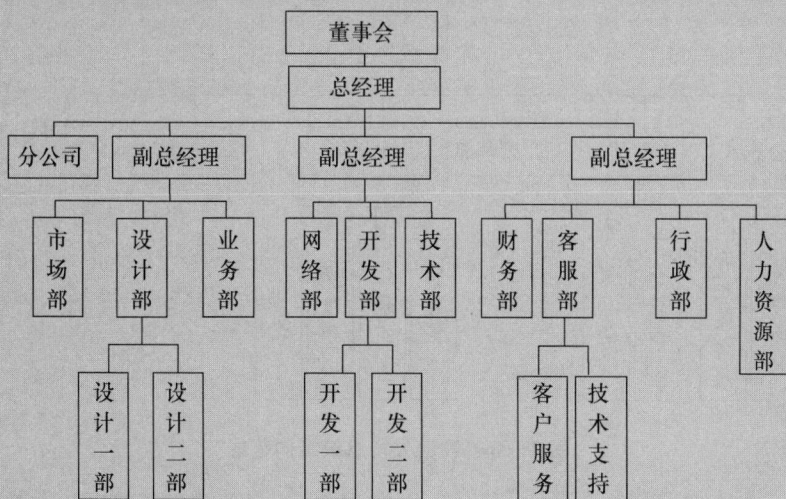

图2—13 科技公司组织结构范本

5. 物业公司组织结构范本

(1) 小型物业公司组织结构范本如图2—14所示。

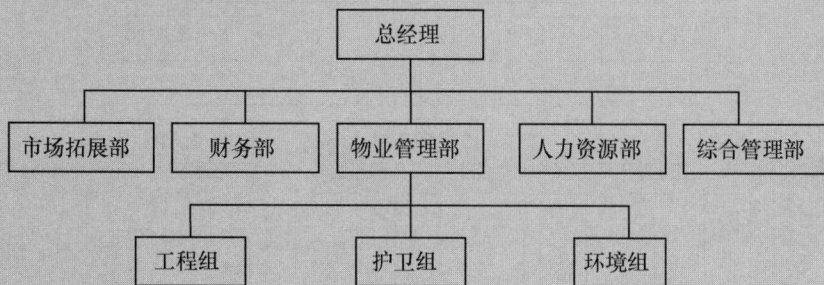

图2—14 小型物业公司组织结构范本

(2) 中型物业公司组织结构范本如图2—15所示。

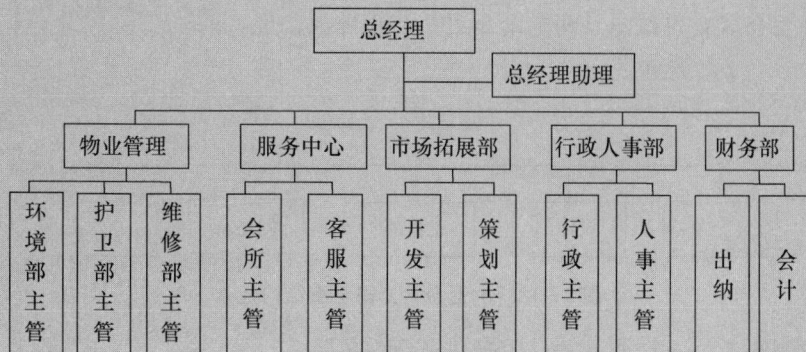

图2—15 中型物业公司组织结构范本

6. 物流公司组织结构范本

物流公司的组织结构范本如图2—16所示。

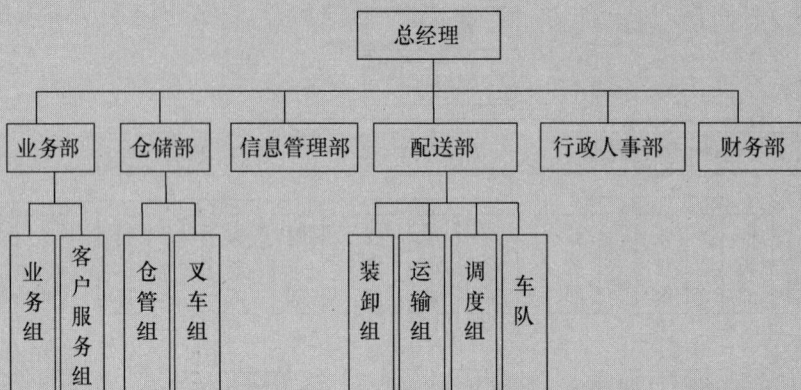

图2—16 物流公司组织结构范本

7. 广告公司组织结构范本

广告公司组织结构范本如图2—17所示。

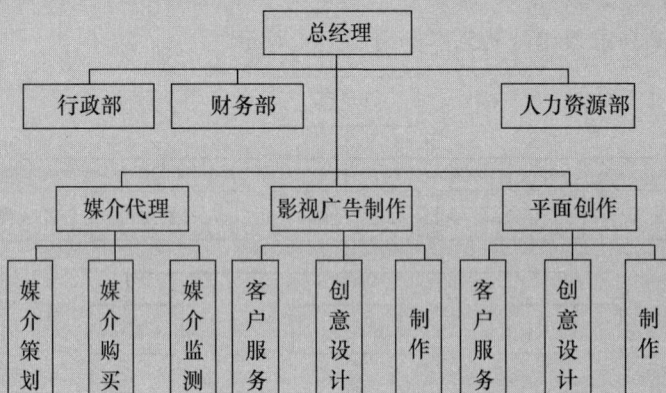

图2—17 广告公司组织结构范本

8. 会展公司组织结构范本

(1) 小型会展公司组织结构范本如图2—18所示。

图2—18 小型会展公司组织结构范本

(2) 中型会展公司组织结构范本如图2—19所示。

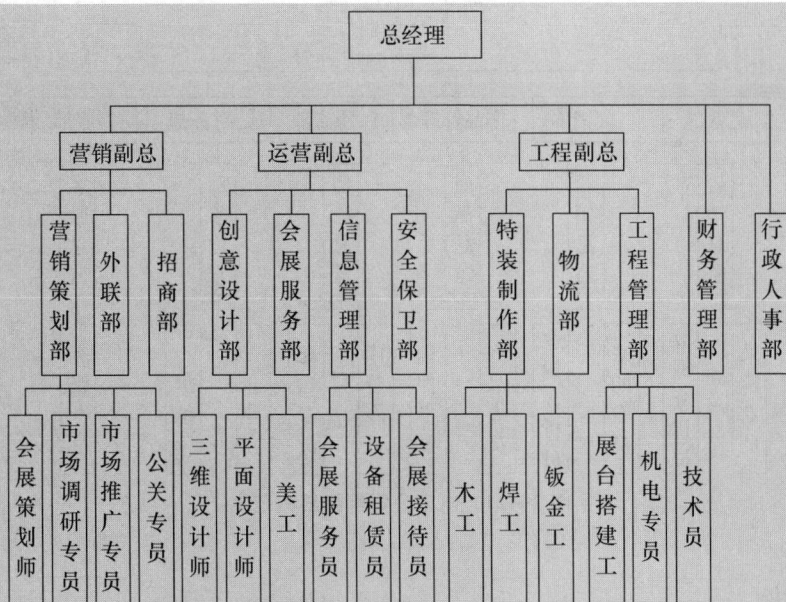

图 2—19 中型会展公司组织结构范本

9. 装饰公司组织结构范本

中型综合性装饰公司组织结构范本如图 2—20 所示。

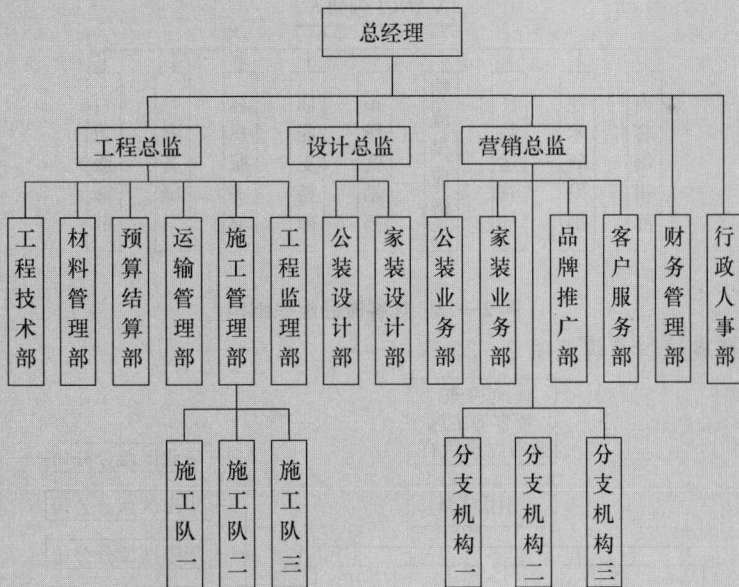

图 2—20 中型综合性装饰公司组织结构范本

10. 电商公司组织结构范本

电商公司组织结构范本如图 2—21 所示。

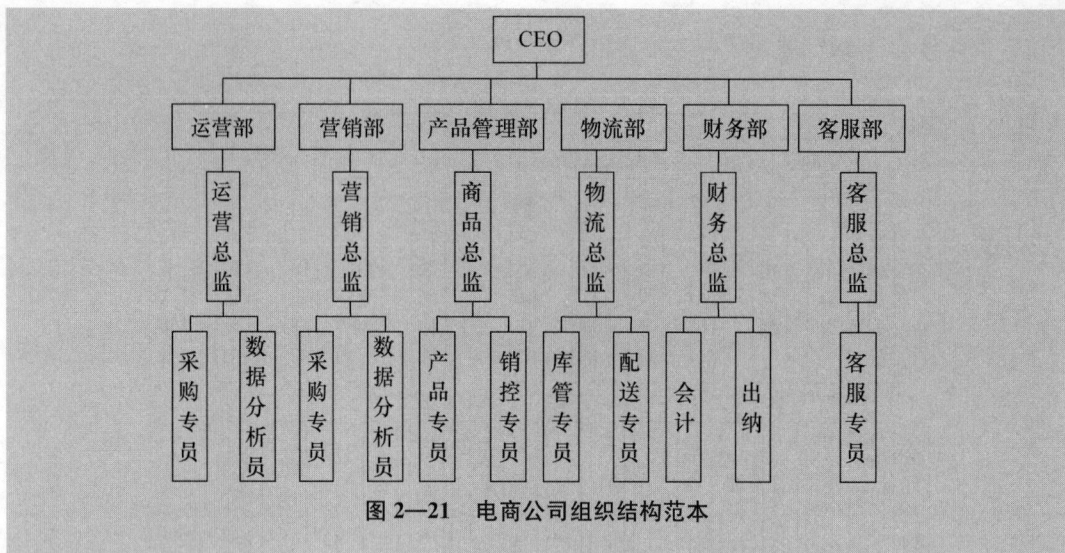

图 2—21　电商公司组织结构范本

📝 **情境案例**

知名企业组织结构实例

（1）凡客诚品组织结构见图 2—22。

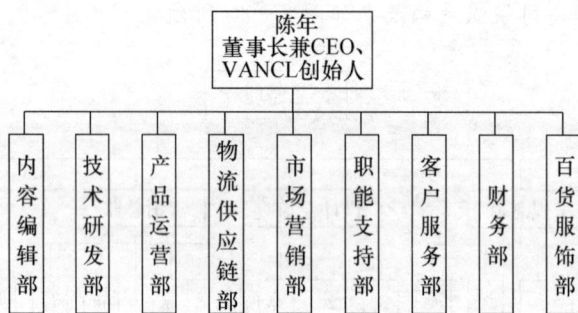

图 2—22　凡客诚品组织结构

（2）京东商城组织结构见图 2—23。

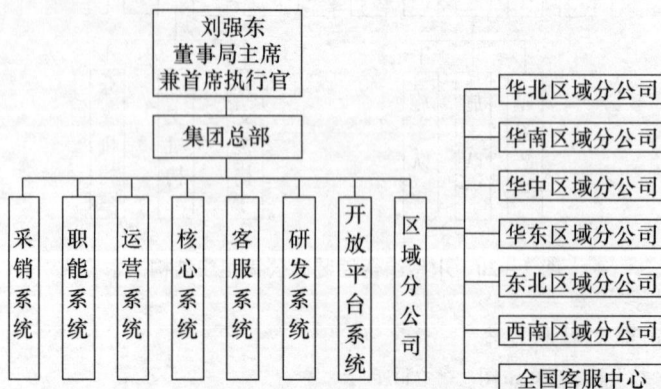

图 2—23　京东商城组织结构

学习任务 2　工作分析

一、工作分析的含义

工作分析是指对某一特定的工作做出明确的规定，并确定完成这一工作需要什么样的行为的过程。工作分析由工作描述和工作说明书两部分组成。

情境案例

工作职责分歧

一名机床操作工不小心把大量的润滑油洒在机床周围的地板上。车间主任叫操作工把它清扫干净，操作工拒绝执行，理由是工作说明书里没有包括清扫的条文。车间主任便找到一名服务工来做清扫工作。但服务工同样拒绝，理由也是工作说明书里没有包括这一类工作。车间主任威胁说要把他解雇，服务工勉强同意，但是干完之后立即向公司投诉。

有关人员看了投诉后，审阅了这两类人员的工作说明书。机床操作工的工作说明书规定：操作工有责任保持机床的清洁，使之处于可操作状态，但并未提及清扫地板。服务工的工作说明书规定：服务工有责任以各种方式协助操作工，如领取原料和工具，随叫随到，即时服务，但也没有包括清扫工作。从工作说明书上看，机床操作工和服务工的拒绝都没有错误，这件事该如何处理，让负责处理此事的工作人员犯了难。

同学们，你如何看待这件事？

资料来源：桂兰、魏海燕主编：《人力资源管理》，北京，清华大学出版社，2004。引用时有修改。

二、工作分析的程序与方法

（一）工作分析程序

工作分析是一项技术性很强的工作，需要做周密的准备。同时，还需具有与企业人事管理活动相匹配的科学的、合理的操作程序。主要包括以下几个步骤：

1. 准备阶段

在这一阶段，主要解决以下几个问题：

（1）建立工作分析小组。

（2）明确工作分析的总目标、总任务。

（3）明确工作分析的目的。

（4）明确分析对象。

（5）建立良好的工作关系，为了搞好工作分析，还应做好员工的心理准备工作，建立友好的合作关系。

2. 计划阶段

分析人员为使研究工作迅速有效，应制订执行计划。同时，要求管理部门提供有关的信息。这一阶段包括以下几项内容：

（1）选择信息来源。信息来源的选择应注意：不同层次的信息提供者提供的信息存在不同程度的差别；工作分析人员应站在公正的角度听取不同的信息，不要事先存有偏见；使用各种职业信息文件时，要结合实际，不可照搬照抄。

（2）选择收集信息的方法和系统。信息收集的方法和分析信息适用的系统由工作分析人员根据企业的实际需要灵活运用。由于分析人员有了分析前的计划，对可省略和重复之处均已了解，因此可节省很多时间。但是分析人员必须切记，这种计划仅仅是预定性质，以后必须将其和各单位实际情况相验证，才不会导致错误。

3. 分析阶段

分析阶段包括信息的收集、分析、综合三个相关活动，是整个工作分析过程的核心部分。分析的项目通常包括工作名称、雇用人员数目、工作单位、职责、工作知识、智力要求、熟练及精确度、机械设备工具、经验、教育与训练经历、身体要求、工作环境、工作时间、与其他工作关系、工作人员特性、选任方法等。总之，凡是一切与工作有关的资料均在分析的范围之内，分析人员可视不同的目的，全部予以分析，也可选择其中必要的项目予以分析。

4. 描述阶段

工作完成之后，分析人员必须将获得的信息加以整理并写出报告，形成工作描述和工作说明书。

5. 运用阶段

运用阶段是对工作分析的验证，只有通过实际的检验，工作分析才具有可行性和有效性，才能不断适应外部环境的变化，从而不断地完善工作分析的运行程序。

6. 运行控制

控制活动贯穿着工作分析的始终，是一个不断调整的过程。随着时间的推移，任何事物都在变化，工作也不例外。企业的生产经营活动是不断变化的，这些变化会直接或间接地引起组织分工协作体制发生相应的调整，从而也相应地引起工作的变化。因此，一项工作要有成效，就必须因人制宜地做些改变。另一方面，工作分析文件的适用性只有通过反馈才能得到确认，并根据反馈修改其中不适应的部分。所以，控制活动是工作分析中的一项长期的重要活动。

（二）常用的工作分析方法

在进行工作分析时，选择正确的方法是至关重要的。工作分析的目的与内容不同，工作分析的方法也不同。下面我们介绍一些常用的工作分析方法。

1. 问卷法

工作分析所需的大量信息可以通过工作分析问卷来获得。问卷调查要求在岗人员和管理人员分别对各种工作行为、工作特征和工作人员特征的重要性和频率做出描述分级，再对结果进行整理与分析。问卷法主要分为两种：一般工作分析问卷法和指定工作分析问卷法。

（1）一般工作分析问卷法：这种方法适合于各种工作，问卷内容具有普遍性。

（2）指定工作分析问卷法：这种方法适合于每一种指定的工作，问卷内容具有特殊性，一张问卷只适合于一种工作。例如，推销员工作分析问卷见表2—5。

表 2—5　　　　　　　　　　　　　推销员工作分析问卷（部分）

说明以下职责在你工作中的重要性（最重要的打 10 分，最不重要的打 0 分，标在右侧的横线上）

（1）和客户保持联系＿＿＿＿＿＿＿＿　　（12）准备好各种推销工具＿＿＿＿＿＿＿
（2）接待好每一个顾客＿＿＿＿＿＿＿　　（13）每天拜访预定的客户＿＿＿＿＿＿＿
（3）详细介绍产品的性能＿＿＿＿＿＿　　（14）在各种场合推销本企业产品＿＿＿＿
（4）正确记住各种产品的价格＿＿＿＿　　（15）讲话口齿清楚＿＿＿＿＿＿＿＿＿
（5）拒绝客户不正当的送礼＿＿＿＿＿　　（16）思路清晰＿＿＿＿＿＿＿＿＿＿＿
（6）掌握必要的销售知识＿＿＿＿＿＿　　（17）向经理汇报工作＿＿＿＿＿＿＿＿
（7）善于微笑＿＿＿＿＿＿＿＿＿＿＿　　（18）每天总结自己的工作＿＿＿＿＿＿
（8）送产品上门＿＿＿＿＿＿＿＿＿＿　　（19）每天锻炼身体＿＿＿＿＿＿＿＿＿
（9）参加在职培训＿＿＿＿＿＿＿＿＿　　（20）和同事保持良好的关系＿＿＿＿＿
（10）把客户有关质量问题反馈给有关部门＿＿＿（21）自己设计一些小型的促销活动＿＿＿＿＿＿
（11）不怕吃苦＿＿＿＿＿＿＿＿＿＿

2. 观察法

观察法是指在工作现场运用感觉器官或其他工具观察员工的实际工作过程、行为、内容、特点、性质、工具、环境等，并用文字或图表形式记录下来以收集工作信息的一种方法。观察法主要用来收集强调人工技能的工作信息，如搬运工、操作员、文秘等工作。它也可以帮助工作分析人员确定体力与脑力任务之间的相互关系。

使用观察法收集工作分析信息时，必须把握以下原则：

（1）观察的工作应相对稳定；

（2）适用于大量标准化的、周期短的以体力活动为主的工作，不适用于以智力活动为主的工作；

（3）要注意工作行为样本的代表性；

（4）观察人员尽可能不要引起被观察者的注意，至少不应干扰被观察者的工作；

（5）观察前要做详细的观察提纲（其示例见表 2—6）和行为标准。

表 2—6　　　　　　　　　　　　工作分析观察提纲（部分）

被观察者姓名：＿＿＿＿＿＿＿＿＿＿　　日期：＿＿＿＿＿＿＿＿＿＿＿＿＿＿＿
观察者姓名：＿＿＿＿＿＿＿＿＿＿＿　　观察时间：＿＿＿＿＿＿＿＿＿＿＿＿＿
工作类型：＿＿＿＿＿＿＿＿＿＿＿＿　　工作部门：＿＿＿＿＿＿＿＿＿＿＿＿＿
观察内容：
（1）什么时候开始正式工作？＿＿＿＿＿　　（9）每次交谈约＿＿＿分钟。
（2）上午工作多少小时？＿＿＿＿＿＿　　（10）室内温度＿＿＿＿＿度。
（3）上午休息几次？＿＿＿＿＿＿＿＿　　（11）抽了几支香烟？＿＿＿＿＿＿＿
（4）第一次休息时间从＿＿＿＿到＿＿＿＿。　　（12）喝了几次水？＿＿＿＿＿＿＿＿
（5）第二次休息时间从＿＿＿＿到＿＿＿＿。　　（13）什么时候开始午休？＿＿＿＿＿
（6）上午完成产品＿＿＿＿＿＿件。　　（14）出了多少次品？＿＿＿＿＿＿＿
（7）完成一件产品平均需要多少时间？＿＿＿　　（15）搬了多少原材料？＿＿＿＿＿
（8）与同事交谈几次？＿＿＿＿＿＿＿　　（16）噪音分贝是多少？＿＿＿＿＿＿

3. 访谈法

通过与员工和管理者的访谈，可以获取更多的细节和更准确的信息。一般有以下三种访谈方式：

（1）与该工作的主管人员进行访谈；

（2）与从事该工作的每个员工交谈；

（3）与从事相同工作的员工群体进行交谈。

4．工作实践法

工作实践法也称参与法，它是指工作分析人员通过直接参与某项工作，从而细致地、深入地体验、了解、分析工作的特点和要求。

工作实践法的优点是可以克服一些有经验的员工并不总是很了解自己完成任务的方式的缺点，也可以克服有些员工不善于表述的缺点。由于分析者直接、亲自体验工作，所以能获得真实的信息，从而弥补一些观察不到的内容。

但是工作实践法也存在不足，对于许多高度专业化的工作，或需要经过大量培训才能胜任的工作，由于分析者不具备某项工作的知识和技能，因而无法参与。

三、工作描述和工作说明书

（一）工作描述

工作描述具体说明了工作的目的与任务、工作内容与特征、工作责任与权利、工作标准与要求、工作时间与地点、工作流程与规范、工作环境与条件等事项。由于组织的不同，工作描述的内容也不相同。规范的工作描述书一般应包含以下内容：

（1）工作概况。它说明工作名称、工作编号、所属的部门、工作时间与地点、工作关系等。

（2）工作目的。它是用简短而精确的陈述来说明组织为什么要设立这一工作。

（3）工作职责。它是说明关于一项工作最终要取得的结果的陈述，换言之，就是说明为了完成本项工作的目标，任职人员应在哪些主要方面开展工作活动并必须取得什么结果。它是工作描述的主体部分，必须详细描述。

（4）工作规模。它是说明工作规模有多大，即用数据的形式来表示的工作规模。如年度预算、年度收益等是描述工作规模大小的有用数据。

（5）工作条件与环境。工作描述还应说明执行工作任务的条件，如使用的办公设备、使用的原材料、使用的工具和机器设备等，以及工作的物理环境，包括工作地点的温度、光线、湿度、噪音、安全条件等，还包括工作的地理位置以及可能发生的意外事件的危险性等。

（6）社会环境。它说明完成工作的任务所需要涉及的工作群体的人及相互关系；完成工作所需要的人际交往的数量和程度；与组织内各部门的关系；工作活动涉及的社会文化、社会习俗等。

（7）聘用条件。它是说明工作任职人在组织中的有关工作安置等情况。包括工作时数、工资结构或等级，支付工资的方法、福利待遇、该工作在组织中的正式位置、晋升机会、工作的季节性、进修机会等。

工作描述示例——"企业人力资源部招聘主管"工作描述见表2—7。

表2—7 **"企业人力资源部招聘主管"工作描述**

工作名称：招聘主管
所属部门：人力资源部
直接上级：人力资源部经理
工作代码：XL—HR—021

工资等级：9～13

工作目的：为企业招聘优秀、适合人才

（一）工作要点

1. 制订和执行企业的招聘计划

2. 制定、完善和监督执行企业的招聘制度

3. 安排应聘人员的面试工作

工作要求：认真负责，有计划性，热情周到

（二）工作责任

1. 根据企业发展情况，提出人员招聘计划

2. 执行企业招聘计划

3. 制定、完善和监督执行企业的招聘制度

4. 安排应聘人员的测试工作

5. 负责建立企业人才库

6. 完成直接上级交办的所有工作任务

（三）衡量标准

1. 上交的报表和报告的时效性和建设性

2. 工作档案的完整性

3. 应聘人员材料完整性

（四）工作难点

如何提供详尽的工作报告

（五）工作禁忌

工作粗心，不能有效向应聘者介绍企业情况

（六）职业发展道路

招聘经理、人力资源部经理

（二）工作说明书

工作说明书是对工作任职人要求的说明，即为完成特定工作所需必备的生理要求与心理要求。主要包括以下内容：

（1）一般要求。包括年龄、性别、学历、工作经验等。

（2）生理要求。包括健康状况、力量与体力、运动的灵活性、感觉器官灵敏度等。

（3）心理要求。包括一般智力、观察能力、集中能力、记忆能力、理解能力、学习能力、解决问题能力、创造力、数学计算能力、语言表达能力、决策能力、交际能力、性格、气质、兴趣、爱好、态度、事业心、合作性、领导能力等。

根据表 2—7 "企业人力资源部招聘主管"的工作描述文件，可得到"企业人力资源部招聘主管"的工作说明书，见表 2—8。

表 2—8　　　　　　　　　"企业人力资源部招聘主管"工作说明书

工作名称：企业人力资源招聘主管　　　　所属部门：人力资源部

直接上级：人力资源部经理　　　　　　　工作代码：XL—HR—021

工资等级：9～13

（一）生理要求

年龄：23 岁至 35 岁　　性别：不限

身高：女性 1.55～1.70 米　男性 1.60～1.85 米

体重：与身高成比例，在合理范围内均可

听力：正常　视力：矫正视力正常

健康状况：无残疾、无传染病

（二）知识和技能要求

1. 学历要求：本科，大专以上，需从事相关工作 3 年以上
2. 工作经验：3 年以上大型企业相关工作经验
3. 英文水平：熟悉英文听、说、写
4. 计算机水平：熟悉办公软件操作

（三）特殊才能要求

1. 语言表达能力：能够准确、清晰、生动地向应聘者介绍企业情况；并准确、巧妙地解答应聘者提出的各种问题
2. 文字表述能力：能够正确、快速地将希望表达的内容用文字表述出来，对文字描述很敏感
3. 观察能力：能够很快地把握应聘者的心理
4. 逻辑处理能力：能够将相并行的事务安排得井井有条

（四）综合素质

1. 有良好的职业道德，能够保守企业人事秘密
2. 独立工作能力强，能够独立完成布置招聘会场、接待应聘人员，对应聘者非智力因素进行评价等工作
3. 工作认真细心，能认真保管好各类招聘相关材料
4. 有较好的公关能力，能准确地把握同行业的招聘情况

（五）其他要求

1. 能够随时准备出差
2. 不可请一个月以上的假期

情境任务5　员工招聘录用与管理

◎情境导入

为了规范公司管理，李强带领他的团队重新设计了企业的组织结构，划分了一系列职能部门，他和他的合伙人都在公司里任职。可这样一划分，他发现之前工作累并不只是因为分工不清，还因为企业人员不足，于是他和他的合伙人研究如何招聘员工，最后大家一致推选王丹为人力资源总监，让她负责员工招聘。同学们，你的企业也需要招聘员工吗？

> **思考：不同的部门对员工需求相同吗？**

行动任务　模拟企业招聘员工

1. 任务描述

各小组针对自己创立的公司进行组织结构中各职能部门的划分，讨论确定各部门招聘岗位和人数，由人力资源总监组织实施企业员工招聘。

2. 任务建议

以原小组成员为单位，成立企业招聘小组，面向全班其他同学进行招聘。其他同学自己准备个人应聘简历，简历格式每个人可以不同，主要体现本人特点。其他小组以此类推，招聘完毕，各组把招聘录用人员的简历归档。

3. 任务要求

招聘要按照企业招聘流程进行，面试和笔试题目可以从网上搜索或小组讨论确定。被

面试者应该设计好自己的简历，并打印，每个小组人员要进行分工。一个小组一个房间，设立桌牌，招聘完成后，宣布聘用名单，并将本企业招聘情况的报告打印交给教师。

×××年×××公司招聘报告

×××公司

招聘负责人：××××　成员：×××× ××××× ×××××

本次招聘共　　　岗位　　　人。

共有　　　人前来应聘，现聘用　　　人。具体岗位和人员如下：

销售经理：×××

客　　服：×××××× ×××××

招聘中出现的问题：

以后改进措施：

学习任务 1　员工招聘与录用

一、招聘的原则

人员招聘工作是企业重要的工作，必须坚持以下原则：

（1）宁缺毋滥原则。从长远来看，一个岗位宁可暂时空缺，也不要让不合适的人占据。

（2）公开和公平竞争原则。公开与公平竞争原则能够帮助形成一种积极的、竞争的企业文化，使企业更有凝聚力。

（3）真实原则。即向应聘者陈述真实的工作岗位，包括职位的优势和不足，让应聘者比较充分地了解该工作岗位。这种做法被称为真实职位预视，使应聘者形成一种更加接近真实情况的预期。

二、企业员工招聘与录用的程序

员工招聘与录用工作是一个复杂、完整而又连续的程序化操作过程，对于不同企业和不同时期，招聘与录用员工程序不是固定不变的，各企业可以根据自己空缺职位的具体要求，自行决定适合自身的招聘与录用程序。一般而言，企业员工招聘与录用程序如图2—24所示。

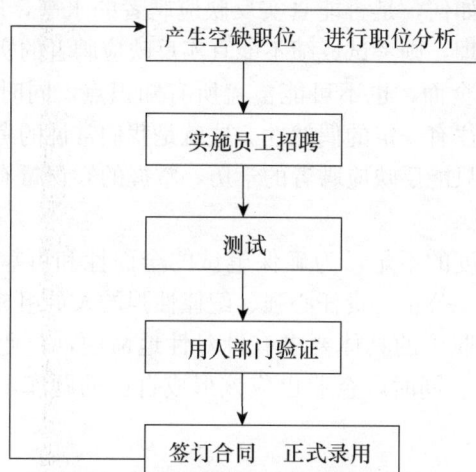

图 2—24　企业员工招聘与录用程序

三、企业员工招聘与录用的方法

企业在员工招聘与选用时应当遵循全面性、可靠性和效度性的原则选取员工招聘与录用测试方法。企业员工招聘与选用的测试方法很多，归纳起来有三种，即笔试、面试和心理测验。

(一) 笔试

1. 笔试的种类和适用范围

(1) 根据试题的性质，笔试可以分为论文式笔试和直答式笔试。论文式笔试通常是应试人按照论文题目写出一定字数的文章，发表自己的观点、看法和主张。一般来说，为了了解应试者的创造能力、决策能力、推理判断能力和综合分析能力，以及了解应试者对某一问题的独特见解和态度，可以运用论文式笔试进行综合考核。这种方法主要适用招聘高级管理人员。直答式笔试主要是通过填空、判断、计算和问答等形式来测试应试者的知识水平。它主要考察应试者的学历以及理解能力和记忆能力，适用于招聘一般人员。

(2) 根据考试科目的不同，可分为基础文化测试和专业知识测试。基础文化测试主要是针对应聘者应具有的基本文化素质而进行的测试。这种方法将适用于各种工种和岗位招聘。专业知识测试主要是针对应聘者应具有的专业知识和对本公司的了解程度而进行的测试。招聘的工种和岗位不同，专业测试的科目也就不同。例如市场营销岗位，一般应考核的内容为市场营销学、市场调研与预测等科目。这种测试适用于各种岗位工种的招聘。

2. 笔试的优点和不足

(1) 笔试的优点主要表现为以下两个方面：

第一，公平性。一是所有应聘者都参加相同题目的笔试，二是按考试分数高低作为录用依据之一，在其他条件相同的情况下，高分数者优先录用，低分数者则很可能不被录取。

第二，客观性。一般来说，笔试具有一定的客观性，特别是直答式笔试，客观性更强，这种测试取材广泛，答案肯定，评分客观精确，能够比较好地反映应试者的知识水平。

(2) 笔试的不足主要表现为以下几个方面：

第一，笔试测试效果如何，是否能真实反映应聘者的水平，取决于试卷的命题好坏。若命题不恰当，设计不合理，则考试成绩不能真实反映应聘者的实际水平。

第二，笔试试题即使全面，也不可能覆盖所有知识点，同时由于试题固定，数目有限，这样应试者的成绩往往有一定的偶然性。这就是我们常说的考试要有一定运气。

第三，笔试的结果，只能反映应聘者的学历，掌握的知识量有多少，往往不能表明应聘者的实际工作能力。

由于笔试存在一定程度的不足，为确保笔试的全面性和可靠性，企业应做好准备工作。首先，选择一些正直、公正、责任心强、纪律性强的人员组成考务小组，负责整个考务工作；其次，结合空缺职位的具体要求有针对性地命题，企业最好聘请一些专家当顾问，以保证题目的科学性，同时，企业也应该形成自己的题库，尽可能地降低成本；最后，实施考试计划等。

(二) 面试

由于笔试只能反映应聘者掌握知识的情况，并且具有一定的偶然成分，所以它还应该结合面试方法，进一步考核应聘者的能力，这样可以从多个层面了解应聘者的信息。面试又称为面试测评或专家面试，它通过与被试者交谈，要求被试者用口头语言来回答问题，以便了解被试者的心理素质和潜在能力。面试是企业考核应聘者的一种很重要的手段，所以，这不仅要求企业应该做好面试过程的每一个细节，而且还要求应聘者熟悉面试的过程。面试一般主要由以下四个部分构成，即确定面谈目标、开场、核心面谈和结束。

1. 确定面谈目标

不能把面谈变成聊天和漫谈人生的谈话。面谈可以在轻松愉快的气氛下进行，但在看似漫不经心的谈话中，目标一直在隐隐地引导着面谈话题的发展方向。面谈的目标应集中围绕以下几个方面来开展：正确评估应聘者的能力；真实地传达企业的信息；维护公司形象和宣传公司等。

2. 开场

在招聘时，轻松愉快的开始可以帮助应聘者放松下来，真实地展现自己，在最短的时间内拉近彼此之间的距离是面谈开场时的主要目的。同时，在面谈开始的时候还要交代清楚两件事情：介绍自己和其他参与面试的人；告诉应聘者这次面谈的时间长短和大致要求。

3. 核心面谈

核心面谈成功的关键是在坦诚的气氛中，通过谈话获得应聘者的真实情况。招聘者要预先准备好需要了解的重点内容和提问提纲、提问方式等，具体来讲有下面几点注意事项：

（1）友好、坦率的态度。招聘者在整个面谈过程中应该始终面带微笑地面对应聘者，应使应聘者觉得自己是为企业所欢迎和尊敬的，如果他被企业录用，面试可能是他对企业的第一印象，而且这个印象会奠定他在今后的工作中对企业人力资源部门的基本态度。

（2）巧妙地提问。一些有经验的招聘者可以在看似闲聊的谈话中正确地获取企业需要的真实信息。对应聘者的提问有三种方式：

第一种方式，有计划地提问。为了提高效率和明确目标，招聘者应先列好提问的问题，在招聘时逐一提问。这类问题多与在招聘申请表中无法详细填写的硬性指标和职务分析说明书中的要求有关。

第二种方式，隐藏性提问。把真正想了解的问题隐藏在一个看似无关的问题的后面，因为当一个应聘者十分想要得到一个职位时，多数情况下他会尽量给招聘者一个他所希望的答案。为了去伪存真，提出的问题要让应聘者无法清楚了解这个问题的真实目的。比如在想了解一个应聘者是否具有良好的合作能力时，隐藏式问法可以这样提问："你能否举几件和朋友外出游玩时的有趣事情？"这时应聘者可能在没有防备的情况下说出自己的真实感受。

第三种方式，展开式提问。当需要深入了解一个问题时，招聘者可以围绕一个问题从多个角度提问。有时对一些业务性很强的问题，这种展开式的提问可以让企业更深入地了解一个应聘者的知识范围。例如，当一个人告诉招聘者说自己十分熟悉营销某个品牌的产品时，对他的营销经验可以通过"你在什么时间买过这个品牌的产品？""你为什么喜欢买这个产品？""你觉得这个产品的最大营销特点是什么？"等一连串的提问进行深入细致的了解。

（3）详细地记录。在面谈的时候把问答都记录下来有利于在面试结束后，评估候选人时，供招聘者反复阅读参考，在对回答内容的仔细推敲中，修正自己的想法。同时，如果几个人同时做招聘者，面谈记录有助于在彼此观点不一致时，做必要的参考和备案。

4. 结束

结束面谈，不要过于仓促，争取留一点时间给应聘者做最后的补充。招聘者也要在结束前做好下面几件事：

（1）通知应聘者如果被录用将在什么时间内得到正式的通知。

（2）索取证明材料。

（3）通知应聘者如果被录用，需要进行哪些内容的体检及时间要求。

（4）无论是否录取，均需感谢其对企业的关注及对其某个特长的欣赏，维系双方的愉快情绪。

情境案例

微软的面试方法

在微软，每一次面试一般都有数名微软员工参加，每一位员工都要事先分配好任务：有的负责智力部分，有的负责考察反应速度，有的测试创造力和独立思考能力，有的负责观察团队意识和人际关系能力等。微软的面试问题都是特别有创意的，以便从中得知员工能把问题想得多深、多广、多远。诸如："为什么下水道的盖子是圆的？""请估计北京会有多少个加油站？"之类的问题。这些问题不一定都有所谓的正确答案，主要就是为了考察应聘者的独立思考能力。如果你说井盖做成圆的是为了好在地上滚，虽然这并不正确，但考官会认为你是一个有一定创意的人。

在面试结束后，面试者会集中做总结，通常是在获得全体同意之后才会雇用一个人。同时，还会征求其他认识申请者的人的意见。若一切都是正面的，就做出雇用决策。在是否录用的过程中，微软还有其他如笔试以及试用等一系列严格的程序。在雇用一个人时如此之严格，就是要确保引进的是真正的人才。

资料来源：杨清、刘再炬编著：《人力资源战略》，北京，对外经济贸易大学出版社，2003。引用时有修改。

（三）心理测验

心理测验的目的是用以判断应聘者的心理品质与能力，从而考察应聘者对招聘职位的适应性和显示应试者的在某些工作上的可能成就。心理测验主要分为以下几类：

（1）智商测验。作为心理测试，智商测验是应该有的，但对于招聘与选用企业的员工来讲，应该说智商测试的用处并不大，除了一些特殊的岗位和公司会要求人员的智商外，一般的员工不应该局限在这种测验上。

（2）人格测验。人格由多种特质构成，大致包括体格、气质、动机、兴趣爱好、社会态度等。人格测验主要分为两类：一是投射法。它是以一项或几项模棱两可的刺激物来引起一个人的内部心理感受或人格特质的外显，主试人根据这些反应来了解受试者的人格特征。二是自陈法测验。它是先设计好人格量表，由受试者本人选择适合于描写个人人格特质的答案，然后根据量表上的得分，判断个人的人格类型。目前，人格量表主要有明尼苏达多相人格调查表（MM-PI）、卡特尔的16种人格因素量表、内外向人格调查表和塞斯顿气质量表。

（3）兴趣测验。研究表明，员工的兴趣和他的工作态度、工作能力的提高速度有着密切的关联。企业员工招聘与选用的兴趣测验主要侧重于对职业兴趣的测试。职业兴趣的测量有益于帮助人们恰当地选择工作岗位和职业，发挥人的才能，创造健康愉快的工作气氛和工作情绪。

（4）能力测验。它是用来针对一些工作岗位所需要的特别能力进行专门测试的，如用来测定注意力的集中、分配和转移能力，可用"划字"测验；测定记忆的广度，可用"顺背数字"广度测验；测定记忆与动作的协调能力，可用"数字配符号"测验等。

知识链接

唐僧师徒四人的最佳组合

在西游记的故事中，唐僧是领导、管理者。唐僧：应当说是四人中最关键、最受尊重的人，他事业心极强，非常执着，只要还有一口气，那就是向西、向西、向西！孙悟空：开拓进取型的员工，虽然有时有些过，降妖除怪具体的业绩主要是他做出的。猪八戒：懒散型的员工，他馋吃懒干，但却常打诨逗趣，是不可缺少的活跃团队氛围的因素，要是没有他，西天的路上是何等的无趣，当然他还能干具体的活，如挑担、降妖。沙和尚：是个忠实的员工，虽然他没有多大的能耐，但他不和他人争风邀功，很随和，组织中必须有这样的人。

唐僧对孙悟空的管理，主要是根据他争强好胜的个性调动其积极性，当然他的本领太强，所以只能用紧箍咒来约束他；对猪八戒和沙僧的管理，主要靠孙悟空的榜样和威慑作用，有时也用偏向来激励他们。其中最大的用人特色就是：能者辛劳拙者闲，这可能是所有组织、所有领导的共同习惯。

从这个故事我们可以看出，取经之所以能取得成功，关键就在于唐僧有效地整合了人力资源，使每个人在最适合的位置上，最大限度地发挥了作用。

学习任务 2　员工绩效考评

任何企业为了实现既定目标都需要用一定的标准来规范企业员工的行为，并依此标准对组织中的个人行为进行评估。企业员工绩效的考评也是一个完整的系统，它将指导企业的人力资源部门如何科学合理地考核员工。

情境案例

明星业务员的跳槽

王斌 2009 年从畜牧专业大学专科毕业后到一家饲料公司做饲料推销员，他对这个岗位很满意，因为不仅工资高，而且采用的是固定工资制，向别人提起报酬时感觉面子十足。由于个人努力加之对业务的逐渐熟练以及客户关系网的建立，王斌的饲料销售额一直呈现上升势头。2011 年提前一个季度就完成了全年的销售定额，年终被评为明星业务员。2012 年，虽然公司把王斌的销售定额提高了 15%，但是他估计自己仍可以提前两个月完成任务。在一次与同学的交流中，王斌得知很多其他同行业企业都在实行销售竞赛和奖励活动，与这些企业相比，王斌开始觉得自己所在企业目前的状况有点像"大锅饭"。2012

年年终时王斌向公司领导汇报了自己的看法，并提议实行销售提成制，但是公司领导认为这不符合本公司文化而没有采纳。令公司领导吃惊的是，王斌在建议未被采纳一周后辞职了，转投到一家实行销售提成制的公司。

一、绩效考评的含义

绩效是指工作中员工的工作效率、工作效果及相关的能力与态度。从绩效的定义可以看出，绩效包括工作效率、工作结果、工作能力及工作态度四个方面。

绩效考评从内涵上说，就是对人与事进行的评价，即对人及其工作状况进行评价，要通过评价体现人在组织中的相对价值或贡献程度。从外延上说，就是有目的、有组织地对日常工作中的人进行观察、记录、分析和评价。它包括三层含义：一是从企业经营目标出发进行评价，并使评价以及评价之后的人事待遇、管理有助于企业经营目标的实现；二是作为人力资源管理系统的组成部分，运用一套系统的制度性规范、程序和方法进行评价；三是对组织成员在日常工作中所表现出来的工作能力、工作态度和工作业绩，进行以事实为依据的评价。

二、绩效考评的原则

（1）明确化、公开化原则；

（2）客观评价原则；

（3）单头评价原则；

（4）反馈原则；

（5）差别原则；

（6）平时评价和定期评价并重原则。

三、员工绩效考评的一般程序

一般来说，绩效考核应包括制订考评计划、确定考核方法、收集考评信息、进行绩效评价、反馈考核结果、考核结果运用六个环节，如图 2—25 所示。

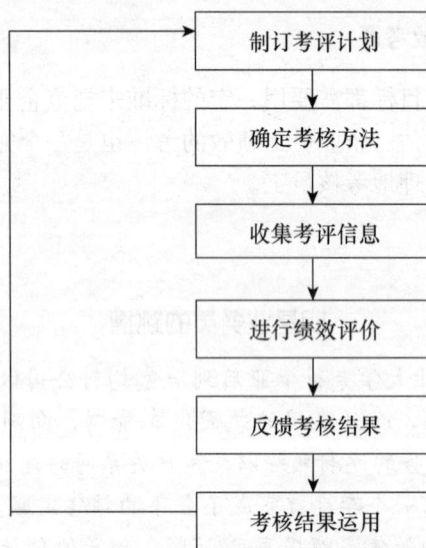

图 2—25　企业员工绩效考评的一般程序

四、企业员工绩效考评的常用方法

绩效考核方法直接影响考核计划的成效和考核结果的正确与否，为保证考评真实可靠，企业应该采取科学的方法来对员工的绩效进行考核，而科学的考核方法应有代表性，必须具备信度和效度，并能为员工所接受。

（一）常用的工作行为考核方法

1. 分级法

（1）排序法。排序法包括简单排序和交错排序。前者是指由最好到最差依次对被考核者进行排序；后者则是先挑出最好的，再挑出最差的，然后挑出次最好的，再挑出次最差的，直至排完。

（2）人物比较法。人物比较法以若干个具体人物为标准，分别代表各个要素的一定等级，将被考核者与这些代表人物进行比较，因而比较直观、容易评定。但确定合适的代表人物难度较大，他应该在各方面的考核指标当中都比较优秀，而且得到了企业管理层和普通员工的好评。

（3）比较法（两相比较法）。比较法是由考核者对每一个被考核员工与其他被考核员工一一对比，优胜为"＋"，稍逊为"－"，从而比较每个员工的得分、排出次序。这种考核方法的工作量比较大。

（4）强制正态分布法（强制分配法）。强制正态分布法按事物"两头小，中间大"的正态分布规律，人力资源部门可事先确定好各等级在总数中所占的比例，然后按照每人绩效的相对优劣程度，强制列入其中的一定等级进行考核。

（5）图表法。考核者按照事先设计的表格（见表2—9），根据表中规定的考核项目和不同层次的考核结果，来对被考核者进行评价。此法简便易行且比较直观，能在多方面对员工进行考核评价。

表 2—9　　　　　　　　　　　员工行为考核表

评价项目	行为程度				
	不能令人满意	不够令人满意	满意	很满意	出类拔萃
出勤					
个人仪表					
工作依赖性					
工作数量					
工作质量					
人际关系					
工作知识					
……					

2. 简单清单考核法

此法通常只考核员工总体状况，不再分维度考核。先将与某一特定职务占有者工作绩效优劣相关的多种典型工作表现与行为找出，供考核者逐条对照被考核者实际状况校对核准，将两者一致的各条勾出，即成为现成的考核结果。简单地讲，此法就是考察员工所"流传"的行为是否与实际情况相符合。

3. 针对不同考核者的考核方法

（1）主管考核法。这是凭领导者个人的判断来评定下属人员的一种考核方法。这种方

法的优点是简便易行；缺点是缺乏客观标准，考核结果很难达到公平合理。

（2）民意测验法。该法把考核的内容分为若干项，制成考核表，每项后面空出 5 格——优、良、中、及格、差，然后将考核表发至相当范围。考核前也可先请被考核者汇报工作，做出自我评价。然后由参加评议的人填好评估表，最后算出每个被考核者得分平均值，借以确定被考核者工作的档次。民意测验的参加范围一般是被考核者的同事和直属下级，以及与其发生工作联系的其他人员。

此法的优点是群众性和民主性较好，缺点是自下而上地考察员工，缺乏由上而下地考察，由于群众素质的局限，会在掌握考核标准上带来偏差或非科学因素。因此，一般将此法用作辅助和参考的手段。

（3）360°考核法。又称全方位绩效考核，即考核人选择上司、同事、下属、自己和顾客，每个考核者站在自己的角度对被考核者进行考核。多方位考核可以避免一方考核的主观臆断，可增强绩效考核的信度和效度。但这种方法较为复杂且费时费力，有时很难达成共识。

除了上述考核方法外，还有其他考核企业员工绩效的方法。比如，加权总计评分清单法、量表考核法、情境模拟法、欧德伟法和关键事件法等。

（二）工作成果考核方法

目标管理也是一种有效的对工作成果进行考核的绩效考评方式，它以企业的总目标作为标准来考核每一位员工的绩效是否有利于企业的总目标。实行目标管理的目的在于通过各级目标的制定、评估、鉴定、实现来激发全体成员的愿望和热情，使其发现自己为组织实现目标而工作的价值和责任，并在工作中实行"自我控制"，从中得到满足感，更好地为实现组织的总目标做出自己的贡献。

思考与讨论

1. 什么是企业，什么是公司，二者有何区别和联系？
2. 现行《公司法》对于注册公司有哪些新政策？
3. 企业筹集资金的途径有哪些？
4. 在设计组织结构时，如何平衡管理幅度与管理层次？
5. 工作分析程序与方法有哪些？
6. 不同的岗位分析方法有何特点？
7. 企业员工招聘应遵循哪些原则？简述企业员工招聘的基本程序。
8. 对员工的绩效考评应遵循什么原则？有哪些常用方法？

拓展训练

1. 分别调查工业企业、商业企业和行政事业单位的组织结构，画出其组织结构图，并进行对比。
2. 实地调查某一企业，并针对企业中的某一特定职位进行工作岗位分析。

学习情境 3　制订经营计划

凡事预则立，不预则废！

——《礼记·中庸》

◎学习情境

李强和他的团队创立的公司完成了组织架构和人员招聘，企业初具雏形。李强想，企业要想在市场中站住脚，就不能打无准备之仗，应充分了解企业的经营环境，做到未雨绸缪，周密计划。

【学习目标】

能够通过本学习情境的学习，掌握企业经营环境、企业经营战略、经营预测、经营决策等基本概念；了解分析经营环境的意义、经营决策的分类、经营战略的类型、制定企业经营战略的条件与方法等基本知识；掌握决策的方法，企业经营战略的层次结构，经营战略的管理过程；能够根据所学的知识对企业经营环境进行简单的分析，对企业经营战略进行简单的分析，会用决策方法对决策进行分析判断、选择；最后汇总制订经营计划。

【情境任务】

任务1　分析企业经营环境
任务2　企业经营预测
任务3　企业经营决策
任务4　制订企业经营计划

【学习建议】

建议设立虚拟企业，如果没有建立虚拟企业，可以分组实地调研，对当地周边一家企业进行经营环境分析，并为其进行企业经营预测与决策，为其制订经营计划。

情境任务 1　分析企业经营环境

◎情境导入

李强平时酷爱看一些管理方面的书籍，一天他在翻阅《战略管理方法》一书，看到关于王安电脑的一个案例。王安电脑创建于 1951 年，到 1970 年已成功打败 IBM 公司，其获利基础就是文字处理器取代了打字机，从而将文件的撰写推向一个新的里程碑，并成为 20 世纪 70 年代的高科技奇迹公司之一，年收入超过 30 亿美元，并在财富 500 工业企业中排名 143。到了 20 世纪 80 年代，市场被个人电脑公司及软件公司所抢占，当个人电脑受到欢迎以及文字处理软件变得容易获得时，王安文字处理系统却在急转直下。苹果公司在 1984 年想与王安电脑合作，用王安电脑的文字处理软件系统与自己合作开发市场，并愿意将自己的麦金塔操作系统授权给王安电脑，从而可以制作 PC 机，王安电脑拒绝了合作。王安电脑没有意识到 Word Perfect 这样的小公司会成为自己的竞争对手。到 1992 年，该公司的营业收入降到 19 亿美元，进入了破产保卫战的阶段。李强看到此陷入沉思，看来企业经营并非易事，关注并预测企业外在环境变化对于企业的可持续发展至关重要。

> **思考**：为什么王安电脑会失败？对经营环境的分析对企业可持续发展具有怎样的影响？

行动任务　分析公司经营环境

1. 任务描述

以本小组创立的公司及项目产品为背景，对公司经营环境进行分析，并撰写分析报告。

2. 任务建议

以各小组创立的公司为单位，对公司的外部环境和内部环境进行分析。各小组内部布置任务，采取小组讨论的方式，意见统一后，各组制定 PPT 进行报告。由每组选出一个人在全班进行汇报。汇报后，同学们进一步为其提建议。

3. 任务要求

小组开展头脑风暴讨论，汇报后再结合其他同学提出的建议进行修改，最终形成公司经营环境分析报告。要求 800 字以上，用 A4 纸打印上交。

格式和内容（仅供参考）
首页：报告题目　团队　时间
次页：团队名称、队长名字、秘书、组员、分工情况、组员签字
第三页：目录

第四页：正文（包含如下内容）

1. 企业经营的外部环境

1.1 企业的宏观环境

1.1.1 政治法律环境

1.1.2 社会经济环境

1.1.3 科学技术环境

1.1.4 社会文化环境

1.1.5 自然资源环境

1.2 企业的微观环境

1.2.1 现有竞争者研究

1.2.2 潜在竞争者研究

1.2.3 购买商的研究

1.2.4 供应商研究

1.2.5 替代产品生产厂家分析

2. 企业经营的内部环境

2.1 企业内部物质环境

2.2 企业文化

总结：

教师评分：

学习任务　企业经营环境分析

　　企业作为一个独立的经济单位，在其生存和发展过程中要不断与周围的环境发生各种联系，并受周围环境的制约。要保证企业长期、稳定、健康地发展，就应对企业的环境进行分析。企业经营环境是影响企业经营活动有关的所有内部环境因素和外部环境因素的总称。进行企业环境分析不但是为了了解环境的性质和变化趋势，更重要的是明确经营环境对企业经营的影响程度，从而帮助企业管理人员制定正确的战略。

知识链接

　　企业外部环境是指企业实体之外，但对企业产生影响的诸多因素的综合体。主要是指企业的外部社会宏观经济环境与企业微观环境。企业内部环境是指影响企业的生存与发展的内部因素的集合。任何企业都不可能脱离企业的经营环境去安排生产经营活动。

　　企业外部环境一般是不可控制的因素，企业经营要以外部环境因素为条件，以内部环境因素为基础，将企业外部环境与企业本身的内部环境因素相结合，因地制宜，采取相应的经营措施，使得企业经营得以顺利开展。

　　企业内部环境与外部环境是相互作用、相互制约的，它们是动态的有机整体。企业内部环境因素可以推动、促进外部环境因素向着有利于企业发展的方向变化。当外部环境因素给企业带来不利影响时，企业应调整内部条件因素来克服和改变这种不利因素的影响。作为企业经营者，应通过对企业经营环境的分析，努力谋求企业外部环境因素、内部环境因素与企业经营目标的动态平衡。

一、经营环境分析的意义

（一）企业经营环境分析是企业从事生产经营活动的基本前提

企业是社会经济发展的"细胞"，企业的生存与发展离不开所处的社会外部环境和企业内部条件。外部环境是企业生存的土壤，它既为企业生产经营活动提供了条件，同时也对企业生产经营活动起制约作用。如企业生产经营活动必须遵循国家的法律、法规及相关的政策条例；所需的人力、财力、物资也是通过市场获取，离开外部的这些市场环境，企业的生产经营活动便会成为无本之木、无源之水。与此同时，企业生产的产品或劳动也必须通过外部市场以满足社会的需求。没有外部市场，企业就无法销售产品、得到销售收入，生产经营活动就无法继续。因此，要认真分析企业内外部环境因素，充分有效地利用企业的内部资源，根据外部环境的变化来调整企业内部环境的状况，为企业顺利开展经营活动创造良好的条件。

（二）企业经营环境分析是企业制定经营决策的基础

企业生产经营活动是与内外部环境密切相关的开放系统，企业从社会获取人力、物力、财力、信息等资源，经过企业内部生产过程，将其转换成产品或劳务以满足社会需要。在企业经营活动的整个过程中，会受到社会、政治、经济、文化、技术、市场、资源等因素的影响，经营者只有对上述各种因素进行及时、客观、全面、科学的分析与判断，才能够把握企业经营决策的科学性、正确性与及时性。

（三）有助于企业及时发现机会、避开威胁，实现经营目标

企业的外部环境是客观存在、不断变化的。比如：技术在发展，消费者收入在提高，教育在不断普及等。对经营者来说，这些既可能是威胁，也可能是机会。企业必须根据外部环境所提供的各种信息，以及内部环境所提供的各种保障，进行认真的对比分析，及时发现由于外部环境变化给企业生产经营带来的有利因素，积极地采取措施利用机会、避开威胁，有效地实现经营目标，不断提高企业经济效益。

二、企业经营的外部环境

企业的生产经营活动日益受到外部环境的作用和影响。外部环境作为一种企业的客观制约力量，在与企业的相互作用和影响中形成了自己的特点，这就是企业外部环境的唯一性和变化性。外部环境的唯一性要求企业的外部环境分析必须要具体情况具体分析，不但要把握企业所处环境的共性，也要抓住其个性，形成自己的风格，突出自己特色。外部环境的变化性要求企业的外部环境分析与企业环境变化相适应，而不是一劳永逸地一次性工作。经营策略也应依据外部环境的变化做出修正或调整。企业要不断分析与预测未来环境的变化趋势。当环境发生变化时，为了适应这种变化，企业必须改变或调整经营策略，从而实现企业外部环境、内部环境与企业经营目标的动态平衡。

如图3—1所示，企业的外部环境可分为两个方面：一是企业面临的宏观环境，它主要包括政治法律环境、经济环境、技术环境、社会文化环境以及自然环境，这些都是给企业提供市场机会和带来环境影响的社会力量，是企业不可控制的社会因素。它们可以通过

微观环境影响企业的经营。二是企业的微观环境，主要包括企业竞争者、供应商和顾客等因素，这些因素都与企业经营过程和经营要素直接发生关系，是决定企业生存和发展的基本环境。

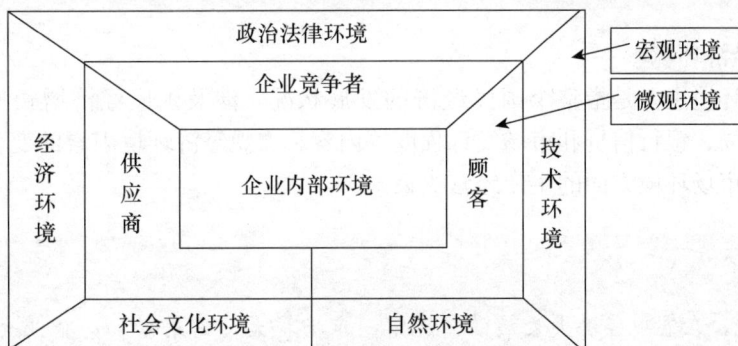

图 3—1　企业经营环境的构成图

企业除了外部环境，还有内部环境，它是由企业内部要素构成的，如人力资源、财力资源、物力资源。特别是企业文化，因为企业文化决定了企业内部员工的行为方式和企业对外部环境的适应能力的强弱。

（一）宏观环境

企业的一般外部经营环境也称企业的宏观环境，它处于企业的外层，对企业生产经营活动具有长期的影响和不容忽视的作用。企业的宏观外部环境内容庞杂，大致可归纳为政治法律、社会经济、科学技术、社会文化、自然资源五个方面。

1. 政治法律环境

政治法律环境是指对企业经营活动具有现存的潜在作用与影响的政治力量，同时也包括对企业经营活动加以限制和要求的法律和法规等。具体来讲，政治法律环境是指国家和企业所在地区的政局稳定状况；执政党所要推行的基本政策以及这些政策的连续性和稳定性。推行的基本政策则是指人口政策、产业政策、税收政策、能源政策、物价政策、财政金融货币政策、政府订货及补贴政策、国际关系等。一般，处于重点产业的企业增长机会就多，发展余力就大。而非重点发展的产业，发展速度就缓慢，甚至停滞不前。另外，政府的税收政策会影响企业的财务结构和投资决策。资本持有者总是愿意将资金投向具有较高的需求且税率较低的产业部门。所以，企业要留意政府关于经济发展的方针及各类政策，留意本国与主要贸易伙伴的政治关系的变动与发展。例如我国与美国、日本的经济关系，对整个世界贸易都有极大的影响。

> **知识链接**
>
> 市场经济是法制经济，任何国家的政府都是通过制定经济政策和立法进行鼓励、限制或禁止企业的经营行为的。随着我国市场经济的发展，我国经济立法工作进一步加快，诸如消费者权益保护法、反不正当竞争法、广告法、企业法、商标法、专利法等的完善。每次新法令的颁布实施，都可能给企业经营带来机会和威胁，为此企业应及时加以监控。从经营角度分析，政治法律环境主要是培养企业对政治法律的敏感性，从而把握机会或

避开威胁。另一方面要注意企业对法律、特别是对政策的能动性，使国家及地方政策、法规有利于企业的发展。最后还要注意政府执法机构及人员的变动和消费者组织和消费者协会对企业经营活动的影响。

2. 社会经济环境

社会经济环境主要是指整个国民经济的发展状况，涉及国民经济增长速度、经济结构、生产力布局、银行信贷和市场发育程度等内容。宏观经济环境因素的变化，影响企业的资源投入和市场环境方面的生产经营决策。

知识链接

一般来说，在宏观经济大发展的情况下，市场扩大，需求增加，企业会面临更多的发展机会，可以增加投资，扩大生产或经营规模。如国民经济处于繁荣时期，建筑业以及汽车制造、机械制造、轮船制造等企业都会有较大的发展。而上述行业的增长也必然带动钢铁业的繁荣，增加对各种钢材的需求量。反之，在宏观经济低速发展或停滞的情况下，市场需求增长很小甚至不增加，企业环境将变得较为严峻，企业之间竞争的激烈程度加剧，这样企业发展机会也会减少。为了使企业取得成功，企业的经营者必须识别出最能影响战略决策关键的经济力量，优秀企业家会善于在经济低谷时期抓住机会快速发展企业。经济结构的调整，将使顺应调整方向的企业兴旺发达，背离发展趋势的企业趋向衰败和淘汰；国家重点工程、重点项目的实施、投产，将使相关企业得到发展机会；市场发育程度和市场体系是否完善，都将直接影响企业生产经营活动的顺利进行。

3. 科学技术环境

科学技术环境不但指引起时代革命变化的发明创新，还指新技术、新工艺、新材料的出现和应用对周围技术环境的影响。科学技术变革为企业提供机遇的同时，也对企业形成了威胁。

知识链接

科学技术力量主要从两个方面影响企业的经营活动。一方面，技术革新为企业创造了机遇，主要表现有新技术的出现使得社会和新兴行业增加了对本行业产品的需要，从而使得企业可以开辟新的市场和新的经营范围；其次，技术进步可使企业通过利用新生产方法、新生产工艺过程或新材料等各种途径，产出高质量、高性能的产品，同时也会使产品成本大大降低。另一方面，新技术的出现也使得企业面临着挑战。技术进步会使社会对企业产品和服务的需求发生重大变化。技术进步为某个产业带来机遇的同时，也可能会对另一个产业形成威胁。如塑料制品业的发展就在一定程度上对钢铁业形成了威胁，许多塑料制品成为钢铁产品的替代品。此外，竞争对手的技术进步会使本企业产品或服务陈旧过时，也会使本企业产品价格过高，从而失去竞争力。在国际贸易中，某个国家的产品在生产中采用先进技术，就会导致另一个国家的同类产品价格成本偏高。因此，要认真分析科学技术环境给企业带来的影响，认清本企业和竞争对手在技术上的优势和劣势。

4. 社会文化环境

社会文化是人们的价值观、思想、态度、道德规范、风俗习惯以及社会行为等的综合体。人们在某种社会环境中生活，久而久之会形成某种特定的文化，社会文化环境强烈地影响着人们的购买决策和企业的经营行为。不同的国家、不同的民族，由于其文化背景各异，有着不同的风俗习惯和道德观念，从而人们的消费方式和购买偏好就不相同。因此企业必须了解社会行为准则、社会习俗、社会道德观念等文化因素的变化对企业的影响。

> **知识链接**
>
> 社会文化环境因素主要包括三大方面：一是社会结构；二是社会风尚；三是社会文化与教育。社会结构一般包括人口构成、职业构成、民族构成及家庭构成等。其中人口构成影响最大，例如，人口总数直接影响着社会生产总规模；人口的地理分布影响企业的厂址、店址的选择；人口的性别比例和年龄结构，在一定程度上决定了社会需求结构，会影响社会供给结构和企业产品结构等。例如，人口结构将趋于老龄化，青壮年劳动力供应相对紧张，从而影响企业劳动力的补充。但是另一方面，人口结构老龄化又出现了一个老年人的市场，这就为生产老年人用品和提供老年人服务的企业提供了一个发展的机会。

5. 自然资源环境

自然资源环境是指影响社会生产过程的各种自然因素。自然环境对企业经营的影响主要表现为自然资源日益短缺、能源成本趋于高涨、环境污染日益严重、气候环境的变动与地理环境的影响等，所有这些都会直接或间接地给企业带来威胁或机会，也迫使政府不断加强对自然资源管理的力度。

> **知识链接**
>
> 面对资源短缺，企业应重点发展节约能源、降低原材料消耗的产品，如节能、节电、节时、节约空间的产品；寻找替代品开发新材料，如太阳能、核能、地热等新能源代替煤炭、石油等不可再生能源；加强"三废"的综合利用，大力发展人工合成材料，使产品轻型化、小型化、多功能化。从经营角度分析，对资源依赖性较大或产品品质明显受地理和气候条件影响的企业要注意树立资源战略意识和环境保护意识。我国与国外的企业、政府对不可再生资源目前都实施了战略性保护政策，坚持资源的可持续发展战略。

（二）企业的微观环境

企业不仅在一般外部经营环境中生存，而且也需在特殊的领域或行业中从事经营活动。一般外部经营环境对不同类型的企业都会产生一定程度的影响，而与企业所在的具体领域或行业有关的特殊外部经营环境则直接、具体地影响着企业的经营活动。

> **知识链接**
>
> 企业是在一定行业中从事经营活动的，行业环境的特点直接影响企业的竞争能力。美国学者迈克尔·波特认为影响行业内竞争结构及其强度的主要有现有竞争者、潜在

的进入者、替代产品或服务的制造商、原材料供应商以及产品用户（购买商）五种因素。具体来说，购买商的讨价还价能力、潜在进入者的威胁、替代产品或服务的威胁、原材料供应商的讨价还价能力以及现有的竞争者这五种因素影响着行业竞争。波特"五力"模型如图3—2所示。

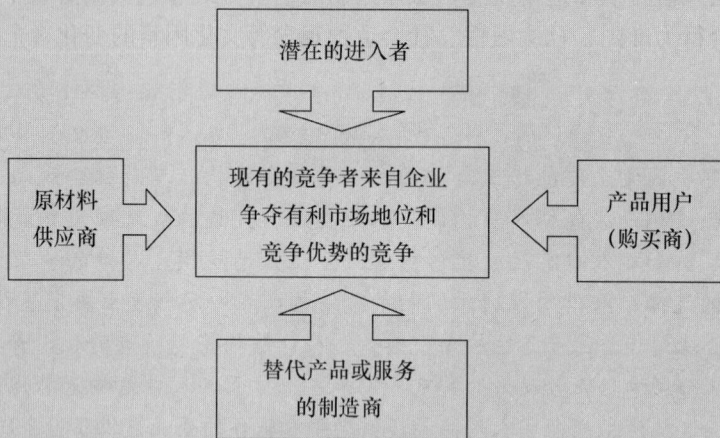

图3—2　波特"五力"模型

1. 现有竞争者研究

企业面对的市场通常是一个竞争市场，同种产品的制造和销售通常不止一家企业，多家企业生产相同的产品，必然会采取各种措施争夺用户，从而形成市场竞争。现有竞争者之间经常采用的竞争手段有价格战、广告战、引进产品以及增加对消费者的服务等。任何组织，即使是寡头垄断厂商，也会有一家以上的竞争对手，就好比可口可乐与百事可乐之争，通用汽车与丰田汽车、大众汽车之争一样。没有任何企业能够忽略竞争，否则企业将会付出沉重的代价。

知识链接

针对不同的现有竞争者，需要是对他们进行以下几个方面的研究：

1. 基本情况的研究

主要研究竞争者的数量有多少，分布在什么地方，它们在哪些市场活动，各自的规模、资金、技术力量如何，其中哪些对自己的威胁特别大。基本情况研究的目的是要找到主要竞争者。

为了在众多同类产品的生产厂家中找出主要竞争者，必须对它的竞争实力及其变化情况进行分析和判断。主要涉及以下三类指标：

（1）市场占有率。

市场占有率是指市场总容量中企业所占的份额，或指在已被满足的市场需求中有多大比例是由本企业提供的。市场占有率的高低可以反映不同企业竞争能力的强弱，这是一个横向比较的指标。某企业占领的市场份额大，说明购买该企业产品的消费者数量多。消费者之所以购买该企业而非其他企业的产品，说明该企业产品在价格、质量、售后服务等各方面的综合竞争能力比较强。同样，市场占有率的变化可以反映企业竞争能力的变动。如果一家企业的市场占有率本身虽然不高，但与上一年相比有了进步，则表明该企业的竞争实力有所增强。

（2）销售增长率。

销售增长率是指企业当年销售额与上年相比的增长幅度。销售增长率是正数而且数字大，说明企业的用户在增加，反映了企业的竞争能力在提高；反之，则表明企业竞争能力在衰退。这个指标往往只有与行业发展速度和国民经济的发展速度进行对比分析才有意义。如果企业当年销售额比上一年有所增加，但增加的幅度小于行业或国民经济的发展速度，则表明经济背景是有利的，市场总容量在不断扩大，但扩大的部分被本企业占领的比重则相对减少，大部分新市场被其他企业占领了，因此该企业的竞争能力相对地下降了。

（3）产品的获利能力。

这是企业竞争能力能否持续的支持性指标，可用销售利润率来表示。市场占有率只反映了企业目前与竞争者相比的竞争实力，并未告诉我们这种实力能否维持下去；它只表明企业在市场上销售产品的数量相对较多还是相对较少，并未反映销售这些数量的产品是否给企业带来了足够的利润。如果市场占有率高，销售利润也高，那么表明销售大量产品可给企业带来高额利润，从而可以使企业有足够的财力去维持和改善生产条件，因此较强的竞争能力是有条件坚持下去的；相反，如果市场占有率很高，而销售利润率很低，那么则表明企业卖出去的产品数量很多，得到的收入却很少，较高的市场占有率是以较少的利润为代价换取的，长此以往，企业的市场竞争能力是无法维持的。

2. 主要竞争者的研究

研究者比较不同企业的竞争实力，找出了主要竞争者后，还要研究其之所以能对本企业构成威胁的主要原因，是技术力量雄厚、资金多、规模大，还是其他原因。研究主要竞争者的目的是找出主要对手的竞争实力的决定因素，以帮助企业制定相应的竞争策略。

3. 竞争者的发展动向

竞争者的发展动向包括市场发展或转移动向以及产品发展动向。要收集有关资料，密切注视竞争者的发展方向，分析竞争者可能开辟哪些新产品、哪些新市场，从而帮助企业先走一步，争取时间优势，使企业在竞争中争取主动地位。

根据波特的观点，在判断竞争者发展动向时，要分析退出某一产品生产领域的难易程度。下列因素可能妨碍企业退出某种产品的生产领域：

（1）资产的专用性。

如果厂房、机器设备等资产具有较强的专用性，则其清算价值很低，企业难以用现有资产转向生产其他产品，也难以通过资产转让收回投资。

（2）退出成本的高低。

某种产品停止生产，意味着原来生产线工人的重新安置。这种重新安置需要付出一定的费用。此外，企业即使停止了某种产品的生产，但对在此之前已经销售的产品在相当长的时间内仍有负责维修的义务。职工安置、售后维修服务的维持等费用如果较高，也会影响企业的产品转移决策。

（3）心理因素。

例如，特定产品可能是由企业的某位现任领导人组织开发成功的，曾在历史上对该领导的升迁起过重要影响，因此该领导可能对其有深厚的感情，即使已无市场前景，可能也难以割舍。考虑到这种因素，具体部门在对该产品的决策上也可能顾虑重重。再如，曾经作为企业成功标志的产品生产的中止，对全体员工可能带来更大的心理影响，影响他们对企业的忠诚等。因此人们在决定产品"退役"时必然会犹豫不决。

（4）政府和社会的限制。

某种产品生产中止，某种经营业务不再进行，不仅对企业有直接影响，可能还会引起失业，影响所在地区的经济发展，因而可能遭到来自社区、政府或群众团体的反对或限制。

此外，对于竞争不能片面理解。竞争是多方面的，不仅限于争取顾客，在取得原材料、贷款上也有竞争，在技术发展、改进产品上更是竞争激烈，而这些竞争最终又将是管理的竞争、人才的竞争。因此，企业的经营管理人员必须保持清醒的头脑，仔细分析研究本企业的竞争状况及竞争者的实力和发展动向，并及时采取适宜的竞争策略。

2. 潜在竞争者研究

一种产品的开发成功，会引来许多企业的加入。这些新进入者既可给行业注入新的活力，促进市场竞争，也会给现有厂家造成压力，威胁它们的市场地位。而且新进入者加入该行业，会带来生产能力的扩大，占有一部分市场，这必然引起与现有企业的激烈竞争，使产品价格下跌；另一方面，新进入者要获得资源进行生产，从而可能使行业生产成本升高。这两方面都会导致行业获利能力下降。

知识链接

新厂家进入行业的可能性大小，既取决于由行业特点决定的进入难易程度，也取决于现有厂商的反击程度。如果进入门槛高，现有企业反击激烈，潜在的加入者难以进入该行业，已加入者的威胁就小。决定进入行业门槛高低的主要因素有以下几个方面：

（1）规模经济。这是指生产单位产品的成本随生产规模的增加而降低。规模经济的作用是迫使行业新加入者必须以大的生产规模进入，并冒着现有企业强烈反击的风险；或者以小的规模进入，但要长期忍受产品成本高的劣势。这两种情况都会使加入者望而却步。如在钢铁行业中，就存在规模经济，大企业的生产成本要低于小企业的生产成本，这就有了克服进入障碍的客观条件。实际上，不仅产品的生产，而且新产品的研发、物资的采购、资金的筹措、产品的销售、营销渠道的建立等，都存在最低规模。产品的性质不同，技术的先进程度不同，生产和经营的最低规模也会不一样。

（2）产品差别优势。这是指原有企业所具有的产品商标信誉和用户的忠诚度。形成这种现象是由于企业过去所做的广告、用户的服务、产品差异或者仅仅因为企业在该行业历史悠久等原因。产品差异化形成的障碍，迫使新加入者要用很大代价来树立自己的信誉和克服现有用户对原有产品的忠诚。这种努力通常是以亏损作为代价的，而且要花费很长时间才能达到目的。如果新加入者进入失败，那么在广告商标上的投资是收不回来的，因此这种投资具有特殊的风险。

（3）资金需求。资金需求所形成的进入障碍，是指在行业中经营不仅需要大量资金，而且风险性大。加入者要在持有大量资金、冒很大风险的情况下才敢进入。进入需要大量资金的原因是多方面的，如购买生产设备、提供用户信贷、存货经营等。

（4）转换成本。这是指购买者将购买一个供应商的产品转到购买另一个供应商的产品所支付的一次性成本。它包括重新训练业务人员、增加新设备、检测新资源的费用以及产品的再设计等。如果这些转换成本高，那么新加入者必须为购买商在成本或服务上做出重大的改进，以便购买者可以接受。

（5）销售渠道。一个行业的正常销售渠道，已经在为原有企业服务，新加入者必须通过广告合作、广告津贴等来说服这些销售渠道接受他的产品，这样就会减少新加入者的利润。产品的销售渠道越有限，它与现有企业的联系越密切，新加入者要进入该行业就越困难。

（6）与规模经济无关的成本优势。原有的企业常常在其他方面还具有独立于规模经济以外的成本优势，新加入者无论取得什么样的规模经济，都不可能与之相比。它们是专利产品技术、独占最优惠的资源、占据市场的有利位置、享受政府补贴等。

3. 购买商研究

购买商对产品的总需求决定着行业的市场潜力，从而影响行业内所有企业的发展边界，不同用户的讨价还价能力会诱发企业之间的价格竞争，从而影响企业的获利能力。

知识链接

购买商研究包括两个方面的内容：购买商的需求（潜力）研究及购买商的价格谈判能力研究。

（1）购买商的需求研究。主要包括：一是总需求研究，分析市场容量有多大，总需求中有支付能力的需求有多大，暂时没有支付能力的潜在需求有多大；二是需求结构研究，研究需求的类别和构成情况如何，用户属于何种类型，是机关团体还是个人，主要分布在哪些地区，各地区比重如何；三是购买商购买力研究，分析购买商的购买力水平如何、购买力是怎样变化的、有哪些因素影响购买力的变化，这些因素本身是如何变化的，通过分析影响因素的变化，可以预测购买力以及市场需求的变化。

（2）购买商的价格谈判能力研究。购买商的价格谈判能力是众多因素综合作用的结果。主要涉及以下因素：一是购买量的大小，如果购买商的购买量占企业销售量的比重较大，是企业的主要顾客，则会意识到其购买对企业销售的重要性，因而拥有较强的价格谈判能力。同时，如果购买商对这种产品的购买量在自己的总采购量以及总采购成本中占有较大比重，必然会积极利用这种谈判能力，努力以较优惠的价格采购货物。二是企业产品的性质，如果企业提供的是一种无差异产品或标准产品，则购买商坚信可以很方便地找到其他供货渠道，因此也会在购买中要求尽可能优惠的价格。三是购买商后向一体化的可能性。后向一体化是指企业将其经营范围扩展到原材料、半成品或零部件的生产。如果购买商是生产性的企业，购买企业产品的目的在于再加工或与其他零部件组合，又具备自制的能力，则会经常以此为手段迫使供应商降价。四是企业产品在购买商产品形成中的重要性，如果企业产品是购买商自己加工制造产品的主要构成部分，或对自己产品的质量或功能形成有重大影响，则可能对价格不甚敏感，这时它关注的首先是企业产品的质量及可靠性；相反，如果企业产品在购买商产品形成中没有重要影响，购买商在采购时则会努力寻求价格优惠。

4. 供应商研究

企业生产所需的许多生产要素是从外部获取的。提供这些生产要素的供应商，在两个方面制约着企业的经营：第一，这些供应商是否能根据企业的要求按时、按质、按量地提供所需的生产要素，它将影响企业生产规模的维持和扩大；第二，这些供应商所提供的生产要素价格会决定企业的生产成本，影响企业的利润水平。所以，研究供应商时应包括：供应商的供货能力，企业寻找其他供货渠道的可能性，供应商的价格谈判能力等。

5. 替代产品生产厂家分析

替代产品是指与本行业的产品有同样使用价值和功能的其他产品。产品的使用价值或功能相同，能够满足的消费者需要相同，在使用过程中就可以相互替代，生产这些产品的企业之间就可能形成竞争。因此，行业环境分析还应包括对生产替代产品企业的分析。

知识链接

替代产品生产厂家的分析主要涉及：一是确定哪些产品可以替代本企业提供的产品，也是确认具有同类功能产品的过程；二是判断哪些类型的替代品可能对本企业经营造成威胁。为此，需要比较这些产品的功能实现，能够给使用者带来的满足程度与获取这种满足所需付出的费用。如果两种可以相互替代的产品，其功能实现可以带来大致相当的满足程度，但价格却相差悬殊，则低价格产品可能对高价产品的生产和销售造成很大威胁。相反，如果这两类产品的功能价格比大致相当，则相互间不会造成实际的威胁。

三、企业经营的内部环境

内部环境由企业内部的物质环境和文化环境构成。内部物质环境研究是要分析企业内部各种资源的拥有状况和利用能力，内部文化环境研究是考察企业文化的构成要素及特点。

（一）企业内部物质环境

任何企业的经营活动都需要借助一定的资源来进行。这些资源的拥有情况和利用情况会影响甚至决定企业经营活动的效率和规模。企业经营活动的内容和特点不同，需要利用的资源类型也有区别。但一般来说，任何企业的经营活动都离不开人力资源、财力资源及物力资源。

知识链接

人力资源、财力资源及物力资源是构成企业生产经营活动过程的各种要素的组合。

1. 人力资源研究

人力资源研究就是要分析不同类型的人员数量、素质和使用状况。根据不同的标准可以将人力资源划分成不同类型。比如，企业人力资源根据员工所从事的工作性质的不同，可分为生产工人、技术工人和管理人员三类。对企业生产工人研究，就是要了解生产工人的数量，分析其技术、文化水平是否符合企业生产现状和发展的要求，近期内有无增减的可能，能否对他们组织技术培训，企业是否根据生产工人的特点，分配了适当的工作，进行了合理的利用等；对技术人员的研究，就是要弄清企业有多少技术骨干，他们的技术水平、知识结构如何，是否做到了人尽其才，让他们充分发挥了作用；对管理人员的研究，就是要分析企业管理人员的配备情况，这支队伍的素质如何，能力结构、知识结构、年龄结构、专业结构是否合理，是否具有足够的管理现代工业生产的经验和能力，能否通过培训提高他们的管理素质等。

2. 财力资源研究

财力资源是一种能够获取和改善企业其他资源的资源，是反映企业经营活动条件的一项综合因素。财力资源研究就是要分析企业的资金拥有情况（各类资金数量）、构成情况（自有资金与债务资金的比重）、筹措渠道（金融市场或商业银行）、利用情况（是否把有限的资金使用在最需要的地方），分析企业是否有足够的财力资源去组织新业务的拓展、原有活动条件和手段的改造、在资金利用上是否还有潜力可挖等。

3. 物力资源研究

物力资源研究是在分析企业经营活动的过程中需要运用的物质条件的拥有数量和利用程度。如企业的设备与厂房是物力资源，要分析这些设备与厂房与企业目前的技术发展水平是否相适应，企业是否对其进行了更新改造，机器设备和厂房的利用状况如何，企业能否采取措施提高其利用率等。

（二）企业文化

任何企业的经营活动都离不开内部物质环境（包括人力资源、物力资源、财力资源）和内部文化环境，它们是构成企业生产经营活动过程的各种要素的组合。在这些要素中，企业文化毫无疑问是决定一个企业竞争力的最重要因素。企业文化是企业在长期的实践活动中所形成的并被企业成员普遍认可并遵循的具有本企业特色的价值观念、思维方式、工作作风、行为准则等群体意识的总称。它随着企业的存在和发展而逐渐形成。企业内部文化环境必须与外部环境和企业的总体发展战略相互协调，如能做到这一点，员工的绩效将是惊人的，这样的企业将会是一个十分优秀的企业。

情境任务 2　企业经营预测

◎情境导入

　　李强小组分析了自己公司目前的经营环境后很不安,公司面临的市场环境很严峻。如何才能经营好自己的公司呢?于是李强开始到图书馆借阅相关书籍进行学习。在一本书里他看到这一案例:日本尼西奇公司成立于1921年,第二次世界大战结束后公司仅有30多人,生产雨衣、卫生带、游泳帽、尿垫等橡胶制品。可是它平常订货不足,企业经营很不稳定。有一次尼西奇公司的负责人看到一份日本人口普查报告,日本每年出生250万个婴儿。他们想,现在人们的生活方式都在发生变化,如果每个婴儿用2条尿垫,一年就是500万条,这个市场十分广阔,如果能进入国外市场就更大了。日本市场竞争激励,尼西奇公司为满足消费者需求,根据预测结果,果断放弃了多种经营,专攻尿垫产品,不断提高技术,研制新材料,设计新款式,并一举成名。到目前,尼西奇公司拥有700多名职工,1亿日元资产,年销售额达70亿日元,日本市场婴儿尿垫70%是尼西奇公司生产的,并且每年销售额以20%的速度递增。准确的市场预测,专业化生产,特色经营,使尼西奇公司在尿垫市场称雄日本,并走向世界。

　　看完这一案例,李强有了新的思考。

> 思考:经营预测在企业发展中所处的位置是否重要?

行动任务　公司经营预测

　　1. 任务描述

　　以本小组创立的公司及经营项目为背景,收集相关市场信息,分别采用定性和定量预测的方法对企业的发展前景和产品的市场需求、未来市场占有率及发展趋势进行预测并撰写公司预测报告。

　　2. 任务建议

　　以各小组创立的公司为单位,网上收集类似企业经营情况并以此为经营数据进行预测。定性分析可采取集合意见法,利用学习情境2建立的企业组织结构和人员配备组织实施。定量分析可在小组讨论确定的营业数据(估计值)基础上进行分析。由于预测内容较多,也可组织学生单纯针对本组企业经营的产品进行市场预测,撰写市场预测报告。

　　3. 任务要求

　　小组要采用前文介绍的多种方法进行预测,并多次进行小组讨论,最终形成公司经营预测报告,要求800字以上,用A4纸打印上交。

格式和内容（仅供参考）

首页：报告题目 团队 时间

次页：团队名称、队长名字、秘书、组员、分工情况、组员签字

正文

一、前言

二、预测对象情况说明

三、预测结果

四、建议

预测的科学性（教师评语）：

学习任务 企业经营预测

古人言"凡事预则立，不预则废"。对未来有预见、有预计、有思考，就能成功，就能立于不败之地；对未来没有预见、没有预计、没有思考，就会失败，就会失去发展的机会。企业的发展也莫过如此，也需要对其进行预谋，进行经营预测。企业的经营预测就是指企业运用科学的方法，对影响企业产品市场供求的因素进行调查、研究和分析，预测市场未来不确定的供求发展趋势，掌握其变化规律，为企业经营决策提供可靠依据的活动。

一、经营预测的基本要求

经营预测的准确度越高，预测的结果则会越接近现实。然而，由于各种主客观原因，预测结果有时会有误差。为了提高预测的准确程度，做好预测工作，在具体预测时还应该满足以下基本要求：

（1）客观性。经营预测是一种客观的市场研究活动，是通过人的主观活动完成的，所以，预测工作必须以客观资料为基础，不能主观随意地"想当然"，更不能弄虚作假，这样，预测结果才会更准确，接近实际。

（2）全面性。影响经营活动的因素除经济活动本身外，还有政治、社会、科学技术等因素。这些因素的作用使企业经营环境呈现纷繁复杂的局面。预测人员应具有广博的经验和知识，能从各个角度归纳和概括社会经济、市场环境的变化，避免出现以偏概全的现象。

（3）及时性。信息无处不在，无时不有。信息对经营者来说，有时是机会，有时是风险。为了帮助企业经营者不失时机地做出决策，要求经营预测快速提供必要的信息，过时的信息是毫无价值的。

（4）科学性。预测所采用的资料，须经过去粗取精、去伪存真的筛选过程，才能反映预测对象的客观规律。运用资料时，应遵循近期资料影响大、远期资料影响小的规则。预测模型也应精心挑选，必要时还须先进行试验，找出最能代表事物本质的模型，以减少预测误差，提高科学性。

（5）持续性。经营环境的变化是连续不断的，不可能停留在某一个时点上。相应地，经营预测也需不间断地持续进行。实际工作中，一旦企业经营环境变化有了初步结果，就应当将预测结果与实际情况相比较，及时纠正预测误差，使经营预测保持较高的动态准

确性。

（6）经济性。进行经营预测需要耗费人力、物力、财力等资源。预测工作所需的时间越长，预测的因素越多，往往意味着投入的人力、物力和财力也越多，这就要求安排预测工作必须量力而行，讲求经济、实效。

二、经营预测的内容

经营预测的内容非常广泛。经营主体或预测目的不同，经营预测的内容会有所不同。从企业产品销售预测角度看，主要内容有以下几个方面：

（一）市场需求预测

市场需求预测是对企业产品在一定时期内、一定环境条件下最大需求量的预测。市场需求受多种因素的影响，由于市场需求不是一个固定的数值，企业需通过对市场需求的预测掌握市场的发展动态，制定适合市场的经营策略。

> **🔍 知识链接**
>
> 市场需求预测的内容主要涉及以下几方面：一是市场商品需求总量预测。市场商品需求总量是指市场上有货币支付能力的商品需要量，包括人们的生活消费需求和生产消费需求，它们构成了社会商品购买力总量，又可分为现实购买力和潜在购买力。影响购买力总量变化的因素主要有货币收入、银行储蓄、手持现金、流动购买力和非商品性支出等。二是市场需求影响因素变化预测。对引起市场需求变化的各种影响因素的变化趋势、变化时间、变化程度进行预测，以寻求市场需求变化的深层次原因。三是市场需求变化特征预测，即对未来消费者需求变化的特点进行预测。

（二）市场占有率预测

市场占有率预测主要预测企业某种产品销售量占市场该产品全部销售量的比率。市场占有率的大小反映企业在该行业竞争力的强弱，在预测时应充分估计竞争者的变化，并对影响本企业市场占有率的各种因素采取适当的措施加以控制。

> **🔍 知识链接**
>
> 市场占有率预测一般从本企业产品市场地位、竞争者情况、潜在竞争者三个方面进行，一是本企业产品市场地位的预测，主要是对本企业产品的质量水平、市场占有率的变化等进行预测；二是竞争者情况的预测，是对竞争者的数量、各自的实力变化、竞争者可能采取的经营策略及其对本企业的影响程度进行预测；三是潜在竞争者的预测，则是对潜在竞争者进入的可能性，以及采取什么样的经营策略进入市场进行预测。

（三）产品发展预测

产品发展预测是对企业生产经营的各种产品的生产、销售前景的预测，是企业制定产品生产经营计划的重要依据，是企业市场预测的重点。

知识链接

产品发展预测的主要内容包括对企业现有产品生命周期、新产品发展前景及产品资源变动趋势进行预测。企业现有产品生命周期的预测主要是对与本企业产品有关的科学技术的发展情况，如相关的新材料、新设备、新工艺的发展，新替代品的出现，以判断企业现有产品所处的生命周期阶段。新产品发展前景的预测则是预测新产品的开发方向，顾客对新产品的结构、规格、质量、售价等方面有什么要求，新产品上市后的销售量和市场需求潜力有多大等。而产品资源变动趋势预测则是要预测企业产品现有的社会生产能力、产品总量、进出口量、储备状况的变化，影响产品生产总量及质量和性能的人力、物力、财力资源，以及原材料、辅料、能源动力、基础设施等因素的变化等内容。

（四）产品价格变动趋势预测

产品价格变动趋势预测主要预测产品价格的升降变动及发展趋势。一般通过两种途径来进行，一是根据构成产品成本的因素及变化趋势，预测产品价格的变化趋势；二是根据供求关系对价格的影响，预测产品价格的变化趋势。

三、经营预测的程序

经营预测要遵循一定的程序和步骤，一般而言，它有以下几个步骤。

（一）确定预测目标，拟订预测计划

由于预测的目标、对象、期限、精度、成本和技术力量等不同，预测所采用的方法、资料数据收集的要求也就不同。明确预测的具体目标，是为了抓住重点，避免盲目性，提高预测工作的效率，为收集市场商情资料、选择预测方案、配备技术力量和预算所需费用指明方向。制订预测工作计划，是使预测工作有条不紊地组织实施的基础。

（二）收集和分析资料

资料是预测的依据，收集有关资料是进行经营预测重要的基础工作。对收集到的资料还要进行整理分析，剔除偶然性因素造成的不正常资料，以保证资料真实、可靠，避免因资料原因使预测结果出现误差。

（三）选择预测方法，建立预测模型

经营预测方法很多，但并不是每种预测方法都适合所有被预测的问题。应根据预测的目的、拥有资料的情况和预测的可靠程度、精度要求、费用、时间、设备和人员等条件选择合适的预测方法。在进行定量预测时，可通过对数据变化趋势的分析，建立与历史资料吻合的预测模型。

（四）分析、修正预测误差，确定预测值

预测是估计和推测，很难与实际情况百分之百吻合，出现误差是不可避免的。为了避免预测误差过大，要把根据数学模型计算出的理论预测值，与过去同期实际观察值相比较，计算出预测误差，估计其可信度。再对预测结果进行必要的修订和调整，最后确定出预测值。

（五）撰写预测报告

预测报告是对预测工作的书面总结，也是向使用者做出的汇报。预测结果出来之后，

要及时撰写预测报告。预测报告的内容，除了应列出预测结果外，一般还应包括资料的收集与处理过程、选用的预测模型及对预测模型的检验、对预测结果的评价（包括修正预测结果的理由和修正的方法）以及其他需要说明的问题等。预测报告的表述，应尽可能利用统计图表及数据，做到形象直观、准确可靠。

知识链接

市场预测报告如何撰写？

1. 对本预测做出规定

简明扼要介绍预测的时间、地点、范围、对象。这是因为，没有放之四海而皆准的预测，一切都将随时间、地点、条件、对象的变化而变化。缺乏上述要素的市场预测报告只能是一堆废纸。

2. 阐明预测所用方法

预测所采用的方法，也需要在正文之前交代清楚。这是因为，每一种预测方法都有它的优点与长处，也都有它的局限与不足。言明自身的预测方法，则可使预测报告的阅读者知晓报告的欠缺。

3. 材料与内容要建立有机联系

任何预测都是建立在材料基础之上的。在市场预测报告的写作中，从实际内容到文字表述，应特别注意的一个问题是在材料与内容之间建立起有机的、非人为联系。这样，市场预测报告才具有可信性，才能为人们所接受。内容与预测之间的牵强附会，自然缺乏说服力。文字表述上的含混不清，也会使阅读者顿生疑窦，不敢轻易接受预测结果。

4. 所用语言忌模棱两可

尽管预测本身就带有不确定性，但预测报告的写作者切忌在市场预测报告中使用具有不确定性的语言，或者是文学性的语言，模棱两可的语言就更要不得。

5. 预测后的建议要旗帜鲜明

一旦根据确凿的资料得出结论之后，所提出的建议也应旗帜鲜明。诚然，预测是对未来情境的估计，这估计本身可能有错。此外，市场也不是一成变的，任何一个参数的变动都将影响市场状况。所以，预测有时也是不准确的，不尽如人意的。我们要竭力避免犯错误，但我们不能因为犯错误而畏畏缩缩，不敢旗帜鲜明地提出自己的预测观点。

6. 行文结构以推进式为宜

在行文的结构上，以层层推进式的方式为宜。从大环境的分析到小环境的分析，从宏观到微观，从定性分析到定量的分析，最后得出结论，提出建议。

市场预测报告写作的基本模式如下：

一是前言。亦称导语，写明预测的时间、地点、范围、对象、目的，并简要介绍预测方法。

二是对所预测对象或现象的情况说明。

三是预测结果。要尽可能地以定量的方式表示。

四是建议。即报告撰写人或部门根据预测结果所提出的若干建议。

四、经营预测的方法

经营预测的方法可以归纳为定性预测和定量预测两大类。

（一）定性预测方法

定性预测方法又称经验预测方法，它是指预测者运用自己的专门知识和经验，根据已经掌握的历史资料和现实资料，对企业经营未来趋势做出判断和推测。它主要是依靠经验判断未来，有时也做一些量化分析作为判断的辅助手段。这种方法简便易行、适用范围广、成本低、费时少，但受预测者的主观因素影响大，较难提供以准确数据为依据的预测值。在数据资料较少或不准确的情况下，多采用此法。在采用定性预测方法时，应尽可能结合定量分析方法，使预测过程更科学，预测结果更准确。

常用的定性预测方法主要有以下几种：

（1）领导人员判断法。领导人员判断法是指由企业的经理或业务主管人员凭个人的主观经验，对未来市场趋势进行预测的方法。该方法迅速、方便、费用低，但预测结果侧重于主观意识，科学性较差。

（2）营销人员估计法。营销人员估计法是指由专业营销人员对企业发展趋势分别做出个人估计的预测方法。由于营销人员比较熟悉市场情况，他们所做的预测有较大的现实性，但营销人员的个人能力对预测结果的准确程度影响较大。

（3）集合意见法。集合意见法是指由企业经理集合企业有关人员进行分析、讨论，对企业未来形势做出预测判断的方法。具体方式有两种：一是集中企业中高层管理人员进行讨论预测；二是集中企业有销售经验的销售人员进行讨论预测。这两种方法的优点是预测速度快、成本低、易于组织进行，能够集思广益，避免个人判断的局限性。缺点是预测结果易受讨论气氛、权威人士和当时社会经济形势的影响。

定性预测方法预测结果的获得，可以通过讨论的形式直接得出，也可采用主观概率法，即先由高层人员对预测事件做出个人概率估计，然后计算出它们的平均值，以此作为该事件的预测结论。

实例链接

例 3—1

某机床生产企业采用集合意见法对企业 2015 年 4 月的产品销售量进行预测。参加预测的经理共 4 人，其预测结果见表 3—1。

表 3—1　　　　　　　　　　　预测方案数据表　　　　　　　　　　单位：台

经理	销路好		销路中等		销路差		期望值
	销售量估计	概率	销售量估计	概率	销售量估计	概率	
甲	250	0.3	200	0.6	160	0.1	211
乙	220	0.2	190	0.6	150	0.2	188
丙	230	0.1	190	0.8	140	0.1	189
丁	230	0.2	180	0.6	150	0.2	184

其中：甲：$250 \times 0.3 + 200 \times 0.6 + 160 \times 0.1 = 211$（台）

乙：$220 \times 0.2 + 190 \times 0.6 + 150 \times 0.2 = 188$（台）

丙：$230 \times 0.1 + 190 \times 0.8 + 140 \times 0.1 = 189$（台）

丁：$230 \times 0.2 + 180 \times 0.6 + 150 \times 0.2 = 184$（台）

先按表3—1计算每个经理的个人方案的预测表，一般再运用加权平均法，综合成统一方案。其权数应根据各位经理在企业中的地位、业务领域和权威等而定。假定甲是主管市场营销业务的，其预测方案应有较大权威性，给予最大权数0.5，乙、丙、丁预测的方案分别给予权数0.2、0.2和0.1，则统一方案为：

$$211 \times 0.5 + 188 \times 0.2 + 189 \times 0.2 + 184 \times 0.1 = 199.3（台）$$

（4）专家意见法。专家意见法是根据预测的目的和要求，邀请相关专家针对需要预测的问题，进行会议讨论、分析，然后综合专家意见得出预测结论。专家意见法按征集专家意见的方式不同分为专家会议法和专家函询法。专家会议法通过信息交流，利于激发专家的创造性思维，能在短期内得到创造性的成果，获取的信息量较大，考虑的因素较全面。但预测结果易受语言表达能力、心理因素和权威者的影响，容易出现随大流现象。专家函询法，又称德尔菲法。这种方法的应用始于美国兰德公司，在国外颇为流行。其具体做法是：首先，将征询问题明确、具体。其次，分别寄给选定的若干专家，请他们对所征询的问题做出自己的分析判断，并按规定期限寄回。然后，为使专家集思广益，主持者需把各专家寄回的第一次书面意见加以综合，归纳出几种不同判断，再以书面形式寄发给各专家，请他们分析综合后的意见，做出第二次分析判断，再按期寄回。如此反复多次，直到各专家对自己的判断意见比较固定，不再修改为止。在一般情形下，经过三次反馈，即经过初次判断和两次修改，就可以使判断意见趋于稳定。最后，主持者把各专家比较稳定的判断结果，运用统计学方法加以综合、计算，最后得出预测结论。这种方法避免了专家会议法的不足，科学性较强，在缺乏资料、无法应用数学模型的条件下被广泛采用。

（二）定量预测方法

定量预测是指在数据资料充分的条件下，运用数学、统计学等方法，有时还要结合计算机技术，对事物未来的发展趋势进行数量方面的估计与推测。定量预测方法分为时间序列分析法和因果关系分析法两大类。

1. 时间序列分析法

时间序列是指把同一变量的观察值，按其发生时间的先后顺序依次排列形成的数列。时间序列分析法就是根据时间序列，运用统计学知识，分析计算出预测值的方法。它包括简单平均数法、移动平均数法、加权移动平均数法、变动趋势预测法、指数平滑法和季节指数法等。

下面介绍几种常用的时间序列分析法。

（1）简单平均法。简单平均法即对一定时期内的观察值进行简单平均，以平均值作为预测数值的方法。公式为：

$$\bar{x} = \frac{x_1 + x_2 + \cdots + x_n}{n}$$

式中，$\bar{x}$——平均数；

x_1，x_2，$\cdots$，x_n——各期观察值；

n——观察值的个数。

实例链接

例 3—2

兴隆公司 2015 年 1—5 月份的销售额见表 3—2。试预测该企业 2015 年 6 月份的销售额。

表 3—2　　　　　　　　兴隆公司 2015 年 1—5 月份的销售额

时间/月	1	2	3	4	5	6
销售额/万元	660	670	680	690	680	

6 月份的销售额＝(660＋670＋680＋690＋680)÷5＝676（万元）

（2）移动平均法。移动平均法也是对过去若干期的实际值求平均数，只是在时间上不断往后推移，以此得到预测值的方法。

实例链接

例 3—3

延续例 3—2，按照移动平均法可根据 2、3、4 月份的实际销售额预测 5 月份的销售额。

即 5 月份的销售额为：

(670＋680＋690)÷3＝680(万元)

也可根据 3、4、5 月份的实际销售额预测 6 月份的销售额。

即 6 月份的销售额为：

(680＋690＋680)÷3＝683.33(万元)

（3）加权移动平均法。前两种方法都是用简单平均的方法求得预测值，实际上各期实际值对预测值的影响程度是不同的，应对其进行加权平均，即为加权移动平均法。权数根据经验来定，这种方法所得预测结果比简单平均法更精确。公式为：

$$x＝x_1\alpha_1＋x_2\alpha_2＋\cdots＋x_n\alpha_n$$

式中，x_1，x_2，$\cdots$，x_n——各期观察值；

α_1，α_2，$\cdots$，α_n——各观察期的权数。

实例链接

例 3—4

延续例 3—2，如果把 3、4、5 三个月对 6 月份销售额的影响权数分别定为 0.2、0.3 和 0.5（总权数为 1）。

则兴隆公司 6 月份的销售额为

680×0.2＋690×0.3＋680×0.5＝683(万元)

2. 因果关系分析法

因果关系分析法就是通过研究已知的数据资料，从中找出事物演变的因果规律以及原因与结果之间的关系式，据此预测未来的一种方法。常用的因果关系分析法有回归分析法和季节变动分析法。

(1) 回归分析法。回归分析是一种统计学方法，它在拥有大量实际数据的基础上，通过数据分析，找出变量之间的相关关系和关系式，据此对未来进行分析预测。回归分析按分类标准不同划分为一元回归、二元回归和多元回归、线性回归和非线性回归等种类。

实例链接

例 3—5

下面以一元线性回归法为例来进行分析。

一元线性回归的方程式为：

$$\hat{y}=a+b\hat{x}$$

式中，$\hat{y}$——因变量估计值；

$\hat{x}$——自变量估计值；

a,b——参数。

并且

$$b=\frac{n\sum xy-\sum x\sum y}{n\sum x^2-\left(\sum x\right)^2}$$

$$a=\frac{\sum y}{n}-b\frac{\sum x}{n}$$

式中，x——自变量；

y——因变量；

n——变量的个数。

假如某企业对甲产品销售量与价格的调查资料见表 3—3。

表 3—3　　　　　　　　　甲产品销售量与价格的调查资料

价格/（元/件）	8	8.2	8.4	8.6	8.8	9
销售量/万件	120	100	90	80	60	30

已知甲产品销售量与价格的关系呈直线相关。试预测，如甲产品的价格定为 8.5 元/件，其销售量可望达到多少？

解：先求出公式所需的资料，见表 3—4。

表 3—4　　　　　　　　　　　　　回归分析法数据

项目	价格（x）/（元/件）	销售量（y）/万件	xy	x^2
1	8	120	960	64
2	8.2	100	820	67.24
3	8.4	90	756	70.56
4	8.6	80	688	73.96
5	8.8	60	528	77.44
6	9	30	270	81
合计（$\sum$）	51	480	4 022	434.2

把数据代入公式：

$$b = \frac{n\sum xy - \sum x \sum y}{n\sum x^2 - \left(\sum x\right)^2} = \frac{6 \times 4\,022 - 51 \times 480}{6 \times 434.2 - 51^2} = -82.86$$

$$a = \frac{\sum y}{n} - b\frac{\sum x}{n} = \frac{480}{6} - (-82.86) \times \frac{51}{6} = 784.31$$

$$\hat{y} = a + b\hat{x} = 784.31 - 82.86 \times 8.5 = 80(万件)$$

即甲产品的价格定价为 8.5 元/件时，其销售量可达到 80 万件。

大多数现象随着社会的发展，其变动趋势呈直线型或接近于直线型，如国民生产总值的增长、社会商品零售额的增长等，线性回归法也可用于类似事物发展趋势的预测。

实例链接

例 3—6

假定某地区 2004—2010 年社会商品零售额的发展趋势呈直线发展趋势，具体数据见表 3—5，试用线性回归法分别预测该地区 2011 年和 2013 年的社会商品零售额。

表 3—5　　　　　　　　某地区 2004—2010 年社会商品零售额资料

年份	2004	2005	2006	2007	2008	2009	2010
社会商品零售额/亿元	89	90	92	93.5	94	95.5	100

解：先求出公式所需的资料，见表 3—6。

表 3—6 回归分析法数据

年份	年次（x）	社会商品零售额（y）/亿元	xy	x^2
2004	1	89	89	1
2005	2	90	180	4
2006	3	92	276	9
2007	4	93.5	374	16
2008	5	94	470	25
2009	6	95.5	573	36
2010	7	100	700	49
合计（$\sum$）	28	654	2 662	140

把数据代入公式：

$$b = \frac{n\sum xy - \sum x \sum y}{n \sum x^2 - \left(\sum x\right)^2} = \frac{7 \times 2\,662 - 28 \times 654}{7 \times 140 - 28^2} = 1.643$$

把 $b = 1.643$ 代入公式：

$$a = \frac{\sum y}{n} - b\frac{\sum x}{n} = \frac{654}{7} - 1.643 \times \frac{28}{7} = 86.857$$

把 a 和 b 代入下式得：

$$\hat{y} = a + b\hat{x} = 86.857 + 1.643x$$

令 $\hat{x} = 8$，得 $\hat{y} = 100$

令 $\hat{x} = 10$，得 $\hat{y} = 103.287$

即 2011 年社会商品零售额为 100 亿元，2013 年社会商品零售额为 103.287 亿元。

（2）季节变动分析法。季节变动分析法是指某些社会现象在较长一段时期内，每年随着季节更换而表现出比较稳定的周期性变动，根据这种规律和掌握的数据资料来预测未来某一时间数值的方法。其具体方法为：收集连续几年的数据资料，求得不同年度同一季度或月份的平均水平，算出季节变动比率，然后计算预测值。

实例链接

例 3—7

福祥公司 2010—2014 年各季度销售额见表 3—7。已知福祥公司 2015 年第一季度销售额为 30 万元，试预测其 2015 年第二、三季度的销售额。

表 3—7　　　　　　　福祥公司 2010—2014 年各季度销售额　　　　　单位：万元

年份＼季度	一季度	二季度	三季度	四季度	全年合计
2010	20.5	25	21	25.5	92
2011	21	25.6	21.6	26.4	94.6
2012	22	26.4	22.4	25.6	96.4
2013	23.5	27.2	23	26.3	100
2014	24	28.8	23.6	27.2	103.6
合计					
季度平均销售额					
季度平均销售额占总平均销售额的比重					

其中，一季度平均销售额＝111÷5＝22.2（万元）

二季度平均销售额＝133÷5＝26.6（万元）

三季度平均销售额＝111.6÷5＝22.32（万元）

四季度平均销售额＝131÷5＝26.2（万元）

总平均销售额＝总销售额÷总季度数＝486.6÷20＝24.33（万元）

一季度平均销售额占总平均销售额的比重＝22.2÷24.33＝0.912 5

二季度平均销售额占总平均销售额的比重＝26.6÷24.33＝1.093 3

三季度平均销售额占总平均销售额的比重＝22.32÷24.33＝0.917 4

四季度平均销售额占总平均销售额的比重＝26.2÷24.33＝1.076 9

则，2015 年第二季度销售额＝1.093 3÷0.912 5×30＝35.944 1（万元）

2015 年第三季度销售额＝0.917 4÷0.912 5×30＝30.161 1（万元）

把定性预测与定量预测结合起来，并越来越多地运用计算机技术，是预测方法发展的总趋势。

情境案例

御方系列牙膏在高校学生群体的市场预测报告

广西柳州两面针股份有限公司面对日化行业的激烈竞争，为了收复失地，提高利润，推出了高端品牌御方系列，并请佟大为作为品牌形象代言人。为了了解御方系列牙膏在高校学生群体中的市场前景，我们小组专门做了深入的市场调查，共发放问卷 62 份，其中男女学生各占 50％，回收率 100％。通过我们的调查分析，对两面针御方系列在高校学生群体中的市场前景做出了预测。

一、御方系列所面对的市场状况

（一）日化行业竞争特别激烈

根据我们的调查发现，选择佳洁士、高露洁、黑人、中华这四个品牌的人分别为 30％、20％、15％、5％，占到被调查人数的 70％，而云南白药、冷酸灵、两面针等国产品牌只拥有三成左右的市场。两面针不仅要在国际日化巨头盘踞的中国日化市场求得生存与发展，还要和国内和日化企业争夺市场，市场竞争的激烈程度将使御方系列的市场面临巨大考验。

（二）成本上升，利润空间缩小

随着近年来人工和原材料的成本上升，企业的盈利空间被压缩，在此种情况下，御方系列要想尽快收复失地，取得市场，至少在产品价格方面将面临很大的压力。

（三）品牌市场认知度低

1. 两面针品牌形象老化

两面针长期以来形成了低端、老年化的品牌形象，为了改变品牌形象，虽然御方系列以明星佟大为为形象代言人，但在很长的一段时间以内，市场对于两面针的品牌形象不会改变太多，这同样会影响御方系列的推广。

2. 御方系列市场推广不够

被调查的人有54.8%的人没听过御方系列，听过但没用过的人占到45.2%，也就是说在被调查人群中没有人用过御方系列。51.6%的人对御方系列没印象，33.9%的人对御方系列的印象一般，对御方系列印象比较好和非常好的人分别只占到12.9%和1.6%。从调查的数据可以看出，御方系列在高校学生群体中的认知度很低，在产品推广上和佳洁士等外资品牌相比有很大的差距。

（四）高校学生群体的特殊性

高校学生群体有不同于其他群体的一些特殊性：

（1）大学生喜欢追求时尚、追求个性；

（2）消费有冲动性和理智性；

（3）大学生的消费行为受制于家庭的经济条件；

（4）日常生活中饮食消费、电子类产品消费、通信和上网的费用明显高于其他消费行为。

二、御方系列在高校学生群体中的市场前景有限

通过我们的深入分析，得出的结论是，御方系列在高校的前景有限，其原因如下：

（一）大学生生活费水平有限

虽然近些年来中国的经济发展很快，全国人民的生活水平有了显著提高，同时国家的原则是"再穷不能穷教育"，家庭的原则是"再穷不能穷孩子"，但通过此次调查发现有62.9%的学生月生活费在600元以下，600元～800元的总共也只占到35.4%。也就是说普通大学生除去饮食、通信、上网等一些必要的消费，以及社交花费之外，很少有人还有钱去购买高端牙膏。

（二）价格方面不具有优势

通过我们在淘宝商城了解到的情况来看，御方系列一款最便宜的产品是粒子清香型，其售价为15.60元，净重105克，而最贵的一款为姜盐清香型，价格为29.60元，净重为170克，就算是以便宜著称的淘宝普通商家，最便宜的一款御方系列105克装的牙膏也达到13元以上，这根本不能被大学生接受。

从调查的情况看，消费者购买牙膏最先考虑价格的占到16.1%，最先考虑功效的占54.8%，同时最先考虑功效的人群接下来要考虑的因素自然也是价格，也就是说大学生群

体由于经济条件的限制更倾向于选择物美价廉的产品。

在被调查者中有 69.4% 的消费者倾向于选择 8 元以下的牙膏，有 24.2% 的消费者选择 8～12 元的牙膏，有 4.8% 的人选择 12～16 元的牙膏，只有 1.6% 的消费者会选择购买 16 元以上的牙膏。由此看来，面对御方系列这样的高端品牌，大学生很少有人会选择。

（三）消费者对固有品牌的黏性

人是感性的，消费者往往被一款牙膏的口味、功效或者包装所吸引，用过之后比较满意的话在下次选择时很大程度上会选择此品牌，久而久之对此种品牌形成黏性。这样在对固有品牌满意的情况下，很少有消费者会去冒险尝试一款陌生的牙膏。从此次调查的数据也不难看出这点，其中有 11.3% 的消费者一直用固定品牌的牙膏；有 43.5% 的消费者一个品牌用了很久，偶尔才会换；有 25.8% 的消费者更换牙膏比较频繁；另外有 19.4% 的消费者每次都更换牙膏品牌。

从消费者心理学的角度来看，顾客已经对自己喜欢的品牌产生黏性，御方系列想要撼动其他品牌在消费者心中长期形成的品牌形象，抢夺市场是比较困难的；另一方面，外资日化巨头在品牌经营与市场推广上面的丰富经验以及国内其他日化企业的迅速崛起都会对御方系列品牌推广形成巨大的压力，这些企业会通过广告、促销等一系列手段巩固并强化其品牌在消费者心中的良好形象，并不断扩大市场份额，这使得御方系列的发展空间相当有限。

三、针对御方系列开拓高校学生市场的若干建议

（一）打造适合高校学生群体的中端产品

通过调查我们发现，大多数消费者认为御方系列 105 克的合理定价在 10 元以下，有 12.9% 的消费者支持国产愿意尝试御方系列牙膏，有 80.6% 的消费者认为价格合理的话愿意尝试，这说明御方系列在高校群体中还是有希望的。

为了开拓高校学生市场可以专门打造一款适合高校学生群体的中端产品（这里不建议原有高端产品降价），使价格保持在略高于市场同类低端产品，如黑人牙膏在 8 元左右。这样不仅可以全面开发高校学生市场，拓宽御方系列的受众，也不会影响御方系列打造高端时尚的新品牌形象，同时又可以保证企业的盈利空间。

（二）加大品牌推广力度

（1）加大御方系列广告在校园的投放，可以在校园网、食堂、体育场等处设置醒目的广告，通过立体化的广告投放，让御方系列品牌渗入消费者内心，形成良好的品牌形象，并最终被消费者接受。

（2）积极参与并赞助运动会、演讲比赛等校园活动，让御方理念融入大学生的生活，并最终成为其生活的一部分。

（3）通过组织播放宣传片，请专家做口腔健康讲座等形式，让消费者真正全方位认识和了解御方系列牙膏的多种功效。

（三）全面向高校市场铺货

通过以上两步让消费者对御方系列形成认识并产生购买欲望，接下来便可以向高校市场全面铺货。

1. 主动向学校内及学校周围的超市以及便利点供货

通过调查发现，有 77.4% 的学生在学校内的小超市、便利店购买牙膏，有 16.1% 的学生会选择在学校附近的超市购买牙膏，而到市中心大超市购买牙膏的只占到 6.5%。由此可见，御方系列牙膏要想进入高校市场，就必须抓紧学校内的零售商。

通过让利此类销售商等形式与销售商建立良好的供销关系，从而获得较好的展销位置并得到销售商的大力推荐，这样御方系列便能比较容易进入并站稳高校市场。

2. 适时开展产品展销会、促销会等活动，拓宽销售渠道

作为牙膏这类非常普通的日常用品，仅仅固定地摆放在超市进行销售是不够的，还应该主动去寻找消费者。建议御方系列在女生节、元旦等节日时，在人流量比较大的区域设点做产品展销或促销活动，以及产品使用体验活动。

通过打折优惠、买一送一、加量不加价等80.7%的消费者喜欢的形式进行促销，并赠送杯子、牙刷等消费者比较喜欢的赠品，增加销售量的同时也提高了消费者对御方系列的品牌认知度与忠诚度。

综上所述，御方系列牙膏目前在高校市场前景有限，但只要御方系列管理层能够针对高校市场的特殊性，制定适合高校市场的营销策略，加强管理企业成本的控制与管理，保证质量，加大品牌建设和推广力度，相信御方系列定能在高校市场做大做强。

资料来源：百度文库。

情境任务3　企业经营决策

◎情境导入

李强及其团队通过市场预测了解了公司未来经营走向和产品的市场需求情况。如何才能针对预测情况开展经营？他们进行了多次讨论，仁者见仁，智者见智，大家提出了好多方案，但是究竟用哪一个方案？李强作为总经理犯了难。同学们，请和李强一起学习如何做决策吧！

> **思考：你认为决策和决定有区别吗?**

行动任务　公司经营决策

1. 任务描述

根据本学习情境的情境任务3中所学知识进行市场预测，李强看到了公司产品的市场前景，为了打开市场，李强他们开展讨论，并拟定了多套方案，针对这些方案，他们分别采用定性和定量的决策分析方法进行评估，最终选择合理方案。

2. 任务建议

以各小组创立的公司和经营的产品为背景，设立多种概率，如市场销量好、销量一般、不好估算其收益，也可根据目前市场情况估算发生的概率。请认真学习下面的学习任务并进行决策分析。

3. 任务要求

要求采用下文学习任务中的多种方法进行决策，并进行小组讨论，最终确定决策方

案，并将决策过程记录下来，A4 纸打印、上交。

格式和内容（仅供参考）

首页：团队　时间

正文

一、前言

二、决策情况说明

三、备选方案

四、决策方法

五、结论

学习任务　企业经营决策

在市场经济条件下，企业要面对严峻的竞争，接受市场的检验，实现优胜劣汰。企业生产什么、生产多少、怎么生产、怎样销售等许多问题都需要进行决策。在现代企业经营管理中，决策占据的地位越来越重要。决策贯穿于企业经营管理的全过程和各个方面，市场竞争越激烈，对正确决策的要求越迫切，决策的优劣、正确与否已成为企业兴衰成败的关键。企业的生存与发展重点在经营，经营的核心和关键就是决策。可以说，管理就是决策，经营决策是企业管理人员的主要工作，脱离了决策，就谈不上管理。决策，通俗地说就是"拍板"，指对某件事情经过分析、判断后最终做出的选择或决定。企业经营决策是指企业为了实现某一特定目标，根据企业的内、外部客观条件，经过市场调查和预测，拟订几个可行的方案，然后采用科学的方法从这些可行的方案中选择最满意方案的过程。

一、经营决策的特征、原则和分类

（一）经营决策的特征

一项符合实际情况的经营决策，一般具有以下几个方面的基本特征：

（1）目标明确。决策必须有清楚、具体、明确的目标。决策的目的、衡量标准、实施原则、实施办法、达到的效果等内容都要准确、明了，切忌含混不清、模棱两可、众说纷纭。明确的决策目标要根据市场调查、经营预测的结果，结合企业内、外部的经营状况，再经过深入的调查、分析、判断后确定。没有明确目标的决策是难以想象的，也是没有任何意义的。

（2）方案满意。企业的决策过程就是对可行方案的选优过程，最终的决策是经过对每一个可行性方案进行评估和比较后做出的。采用满意方案是正确决策的基本要求。满意方案应该用行政的、法律的、经济的、社会的等多角度去衡量。

（3）准确及时。决策时对事物的判断应尽可能符合客观的发展变化规律，要坚持科学的态度，严肃认真地做出科学的优选。要善于抢抓机遇，根据不断变化的客观实际，及时做出正确的决策。决策不准、时机不当，都可能影响企业的运作和发展。

（4）适度灵活。市场机遇瞬息万变，稍纵即逝。为了适应时刻变化的客观情况和尽可能减少误差或失误，决策要保持一定的灵活性，即要有一定的弹性，留有必要的回旋余地。这种灵活性主要表现在：一是决策方案要提出指导性的意见、建议，让执行者了解决

策意图，便于在实施过程中随机应变，灵活应对；二是决策时要有备用方案，以便在出现意想不到的突发情况时，能迅速改变策略，及时争取主动。

（二）经营决策的原则

（1）效益性原则。企业总是追求利润的最大化，企业的经营决策理所当然地都是为了获得良好的经济效益。但经营决策在尽可能获取最大经济效益的同时，还要统筹兼顾经济效益、社会效益和生态效益，统筹兼顾眼前利益和长远利益，统筹兼顾企业、职工和广大人民群众的利益。经济效益、社会效益、生态效益三者是一个统一的有机整体，它们之间既相互促进，又相互制约。盲目追求经济效益，而忽视或损害社会效益、生态效益的行为是十分有害的，长此以往，也必然会影响经济效益的获得。

（2）合法性原则。企业经营决策要遵守国家的法律、法令、政策，遵守物资管理、市场管理、物价管理、交通管理等规定。企业经营决策要使企业的发展方向与社会需要相一致，要有利于维护国家、企业、职工和人民群众的利益，要有利于维护正常的社会秩序、经济秩序和生活秩序，不能违法乱纪、从事非法活动。

（3）可行性原则。可行性是企业经营决策的前提，经营决策应建立在实际需要和可能的基础之上。要对决策方案运用科学的方法，从技术上、经济上、生态及社会效益上等多方面进行可行性论证。可行的决策方案应能够适应企业的内、外环境条件，符合企业的生产经营情况和市场需求状况，符合消费者的利益。要易于操作，便于执行。切忌在问题不明、条件不清的情况下盲目决策。

（4）民主化原则。决策民主化是科学决策的一个重要条件。在市场经济情况下，企业经营决策要面对各种错综复杂的矛盾，需要进行深入细致的调查研究，及时获取、整理和分析大量的信息，还需要进行大量的可行性论证。企业的经营决策单凭一个或几个领导者的才智和经验往往是难以胜任的。让职工了解企业的发展状况和决策过程，便于在实践中理解和执行企业的方针、政策，能让职工切实感受到他们真正成为了企业的主人，更加热爱企业。这样也能很好地弥补决策者的才智和经验的不足，避免个人的主观、武断。因此，作为企业的决策者要广开言路，尊重职工的首创精神，善于倾听和采纳职工提出的合理化建议，要充分发挥集体的智慧，做到集思广益。

（5）创新性原则。企业经营决策所遇到的问题是复杂多变的，需要决策者审时度势，独辟蹊径，寻求新的解决方法。创新是企业经营面临的永恒课题，是企业发展的不竭源泉和动力。决策者要有创新意识和开拓精神，要敢于打破传统和常规，开辟新颖、独特的思路，发现事物发展的新联系、新规律，抢抓机遇才能确保成功。因此，决策时要大胆创新。

（三）经营决策的分类

根据决策的不同内容，决策可以按不同的标准进行分类，大体上有如下几种分类方法：

1. 按照决策问题的重要程度分类

按重要程度的大小可分为战略决策、战术决策和业务决策。

战略决策是对企业生存与发展紧密联系的、全局性的、长远性的发展方向、远景规划等重大问题的决策。此类决策大多由企业的高层领导者完成。战略决策对企业成败有决定性影响，所以在做决策时要十分慎重。如经营目标和经营方针的决策、投资决策、市场营销决策等均属此类决策。

战术决策是为保证战略决策的实现而进行的技术性决策，主要是如何组织、调动企业各方面的力量去完成战略意图。此类决策主要由企业的中层管理者完成，是对战略决策的分解、细化，如成本决策、设备投资决策等均属此类决策。

业务决策是对企业日常的经营活动所做出的决策，旨在提高生产效率和工作效率，主要由企业的初级管理者制定。此类决策是对战略决策、战术决策的具体贯彻和落实，如生产任务的日常安排、生产决策、库存决策等均属此类决策。

2. 按照决策问题的量化程度分类

按照决策问题的量化程度可分为定性决策和定量决策。

定性决策是根据事物的发展运动规律，依靠决策者的经验和判断力所做出的决策。它的优点是迅速、简单、便捷，易于接受，有较强的实效性。缺点是准确程度低，对决策者的综合素质要求较高，易受个人主观意志的影响。这种类型尤其在业务决策中较多采用。此类决策主要取决于决策者的经验、判断能力和业务熟练程度。在日常的业务决策中，定性决策不失为一种较好的决策方法。

定量决策是根据市场调查和预测的资料，采用数学、运筹学、数理统计等方法，利用数学模型，通过进行数学运算所做出的决策。它的优点是科学、准确，有较强的理论依据。缺点是复杂、难度大、时效性差，对各种数据的需求量大，准确度要求高。此类决策对决策者的数学、数理统计等方面的知识要求较高。

3. 按照影响决策因素的可控程度分类

按照影响决策因素的可控程度可分为确定型决策、风险型决策和不确定型决策。

确定型决策是对影响决策的因素和未来情况都能准确掌握的情况下进行的决策。此类决策各种因素间的关系都能够知道并已确定，只要按照一定的程序进行决策，就可以得到准确的结果。

风险型决策是对影响决策的因素和未来情况能够知道，但对事件发展的未来情况不能得到十分准确、客观的数值，只能估算、推算其发生可能性的大小，这种情况下进行的决策为风险型决策。此类决策具有一定的偶然性和随机性。

不确定型决策是对影响决策的各种因素的未来情况不能进行准确预测，也无法估算、推算其发生的可能性的大小，这种情况下进行的决策为不确定型决策。此类决策的结果是不确定的，只能根据决策者在对某种情况的假设下做出决策。

4. 按照决策的管理职能分类

按照决策的管理职能可分为生产决策、人事决策、技术决策、财务决策、销售决策等。

二、经营决策的程序

企业经营决策是一个发现问题、分析问题和解决问题的过程。市场调查和企业经营预测是为了探索可行性方案，是决策的基础。经营决策的基本步骤主要包括：确定决策目标、拟订备选方案、评估备选方案、优选方案、实施方案、信息反馈等过程。

（一）确定决策目标

任何经营决策都是为了解决某种问题以达到一定的目标。企业的经营决策是一项十分复杂的工作，必须全面分析经营状况、市场环境条件，寻找存在的差距并分析其原因，根据企业的实际情况和所要解决的经营问题，确定经营决策目标。

决策目标的确定，要符合实际需要，要准确可行，要对症下药。决策目标要做到概念明确，尽可能地数量化并提出实现目标的前提条件和期限等。选好决策目标，就能事半功倍，促成企业快速健康发展。只有一个实现目标的决策是单目标决策，它在决策时相对比较简单。复杂的决策问题有多个实现目标，属于多目标决策，即根据两个或两个以上的目标来选择满意方案。多目标决策的目标间有时难以兼顾，这时要力求抓住主要目标，尽量剔除次要目标，归并从属目标，尽量采用同度量的目标，以避免决策目标过多、主次不分的缺点。

（二）拟订备选方案

拟订备选方案，即根据确定的决策目标，结合企业实际情况，拟订实现该目标的各种可行性方案，作为备选方案。一般都要拟订多个备选的可行性方案，以供决策时选择。同时应注意可行性方案并不是越多越好，只要够用就行。一方面应把所有的可能方案尽量包括进来，另一方面应注意各方案之间必须是尽可能相互排斥的，而不能相互包含。拟订方案时要采用创新思维，广泛听取各方面的意见、建议，充分发扬民主，做到集思广益。这里的可行性是相对而言的，是粗略的、感性的，尚未进行严格论证的。

> **知识链接**
>
> 拟订备选方案的步骤是首先要进行初步设想，形成轮廓。对方案进行初步设想时，要勇于创新思维，突破思维定势，敢于打破各种条条框框的束缚，从不同的角度设想各种可能的方案。创新思维对形成初步设想十分重要。其次是对设想轮廓进行精心设计，对设想轮廓要大胆扬弃，进行精心的分析、论证、修改和完善，使之更合理、更适合决策问题的解决，最后形成用于决策的备选方案。

（三）评估备选方案

拟订备选方案以后，接着要对其采用定性与定量相结合的方法进行评估，经过全面、细致的比较、评价，去粗取精，去伪存真。经过多方面、科学、严格的可行性论证后，方可作为决策的可行性方案。

（四）优选方案

优选方案是经营决策过程中具有决定意义的步骤。对评估后的各个可行性方案，通过科学的决策方法从中选择满意的方案。满意方案应具备技术上的先进性、经济上的合理性、生产上的可行性，但最终要取决于经济效益、社会效益和生态效益的大小。对可行性方案进行选优，首先要根据决策目标制定一套切实可行的评价标准，然后采用科学的方法进行选优。

（五）实施方案

决策最根本的目的就是付诸实施，实现企业的经营目标。决策方案的优劣只有在实施过程中才能得到最终检验。在实施过程中，要做好信息收集、整理和反馈，将实际出现的结果与预期目标进行比较，发现差异并查找原因，及时进行修正和调控，以保证决策的有效执行，同时也为下一轮决策收集信息。

（六）信息反馈

决策方案在实施过程中要接受实践的检验。要严密监测决策方案的执行情况，及时收集相关信息，建立良好的信息反馈渠道。注意发现实施结果与决策方案的差异，找出存在的问题和产生原因，及时反馈给决策者，以对决策方案进行调整和修正。

三、经营决策的方法

经营决策的方法很多，定性决策方法与定性预测的方法类似，不再赘述。这里主要介绍几种常用的定量决策的方法。

（一）确定型决策方法

确定型决策方法主要有平行比较法、综合评分法、盈亏平衡分析法、线性规划法、边际分析法等。这里仅介绍其中几种方法。

1. 平行比较法

对于简单的、比较直观的确定型决策问题，可以通过直接比较来选出最优方案。

实例链接

例3—8

某食品加工企业根据其自身情况，可以生产甲产品或者生产乙产品。通过市场调查，甲、乙两种产品销路都没有问题。如果生产甲产品，一个月可生产 1 200 件，每件售价 80 元，成本 30 元；如果生产乙产品，一个月可生产 800 件，每件售价 100 元，成本 40 元。试比较分析生产甲、乙两种产品哪种最有利？

这种确定型决策问题比较简单直观，只需要比较生产两种产品的盈利大小就可以了。

生产甲产品每月盈利＝1 200×（80－30）＝60 000（元）

生产乙产品每月盈利＝800×（100－40）＝48 000（元）

通过比较表明，生产甲产品每月盈利较大，因此应选择生产甲产品。

由本例可以知道，平行比较法就是通过比较各个可行方案的优劣程度来选择一种最优方案的方法。

---

2. 综合评分法

综合评分法就是对各个可行性方案，先确定几个评价指标，对各评价指标分别制定合理的评分标准并打分，然后计算这几个可行性方案的综合得分，最后根据综合评分的高低选择最优方案的一种决策方法。

知识链接

综合评分法的一般步骤

第一步，确定评价指标。应选择对可行性方案影响较大的指标参与打分。

第二步，确定评价指标的评分标准。为了简化计算过程，评分标准大多采用 5 分制，最高分（满分）是 5 分，最低分是 1 分，共分 5 个级差。级差的计算公式是：

$$级差＝\frac{最高限－最低限}{5}$$

级差的计算方法是用各指标在各方案中的最高限（最大值）减去最低限（最小值）后

除以 5。制定评分标准时，各指标的最高限得 5 分，以后每降一个级差，得分就相应地降一分，各指标的最低限得 1 分。

第三步，对各方案的各个评价指标进行打分。按照第二步制定的评分标准，对各个方案的各个指标进行打分。

第四步，确定各评价指标的权重。因为各个指标的计量单位往往不一致，为便于计算综合得分，要根据各个评价指标在整个方案中所占的地位和重要性程度的不同确定其不同的权重。每个指标的权重合计为 100%。权重一般根据推算或经验估算来确定。

第五步，计算各方案的综合得分。对各方案的得分情况进行汇总，得出总分，然后根据总得分的高低选择方案的优劣，进行决策。

综合评分法的数学表达式为：

$$某方案的总分 = W_1P_1 + W_2P_2 + \cdots + W_iP_i = \sum W_iP_i$$

式中，W_1，W_2，…，W_i——各评价指标的权重；

P_1，P_2，…，P_i——各评价指标的评分。

实例链接

例 3—9

某企业有 A、B、C 三种可行性生产方案可供选择，各方案的评价指标分别是劳动生产率、成本利润率、资源利用率。三个方案的各评价指标的有关数值见表 3—8。

表 3—8　　　　　　　　　　　　三个方案各评价指标数值表

评价指标	A 方案	B 方案	C 方案
劳动生产率（元／人）	160	130	110
成本利润率（%）	260	310	360
资源利用率（%）	90	80	85

通过分析判断，各评价指标所占的权重分别是劳动生产率 50%、成本利润率 30%、资源利用率 20%。

试比较 A、B、C 三个方案的优劣并进行决策。

第一步，确定各评价指标的评分标准。

备评价指标的分数级差分别是：

劳动生产率的级差（160—110）÷5＝10

成本利润率的级差（360—260）÷5＝20

资源利用率的级差（90—80）÷5＝2

各评价指标的评分标准见表 3—9。

表 3—9　　　　　　　　　　　　各评价指标的评分标准表

分数	劳动生产率（元／人）	成本利润率（%）	资源利用率（%）
5	151～160	341～360	89～90
4	141～150	321～340	87～88
3	131～140	301～320	85～86
2	121～130	281～300	83～84
1	110～120	260～280	80～82

第二步，计算、比较各方案的综合得分，得分见表 3—10。

表 3—10　　　　　　　　　　　三个方案的评分汇总表

评价指标	权重	A方案		B方案		C方案	
		实得分	加权分	实得分	加权分	实得分	加权分
劳动生产率	50%	5	2.5	2	1.0	1	0.5
成本利润率	30%	1	0.3	3	0.9	5	1.5
资源利用率	20%	5	1.0	1	0.2	3	0.6
合计	100%	—	3.8	—	2.1	—	2.6

三个决策方案综合得分情况分别是：A 方案 3.8 分、B 方案 2.1 分、C 方案 2.6 分。其中，A 方案得分最高，所以 A 方案是最优方案，应选择 A 方案作为决策方案。

由上可知，综合评分法一般适合决策方案的评价指标是不同度量的情况下进行的决策。

3. 盈亏平衡分析法

盈亏平衡分析法又称为量、本、利分析法，是通过分析产量（或销售量）、成本（或费用）、利润三者之间数量关系进行决策的方法。其基本原理是：任何企业进行生产经营活动时，都要有一定的投入（成本或费用），获得一定的产出（收入），并且得到一定的利润。假设利润为零（此时为盈亏平衡），则投入的总成本等于获得的总收入；如果要获取一定的利润，则投入的总成本等于总收入减去利润。利用以上两个等式列出方程式，就可以得到盈亏平衡时所需要生产的数量。

🔍 **知识链接**

企业的总成本中，有些成本项目是随产量（或销售量）多少的变化而变化的，称为变动成本。如原材料费、电费、生产人员的工资报酬等。有些成本项目是不随产量（或销售量）多少的变化而变化的，称为固定成本，如固定资产的折旧费、企业管理人员的固定工资等。

成本项目是否随产（销）量的变化而变化是区分固定成本和变动成本的关键。把成本项目分成固定成本项目和变动成本项目，是盈亏平衡分析法的一个技巧。在实际运用时，要善于区分哪些是固定成本项目，哪些是变动成本项目。

根据以上原理，在盈亏平衡时：

总收入＝总成本＝固定成本＋变动成本

即，产量×价格＝固定成本＋单位产品变动成本×产量

$$产量＝\frac{固定成本}{价格－单位产品变动成本}$$

此时的产量称为盈亏平衡产量（也称临界产量）。要获得利润时：

总收入＝总成本＋利润＝固定成本＋变动成本＋利润

即，产量×价格＝固定成本＋单位产品变动成本×产量＋利润

$$产量＝\frac{固定成本＋利润}{价格－单位产品变动成本}$$

此时的产量称为目标产量。

对于企业而言，固定成本、单位产品变动成本、产品价格、欲实现的利润等都能够确定，在这种情况下进行的决策就是确定型决策。

实例链接

例 3—10

某企业生产并销售一种食品，产品的单价为 30 元/千克，生产单位产品的变动成本为 10 元，生产该产品的月固定成本为 16 000 元，试求盈亏平衡产量。如果该企业欲实现月利润 30 000 元，试求目标产量。

$$\text{盈亏平衡的产量}（临界产量）＝\frac{固定成本}{价格－单位产品变动成本}＝\frac{16\,000}{30－10}＝800（千克）$$

$$利润为 30\,000 元时的目标产量＝\frac{固定成本＋利润}{价格－单位产品变动成本}$$

$$＝\frac{16\,000＋30\,000}{30－10}＝2\,300（千克）$$

产量（销售量）、成本（费用）、利润之间的关系还可以用坐标图进行分析。

以产量（销售量）为横坐标，用 X 表示，以成本（费用）为纵坐标，P 表示总收入，C 表示总成本，F 表示固定成本，V 表示变动成本，V_0 表示单位产品的变动成本，W 表示产品的价格。

在平面直角坐标系中，

总收入：$P＝WX$

它是一条通过原点的斜率为 W 的直线。

总成本：$C＝F＋V_0X$

它是一条纵轴截距为 F、斜率为 V_0 的直线。

因为研究的是经济问题，所以只在第一象限作图就可以了。产量（销售量）、成本（费用）、利润之间的关系如图3—3所示。

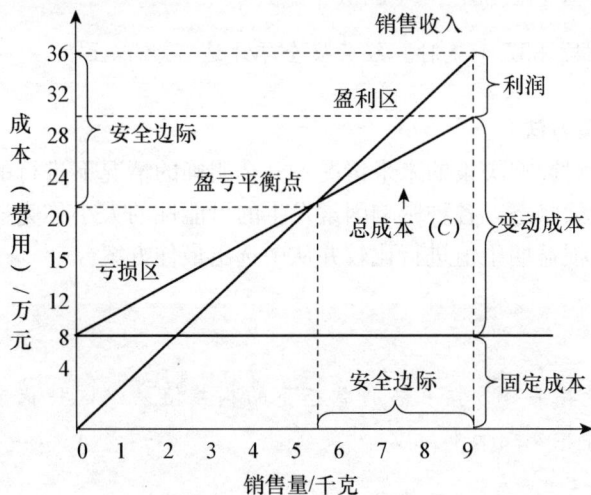

图 3—3　盈亏平衡图

通过盈亏平衡分析，一是可以判断企业目前的销售量对企业盈利或亏损的影响；二是可以确定企业的经营安全率。经营安全率是反映企业经营状况的一个指标，其计算公式为：

$$经营安全率 = \frac{实际销售量或产量 - 盈亏平衡时销售量或产量}{实际销售量或产量} \times 100\%$$

式中，经营安全率越大，就说明企业经营安全状况越好；反之，则企业的经营安全状况较糟糕，亏损的风险就越大，见表3—11。

表3—11　　　　　　　　　　　经营安全状况表

经营安全状况	安全	较安全	一般	须警惕	危险
经营安全率（%）	30以上	25~30	15~25	10~15	10以下

要提高经营安全率，企业可采取相应的措施。如扩大适销产品的销量，降低单位产品变动成本，提高设备、厂房的利用率等。

实例链接

例3—11

延续例3—10，求经营安全率在30%以上时的产量。

根据经营安全率的公式，得

盈亏平衡时的产量＝0.7×实际产量

即，800＝0.7×实际产量

实际产量＝1 142.857 1≈1 143（千克）

当产量超过1 142.857千克时，经营安全率才达30％以上。

（二）风险型决策方法

风险型决策是在对影响决策的未来情况不完全明确的情况下进行的决策。影响决策的各种未来因素称为自然状态，各种影响因素发生的可能性的大小称为概率。风险型决策问题就是对各个方案的损益期望值进行比较并从中选出最佳方案。

知识链接

损益期望值，是指某种方案在各种状态下的损益值乘以这种状态出现的概率之和。一般损益期望值的计算公式如下：

$$损益期望值 = \sum(损益值 \times 概率)$$

风险型决策具备以下五个条件：

（1）有一个明确的决策目标。

（2）存在两种或两种以上的可行方案。

（3）存在不以决策者主观意志为转移的两种以上的自然状态。

（4）各种自然状态在未来发生的可能性的大小（概率）能够知道。

（5）不同方案在不同自然状态下的损益期望值能够计算出来。

风险型决策问题通常采用决策树分析法来进行决策。

决策树分析法的步骤主要如下：

第一步，绘制决策树，可参照例3—12中的图3—4。

决策树由五个要素组成：决策点、方案分枝、方案节点、状态分枝和结果点（损益值）。决策点代表最终的决策结果，通常用"□"表示。方案分枝代表可行性方案，通常用线段表示。有几个可行性方案就从"□"向右绘几条分枝。方案节点代表方案分枝到状态分枝的过渡点，通常用"○"表示。状态分枝代表影响决策的未来自然状态，通常用线段表示。有几种自然状态就从"○"向右给几条分枝。结果点指每一方案在各个自然状态下的损益值。绘制决策树时往往由左向右、由简到繁，构成一个平躺着的树形图，所以形象地称为决策树。

第二步，确定各种自然状态出现的概率。

是否知道自然状态出现的概率是风险型决策的根本特征，确定自然状态出现的概率是进行风险型决策的关键。概率按其确定的方法不同，可分为主观概率和客观概率。如果概率是根据历史记录、统计资料或观察实验的数据经过分析、整理得到的，这种概率就称为客观概率；如果在资料比较缺乏或难以得到客观概率的情况下，是由决策者凭经验和个人的判断力而估算得到的，这种概率就称为主观概率。

第三步，计算损益期望值。

计算出各个方案在各种自然状态下的损益期望值。如果是涉及投资问题的长期决策问题，计算损益期望值时要考虑投资的回收问题。

第四步，比较损益期望值的大小，选择最优方案。

根据决策目标，对各方案的损益期望值进行比较，把损益期望值最优的方案作为决策方案。计算和比较损益期望值的大小，也可以在决策树图上进行。

实例链接

例 3—12

某果品加工厂准备筹建加工车间，拟订了新建车间、改建车间两个方案。新建车间需要投资 40 万元，改建车间需要投资 20 万元，使用年限都是 10 年。经过市场调查、市场预测，各有关指标数值见表 3—12。

表 3—12　　　　　　　某果品加工厂准备筹建新的加工车间方案表

方案	使用年限（年）	销路好时的盈利（万元／年）	销路不好时的亏损（万元／年）
新建车间	10	16	8
改建车间	10	12	6

根据市场预测，未来 10 年该厂生产的产品有好销、不好销两种可能情况，其中销路好的概率为 0.8，销路不好的概率为 0.2。请问：究竟是新建车间好，还是改建车间好？

解： 根据上述资料，由于知道销路好、销路不好两种自然状态发生的概率，因而是风险型决策问题，可用决策树分析法进行决策。

第一步，计算损益期望值。

该题涉及投资问题，在计算损益期望值时，要考虑投资回收情况，对于不涉及投资回收的风险型决策问题，其损益期望值的计算，可在决策树上进行。具体计算过程如下：

新建车间的期望值 $= 10 \times [16 \times 0.8 + (-8) \times 0.2] - 40 = 72$(万元)

改建车间的期望值 $= 10 \times [12 \times 0.8 + (-6) \times 0.2] - 20 = 64$(万元)

第二步，绘制决策树图，见图 3—4。

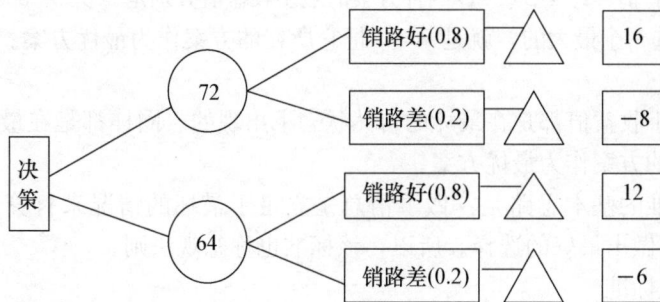

图 3—4　决策树图

第三步，比较损益期望值，选择最优方案。在决策树图上，在淘汰的方案分枝上画"‖"，表示剪枝。本例中，新建车间 10 年损益期望值是 72 万元，改建车间的损益期望值是 64 万元，所以，在其他条件不变的情况下，应该新建车间。

本例属于比较简单的决策问题，只进行了一次决策，这样的决策称为单级决策，对于需要进行两次或两次以上的决策称为多级决策，其方法与本例解法类似。

（三）不确定型决策方法

不确定型决策问题与风险型决策问题具备的条件基本相同，不同之处在于不确定型决策问题虽然能够预测出可能出现的几种自然状态，但是自然状态出现的概率无法知道。

实例链接

例 3—13

某企业生产的产品欲销到异地，开拓新的市场，拟订了 A、B、C、D 四种方案，无论哪一种方案，其产品未来的市场需求状况有需求紧俏、一般与低迷之分。各种方案在不同自然状况下的收益值见表 3—13。

表 3—13　　　　　　　　　　　某企业开拓新市场方案收益表　　　　　　　　　单位：万元

方案	需求紧俏	需求一般	需求低迷
A	1 700	1 100	500
B	2 500	1 200	−300
C	3 100	1 400	−700
D	2 700	1 800	−400

不确定型决策问题只能凭决策者的性格、态度、胆识、知识经验、判断能力等个人素质来进行决策。不同的决策者可以根据自己的判断，用不同的标准和原则进行决策。各种决策的标准和原则没有优劣之分。不确定型决策问题一般有小中取大、大中取大、机会均等决策与大中取小四种决策标准。

1. 小中取大标准

其步骤是：先从每一种方案中选择最小的收益值，然后再从这些最小收益值中选择最大的收益值，把最大收益值所在的方案作为最优方案。

由表 3—13 可知，A、B、C、D 四种方案的最小收益值分别是 500、−300、−700、−400。在这些最小值中选一个最大的，就是 500，把它所在的方案作为最优方案。故该例应选择 A方案。

各方案的最小收益值都是在最坏的自然状态下出现的。同样都是在最坏的情况下，从中选择损失最小的方案作为最优方案。

这种决策标准的基本思路是：做事情总是立足于最坏的情况来打算（这样做比较稳妥），在此基础上做出最好的选择。所以，该标准也称悲观法则。

2. 大中取大标准

其步骤是：先从每一种方案中选择最大的收益值，然后再从这些最大收益值中选择最大的收益值，把最大收益值所在的方案作为最优方案。

由表 3—13 可知，A、B、C、D 四种方案的最大收益值分别是 1 700、2 500、3 100、2 700。在这些最大值中选一个最大的，即 3 100，把它所在的方案作为最优方案，故该例应选择 C 方案。

各方案的最大收益值都是在最好的自然状态下出现的。同样都是最好的情况下，从中选择收益最大的方案作为最优方案。

这种决策标准的基本思路是：做事情总是立足于最好的情况来打算（对事物的未来充满信心），在此基础上做出最好的选择。所以，该标准也称乐观法则。

3. 机会均等决策标准

这种方法是人为地给出各种自然状态相同的概率（主观概率），通过计算每一个方案在不同自然状态下的平均收益值，然后在各个方案的平均收益值中选最大值，把它所在的方案作为最优方案。

在例 3—13 中，各方案在三种自然状态下的概率均为 1/3，则平均收益值分别是：

A 方案：$(1\,700+1\,100+500)\div3=1\,100$（元）

B 方案：$[2\,500+1\,200+(-300)]\div3=1\,133$（元）

C 方案：$[3\,100+1\,400+(-700)]\div3=1\,267$（元）

D 方案：$[2\,700+1\,800+(-400)]\div3=1\,367$（元）

通过比较，D 方案的平均收益值最高，所以应把该方案作为最优方案。

这种决策标准中的所谓概率只能是相同的，而且是人为给出的，不具有客观性，所以，又称作等概率决策标准，也有称作平均效益值决策标准。

在实践中运用时，这种方法简单易行，便于操作。但是在实际工作中，各种自然状态出现的概率经常是不同的，因而决策结果往往存在一些误差。

4. 大中取小标准

在不确定型决策中，在某种自然状态下，各个方案中总有一个方案的收益值最大，如果决策者未选择该方案而选用了其他方案，就会感到后悔，二者的差额称为后悔值。所谓后悔值就是在某种自然状态下，最优方案效益值与其他方案效益值的差。

其步骤是：先计算出每种自然状态下各个方案的后悔值，然后再找出每个方案的最大后悔值，最后在这些最大后悔值中找出最小的后悔值，把它所在的方案作为最优方案。所以，该标准也称为后悔值决策标准。

实例链接

例 3—14

延续例 3—13，各方案的后悔值见表 3—14。

表 3—14　　　　　　　　　　　　　后悔值计算表

方案	需求紧俏	需求一般	需求低迷	最大后悔值
A	0	600	1 200	1 200
B	0	1 300	2 800	2 800
C	0	1 700	3 800	3 800
D	0	900	3 100	3 100

由表 3—14 可知，A、B、C、D 四种方案的最大后悔值分别是 1 200、2 800、3 800、3 100，其中最小值是 1 200，可把它所在的 A 方案作为最优方案。

由上可知，大中取小决策标准既考虑事物未来发展最好的情况（收益最大），又考虑最坏的情况（收益最小），因而，这种决策标准比较稳妥、保险，较适合于一些把握性不大的决策项目。

总之，在不确定型决策中，对于同一问题进行的决策，常因决策者个人的因素而采用不同的决策标准，使决策的结果也不尽相同。决策者的类型一般有保守型、进取型、中间型三种。保守型的决策者一般小心谨慎，进取意识和冒险精神不强，不愿多担风险，在决策实践中，较多采用悲观法则。进取型的决策者一般对事物的未来充满信心和希望，积极进取，不怕风险，敢担责任，在决策实践中，较多采用乐观法则。中间型介于保守型和进取型之间，在决策实践中较多采用后悔值决策标准或机会均等决策标准。在这里所说的保守、进取、是否敢担风险等，都是中性的，没有褒贬之义。

不确定型决策除受决策者的性格和心理状态影响外，更重要取决于决策信息的准确程度、企业的经济实力以及决策者的知识、经验、判断力和工作能力。进行不确定型决策时，最好准备好应变方案和措施，以便根据实际情况的变化及时调整或改变实施方案。

情境任务 4　制订企业经营计划

◎情境导入

李强小组通过前面的学习制定了本小组企业的几个经营方案，通过小组内充分讨论，利用相关方法进行了企业经营决策，确立了企业的经营方案，那么如何去实施这一方案呢？同学们，请和李强一起学习如何制订企业经营计划吧！

> 思考：你认为经营计划包括哪些内容呢？

行动任务　制订企业经营计划

1. 任务描述

针对上一任务确定的经营方案，小组讨论具体实施方法和目标，以此制订企业经营方案的实施计划。

2. 任务建议

以上一任务为背景，通过学习相关知识为企业撰写经营计划。建议以企业生产经营发展计划、利润计划为重点，其他计划将在其他学习情境完成后撰写。

3. 任务要求

小组要经过细致讨论后再形成计划，最好能设计出计划执行台账，最终将计划用 A4 纸打印上交。

格式和内容（仅供参考）

首页：×××公司企业经营计划 团队 时间

正文

一、前言

二、企业生产经营发展计划

三、利润计划

学习任务 企业经营计划

企业经营计划是按照经营决策所确定的具体实施方案的细节安排，对企业生产经营活动及其所需的各种资源在时间和空间上所做的具体布局。它是企业经营思想、经营目标、经营方针及经营策略的具体化，是统率企业全部经济活动的总纲。

一、企业经营计划的特点

（1）外向性。经营计划以适应企业外部环境、提高企业应变能力为出发点。

（2）预见性。经营计划要能反映企业现在及将来面临市场的不确定性，因此计划的制订应该具备高瞻远瞩的特点。

（3）综合性。经营计划不仅包括企业经营战略及经济效益等内容，还应包括产品开发、生产、销售等生产经营的全过程，是一个综合各方面因素的计划。

（4）指导性。经营计划是企业经营活动的依据和先导，是企业经营活动的行动纲领。

（5）战略性。经营计划立足于经营战略决策，包括企业经营方向的确定、企业素质的提高和达到发展目标的措施等。

二、企业经营计划的作用

（1）经营计划是社会化大生产的客观需要。现代企业的劳动分工十分精细，劳动协作无论是人员方面，还是时间、空间方面，都要求安排得十分周密。没有计划，企业的生产经营活动就组织不起来，除考虑直接的生产经营过程外，还要考虑资金运动、信息流动、物资技术等一系列经济技术活动。这样就要求有一个统一的、严格的、科学的经营计划，以便保证企业系统各方面活动平衡、协调地向前发展。

（2）做好经营计划是企业提高工作效率及经济效益的重要途径。经营计划的任务，不仅仅是实现企业的目标，而且要求以最经济的方式实现企业目标。即要选择资源消耗及占用最少，需要时间最短的计划来实现企业的目标。企业在制订经营计划的过程中，必须不断提高计划的质量和决策水平。因此，一个有效的经营计划不仅能提高企业的工作效率，还可以提高企业的经济效益。

三、企业经营计划的种类

企业经营计划的种类很多，可按不同的标准对经营计划进行分类。

（一）按经营计划的期限划分

（1）长期计划。长期计划又称企业长远发展规划，一般指三年以上的计划。它是企业的战略计划，它规定企业的长期目标以及为实现目标所应采取的措施和步骤。

（2）中期计划。中期计划的年限一般为1~3年，它是企业近期的发展计划。

（3）短期计划。短期计划通常是指年度计划、季度计划或月度计划。它是企业的业务活动计划或作业计划，是组织日常生产经营活动的依据。

企业的长期计划、中期计划和短期计划相互衔接，反映事物在时间上的连续性。长期计划是中期计划的依据，中期计划又是短期计划的依据。短期计划是中期计划的具体化和补充。

（二）按经营计划的性质划分

（1）战略层计划。是指企业的长远发展计划，涉及企业产品发展方向、发展规模、技术发展水平、企业发展的组织形式、人才资源规划等，时间跨度常在 3～5 年以上。

（2）战术层计划。是指企业的年度综合计划，包括企业的经营计划、职能部门的工作计划（生产计划、财务计划、物资供应计划、销售计划、劳动工资计划）等。战术层计划又可具体划分为业务计划和作业计划。企业经营计划体系可以用表 3—15 形象地来表示。

表 3—15　　　　　　　　　　　　企业经营计划体系

特性	战略计划	业务计划	作业计划
1. 作用性质	战略性、统率性	业务性、承上启下	作业性、执行性
2. 详略程度	概略	较具体、详细	具体、详细
3. 时间范围（单位）	长期、中期、年（年为单位）	一年（季、月为单位）	月、旬、周（日、班为单位）
4. 计划范围	企业全局、综合性	专业领域、分支性	执行单位、具体性
5. 计划要素	市场、产品、经营能力、资源、目标	任务、业务能力、资源限额、资金定额、标准	工件、工序、人、设备、定额、任务单
6. 信息	外部的、内部的、概括的、预测性的	外部的、内部的、较精确、较可靠	内部的、高度精确、可靠
7. 复杂程度	变化多、风险大、灵活性强	变化易了解、较稳定、关系明确	变化易调整、内容具体容易掌握
8. 平衡关系	全局综合平衡	上下左右协调	单位内部综合平衡

战略计划位于计划体系的最上层，具有指导性、统率性作用。

业务计划居中，以战略计划为依据，按照专业化分工分别编制各业务分系统计划，如生产计划、销售计划、研发计划、人事计划、财务计划等，指导各业务系统合理组织和利用资源、安排程序和协调相互关系。

基层作业计划居于最基层，各基层作业执行单位以业务计划确定的程序、指标、定额为依据，合理运用各生产经营要素，实现各类作业过程，保证业务计划的实施和企业目标的实现。

（三）按经营计划的内容划分

（1）综合计划。综合计划是指对组织活动所做的整体安排，它是指导企业生产经营活动的纲领。

（2）专项计划。专项计划是指为完成某一特定任务而拟订的计划，如销售计划，新产品开发计划、劳动工资计划等。企业职能部门的相关计划多是专项计划。

综合计划与专项计划之间是整体与局部的关系。专项计划必须以综合计划为指导，避免与综合计划相脱节。

（四）按经营计划的范围划分

按企业组织结构的体系，建立从厂级到班组的计划体系，可分为企业计划、车间计划和工段或班组计划等。

四、企业经营计划的内容

企业经营计划的组成，没有一个标准模式，其内容可根据企业的具体要求及计划期限、形式而增减。经营计划的主要内容如图 3—5 所示。

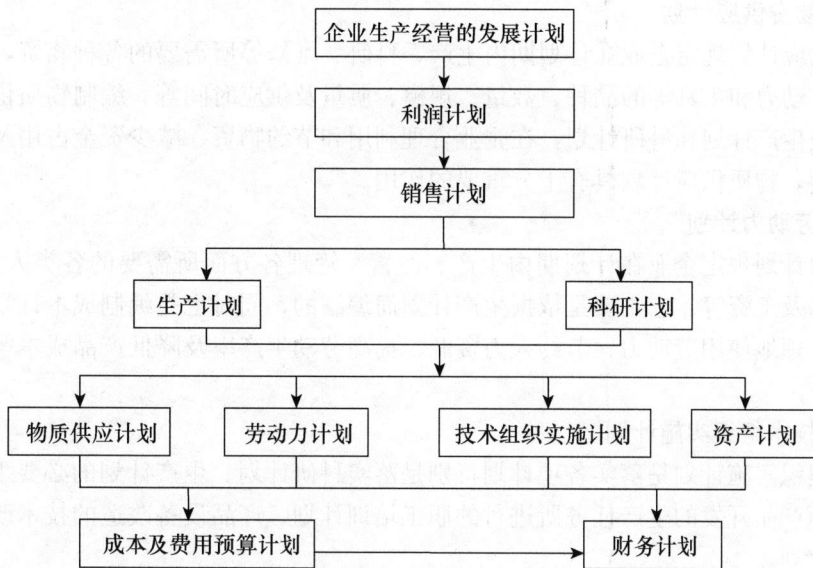

图 3—5　经营计划的组成

（一）企业生产经营的发展计划

企业生产经营的发展计划是企业的长期计划，是企业生产经营的发展方向。它包括企业规模发展计划，如生产规模、投资规模发展规划，企业技术改造发展计划及企业员工工资福利提高规划等。

（二）利润计划

利润是企业生产经营活动中一个重要的综合性指标，它反映企业的经营效益。经营计划的编制应以利润计划为核心。利润计划规定企业在计划期内的利税目标及利润的分配和使用。

（三）销售计划

销售计划规定企业在计划期内应销售产品的品种、质量、数量及其他销售收入。应依据利润计划、市场订货合同及市场的预测来编制销售计划。它规定企业按品种、质量、数量及期限应完成的生产任务和必须履行的合同，在制订销售计划时应尽可能充分利用生产能力来增加盈利，确保利润计划的实现。

（四）科研计划

科研计划是企业经营计划的主要内容之一。它关系到企业技术的发展速度及产品的科技含量，直接影响企业的生存与发展。因此，该计划与产品的品种计划、质量计划等密切相关，应包括新产品发展、老产品改造，新技术、新工艺、新材料的发展及综合利用等内容。

（五）生产计划

生产计划规定企业在计划期内生产的产品品种、质量、数量、生产进度及生产能力利用程度等。生产计划是依据销售计划而编制的。因此，生产计划任务能否按期限完成直接决定销售计划完成的好与坏，它是完成销售计划的保证，也是以销定产的重要依据。

（六）物资供应计划

物质供应计划规定企业在计划期内生产、科研、维修等所需要的各种物资，包括原材料、燃料、动力和工具等的品种、数量、规模、质量及供应时间等。编制物质供应计划的主要根据是生产计划和科研计划，在企业合理利用和节约物资、减少资金占用及降低产品成本等方面，物质供应计划具有十分重要的作用。

（七）劳动力计划

劳动力计划规定企业在计划期内生产、经营、管理各方面所需要的各类人员的数量、比例、结构及工资等。它主要是依据生产计划而编制的，同时也是编制成本计划的依据之一。它对合理地使用劳动力、节约人力资源、提高劳动生产率及降低产品成本等具有重要的作用。

（八）技术组织实施计划

技术组织实施计划是落实各项计划特别是落实科研计划、生产计划的必要手段。它包含为完成新产品开发的生产任务所进行的职工培训计划、产品设备改造的技术改造计划及组织调整计划。

（九）资产计划

资产计划是落实生产计划的物质手段之一。它包括流动资产计划和固定资产计划。编制资产计划的依据仍然主要是生产计划。一个有效的资产计划，有利于提高企业资金利用率，减少资金占用，减小经营风险，提高经济效益。

（十）成本及费用预算计划

成本及费用预算计划规定企业在计划期内生产产品所需要的全部费用、各种产品的单位计划成本的降低水平以及节约生产费用、降低成本的措施。生产计划、劳动力计划、技术组织实施计划和资产计划是编制成本及费用预算计划的依据。它对企业目标成本的控制和增加盈利具有重要的保证作用。

（十一）财务计划

财务计划通常是指确定财务目标，制定财务战略、财务规划和编制财务预算。它规定增收节支、增产节约、降低费用的措施。财务计划主要通过编制现金预算表来体现。

五、企业经营计划的编制

（一）编制企业经营计划的步骤

经营计划的编制步骤与经营决策步骤基本相同。由于经营计划的编制是在经营决策之后进行的，所以经营计划的编制步骤可以简化。编制经营计划的重点是进行各项方案计划和任务之间的综合平衡。编制经营计划的一般步骤如下：

（1）调查研究。调查研究是编制计划的前提条件。通过调查研究，根据企业外部环境的状况及其变化和企业的内部条件，寻找市场所提供的机会和存在的威胁，特别是要掌握计划的限制条件，如资源、环境、法规及地理位置等，对它们进行认真研究，将有助于所编制的计划切实可行。

（2）确定具体目标。确定具体目标是编制计划的关键。没有目标或目标不明确，就没有决策；目标定得不恰当，决策就可能失误，就必然影响到计划的质量。因此，编制经营计划应全面考虑各个目标、各种条件之间的相互影响，还要考虑它受各有关条件的限制情况，处理好当前与长远的关系。

（3）拟订方案，比较选择。为实现同一目标，可以有多种可行性计划方案。一般来说，每个方案的优势，都是相对的，也都有它的局限性和不足，对各种条件的利用或限制来说，也都各有侧重。通过反复比较、逐步淘汰，将最接近目标而又最适应关键的限制性条件、利多弊少的计划方案选择出来。

（4）综合平衡，确定正式计划草案。这是计划编制工作的最后步骤，其重点在于综合平衡、具体落实。首先，侧重企业的外部环境与目标之间的相互平衡。然后，进一步地进行综合平衡，侧重于目标与企业内部条件的平衡，主要包括产、供、销三方面的平衡，生产与组织之间的平衡，资金需要与资金筹措之间的平衡以及各生产环节生产能力的平衡等。

（二）经营计划指标体系

企业的经营活动是通过一系列的指标表现出来的。由于每一种指标只能反映企业生产经营活动的某一方面的技术、经济水平，要全面反映企业的技术经济、活动，就需要用到一系列相互联系、相互制约的指标，即指标体系。

（1）数量指标。数量指标是企业在计划期内，生产经营活动在数量上应达到的要求。一般用绝对数（单名数）表示，例如，产品销售额、利润总额、职工平均人数、工资总额、流动资金总额及贷款金额等。

（2）质量指标。质量指标是指企业在计划期内生产经营活动在质量上应达到的要求。通常用相对数（复名数）表示，例如，劳动生产率、投资报酬率、销售利税率、平均工资及流动资金周转次数等。

六、企业经营计划的执行

经营计划的贯彻与执行，主要是以方针落实及目标管理的方式进行的。方针落实是指按照经营目标和经营方针的要求，对一切与执行有关的部门和单位提出进一步具体的要求，使之形成一个系统，确保方针和目标的实现。

目标管理是指企业管理者和广大职工都来参加经营目标的制定，在实施中，通过分解目标、落实措施并达到自我控制的一种管理方法。企业最高管理层将企业的目的和任务转化为目标，然后进行目标分解，经过上下民主协商，制定出下层及个人的分目标。总目标指导分目标，分目标保证总目标。最终企业上下、每个部门、每个人都有各自的目标，形成一个目标体系。

七、企业经营计划的制订和调整方法

一般来说，经营计划是主观意念的产物。任何经营计划都是根据市场调查和预测制订的，制订的计划不可能百分之一百地符合未来的发展情况。因此，在执行经营计划的过程中，有时会出现完全意外的事情，而在发生重大问题时，经营计划就必须做出相应的调整或修正；否则，将可能导致企业经营的失败。

未来的不确定性和变化决定了经营计划调整或修正的必要性。经营计划所设想的未来结果离现实越远，其确定性就越小；经营计划越长，不确定的因素就越多，经营计划的准确性就会变得不太有把握。因此，不但需要周密、细致地进行预测，而且需要制定相应的补救措施并随时检查计划执行中所遇到的情况，以便在遇到重大问题时为保证所要达到的目标而及时重新制订经营计划措施。无论是在经济变动的稳定时期，还是在经济变动的剧烈时期，对经营计划的调整是不可避免的，差别仅仅是调整幅度大小的不同。根据经营计划执行过程中遇到的问题，对计划进行调整，是其灵活性和适应性的反映，只有这样，企业才能减少未来问题所带来的损失。

经营计划制订和调整的方法如下：

（一）滚动计划法

1. 滚动计划法的概念

滚动计划法是根据计划执行的情况和条件的变化，调整和修正未来的计划，并逐期向前移动，把近期的计划和远期的计划相结合的一种计划。长期计划一般按年度滚动，短期计划可按季度或月度滚动，即每季或每月编制一次计划，每次向前滚动一季或一月，如此不断滚动，不断延伸。滚动计划法实例图如图 3—6 所示。

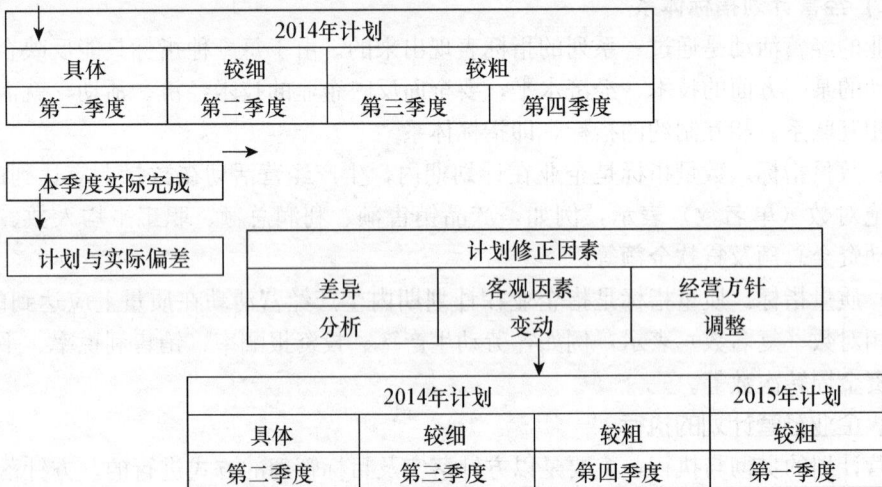

2014年计划			
具体	较细	较粗	
第一季度	第二季度	第三季度	第四季度

本季度实际完成

计划与实际偏差

计划修正因素		
差异	客观因素	经营方针
分析	变动	调整

2014年计划			2015年计划
具体	较细	较粗	较粗
第二季度	第三季度	第四季度	第一季度

图 3—6　滚动计划法实例图

2. 滚动计划法的特点

（1）动态性。随着时间的推移，计划不断向前延伸，属于动态型计划。

（2）连续性。任何时候，企业都有远近结合的计划。它使企业长远目标与近期安排相互照应、紧密结合，保证了各种计划的连续一致和统一。

（3）近细远粗。即近期计划制订得详细、具体，远期计划制订得较粗、概括。

滚动计划法是一种比较灵活、有弹性的计划，它的优点主要如下：

第一，提高了计划的适应性。它能根据社会需求的变化及时调整企业的计划，有利于经营目标的实现。

第二，提高了计划的准确性。滚动计划是一种动态计划，它定期地对整个计划指标的实现做出分析和判断，并根据具体情况和条件的变化进行针对性的调整，使计划尽可能切合实际，真正起到指导企业生产经营活动的作用。

（二）网络计划技术法

网络计划技术法也称统筹法。它是一种利用网络理论制订计划，并对计划进行评价、审定的技术方法。这种方法最早起源于美国，我国在 20 世纪 60 年代初开始使用网络计划技术。

网络计划技术的原理是：首先，应用网络图的形式来表达一项计划中各项工作（任务、项目、工序等）的先后顺序及相互关系；其次，通过计算找出计划中关键的工序和关键路线；最后，通过不断改进网络图选择最佳方案，并在计划执行过程中进行有效的控制和监督，以便取得满意的评价效益。

八、企业经营计划的控制

企业经营计划的控制是指企业在动态变化的环境中，为了确保实现既定的目标而进行的检查、监督和纠正偏差等管理活动。控制是实现当前阶段企业目标和经营计划的有力保证，也是企业修正发展目标和制定下一轮经营计划的前提和基础。这里主要介绍事先控制、事中控制和事后控制三种方法。

（一）事先控制

事先控制又称预先控制，它是指通过观察和收集信息、掌握规律、预测趋势，提前采取措施，将可能发生的问题（事故、偏差等）消除在萌芽状态，这是一种"防隐患于未然"的控制，是控制的最高境界。例如，美国电报电话公司早在 20 世纪 70 年代就预见到公司将被拆分，于是公司组建宏大的公关团体向国会游说，争取有利于公司发展的拆分方案，同时进行一系列的组织结构及人事调整为拆分作准备。1984 年公司被拆分时，由于事先控制工作成效显著，准备得当，被拆分的三家公司均顺利度过非常时期。这三家公司中，AT&T、朗讯公司均成为全球著名的跨国电讯公司。

（二）事中控制

事中控制又称现场控制或即时控制，是指在某项活动或者生产经营过程中，管理者采用纠正措施，以保证目标或计划的顺利实现。它主要通过管理人员深入现场进行有效的控制。

（三）事后控制

事后控制主要是分析工作的执行结果，将它与控制标准相比较，发现差异并找出原因，拟定纠正措施以防止偏差继续存在。例如，财务分析报告、产品销售状况分析报告及销售人员业绩评定报告等。

思考与讨论

1. 企业经营环境分析的内容与方法有哪些？
2. 企业经营预测有哪些程序？
3. 企业经营预测的方案有哪些？
4. 什么是企业经营决策？
5. 经营决策的原则是什么？

6. 经营决策的方法有哪些?

7. 企业经营计划分为哪些类型。

8. 如何做好企业经营计划?

拓展训练

为服装等产品不同季节市场的发展趋势做预测分析。

学习情境 4　组织生产

干部的目标：做超级领导，即你的领导水平达到了能够让下属在没有领导的时候仍能正常工作，形成有活力的员工，有合力的组织。

——海尔集团总裁　张瑞敏

◎学习情境

李强的公司之前一直销售其他生产厂家的产品，厂家在南方，离本地比较远，故李强公司的运营成本一直降不下来，李强很苦恼。随着公司业务量的增加，供货很不及时。李强想：能不能自己建厂生产呢？如果想自己生产，那么如何组织生产呢？同学们，请和李强一起来研究吧！

【学习目标】

能够通过本学习情境的学习，了解生产管理的基本概念、内容，对生产过程提出可行性设计方案，编制生产计划，组织有序生产，对生产过程进行质量控制和监督。

【情境任务】

任务 1　设计生产系统

任务 2　制订生产计划

任务 3　组织生产过程

任务 4　全面质量管理

【学习建议】

1. 分组对当地企业进行调研，分析企业生产系统设计是否合理。
2. 分组讨论企业对质量控制采取了哪些工作，以小组为单位提出生产计划。

情境任务 1　设计生产系统

◎情境导入

李强多次在本地考察研究，开展讨论，决定自己生产目前所经营的产品。可是在哪建厂呢？如何建立自己的生产系统呢？李强带领团队进行了论证研究。同学们，如果你也想建厂生产，那就和李强一起学习吧。

思考：你认为自己建厂该考虑哪些问题呢？

行动任务　建立生产工厂

1. 任务描述

考察学校所在地区的区域规划与招商政策，小组讨论建厂方案，包括厂址选择和确定生产流程与工艺方案等，最后形成建厂方案。

2. 任务建议

成立生产工厂建设小组，分工负责进行厂址调研，形成多种建厂方案，利用学习情境3所学决策方法进行方案论证和决策。

3. 任务要求

小组要对周边宏观环境和微观环境进行调研，找到合适的厂址，设计合理的生产工艺流程，最终将方案用 A4 纸打印上交（方案格式自定义）。

学习任务　设计生产系统

情境案例

惠而浦公司生产效率的提高

美国密歇根州惠而浦电器公司在 20 世纪 80 年代中期之前经营情况不好，生产率不高，产品质量次，工人与管理人员的关系也不融洽，工人经常把次品藏起来使管理人员不能发现问题。当机器出现故障时，工人只是坐着等待，想着迟早有人来修理。由于生产上存在的各种问题，企业面临倒闭的危险。

针对存在的问题，惠尔浦电器公司采取了以下措施对生产管理方式加以改进。

首先，在提高生产率上下工夫。生产率的提高靠的不是花钱购买昂贵的机器，相反，凭借的是狠抓质量。公司彻底抛弃了只强调数量而忽视质量的旧观念，为激励工人，公司采取在生产率提高后给工人加工资的方法。

其次，公司的训练强调工人在工作中不仅用手，也要用脑。

最后，灵活的工作规章允许工人在最需要他们的地方工作。

在管理人员和工人们的通力合作下，这些做法收到了许多特别的效果：产品质量改进了，好的产品越来越多；每工时产出的部件数量从 92.81 件提高到 110.6 件，生产率提高了。另一方面必须扔掉或返工的次品越来越少，每百万件中的不合格品由 837 件下将到世界级水平的 47 件，成本得到下降，库存成本也减少了，因为用于替换次品所需的备用件越来越少了。

资料来源：http://www.yukontek.com/chenGong.asp? Info_Id＝48。

生产是通过劳动把资源转化为能满足人们某些需求的产品和服务的过程。

一、生产的类型

按一定标志对生产过程划分的类别就是生产类型，生产类型可从多角度划分。

（1）按工艺特点可分为采掘提取型、合成型、分解型、调制型、装配型。

（2）按物流特点可分为连续型、离散型。

（3）按任务确定方式可分为订货型、备货型。

（4）按生产批量可分为大量生产、成批生产、单件生产。

生产过程的输出，不仅指有形的实物产品，还包括无形的产品——服务。西方学者习惯于将与工厂联系在一起的有形产品的制造称为生产，而将提供劳务的活动称为运作，或把两者结合起来并称为生产与运作业。

二、生产能力

（一）生产能力的概念

生产能力是指企业在一定的环境条件下和一定时期内，企业内部参与生产过程的人、财、物等生产要素，在一定技术组织条件下经过综合平衡，所能生产一定种类和一定质量产品的最大数量。生产能力是一个动态概念，随着科技进步和生产组织的完善以及企业产品品种和结构的变化而变化。

（二）生产能力的表示方法

（1）用常规实物量表示的计量单位。例如，数量单位有个、件、台、辆等；重量单位有吨、千克等。

（2）用标准产品表示的计量单位。如电机用标准千瓦、棉纺用标准支纱、拖拉机用标准马力等。

（3）用代表产品表示的计量单位。代表产品通常是指企业具有发展方向的主要产品，产量大、结构工艺上具有代表性的产品。如机械企业中选择一种机床作为代表产品，而其他品种可以通过换算系数折合为代表产品。

（4）用平方米/小时表示的计量单位。平方米/小时即为一平方米面积占用一小时生产能力。一般产品产量取决于生产的面积大小和占用时间的长短，故用平方米/小时作为计量单位。

知识链接

企业生产能力的大小取决于许多因素，如设备、工具、生产面积、工艺方法、原材料、劳动力、标准化和专业化水平等，但主要由以下三个要素决定：

（1）固定资产的数量；

（2）固定资产工作时间；

（3）固定资产的生产效率。

三、生产系统设计

生产系统的设计是运用科学的方法对生产系统进行选择，并对组成企业的各基本单位、各种生产设施及劳动的状态与过程进行合理的配置，使之形成一个协调、高效、经济的生产运作系统。

生产系统设计的内容包括：对生产系统的选择、对生产过程的空间组织及时间组织，对生产计划及生产作业计划的编制，生产计划和作业计划的实施与控制，生产现场管理等内容。

知识链接

生产系统的设计，从新建厂址的选址（或是改建原厂）、生产部门构建到产品生产，最终完成企业目标，应该是一个贯穿全过程的行为，所以是一项系统的工作，不能割裂地、单纯地当作产品生产过程来看。产品生产过程设计只能算做生产系统设计的一个重要组成部分，生产系统设计包括以下几方面的内容：

（1）对新厂址选择（包括工厂、配送中心、门店等的选址）；

（2）改建、扩建原有的生产单位或营业场所；

（3）生产能力规划、生产部门布置、设备布置等的决策过程；

（4）生产时间的组织控制、生产线的选择、生产过程的控制等。

生产系统设计不能理解为只是针对生产过程的设计服务，而是指为实现企业经营目标，有效地利用生产资源，对企业生产过程进行计划、组织、控制，生产出满足市场需要的产品或提供服务的管理活动的总称。

下面介绍生产过程中生产系统的布置原则、组织形式、生产系统的流程分析以及流水线生产的优化设计。

（一）生产系统的总体布置

生产系统的总体布置指以科学的方法和手段为企业选择一个合适的建厂地点，并对组成工厂的各个部分、各种生产设施与设备以及厂内运输线路等物质要素在平面和空间上进行合理配置，使之形成有机的系统，从而能以最经济的方式和较高的效率满足生产经营的要求。

1. 厂址选择

厂址选择就是确定企业坐落的区域位置。

（1）厂址选择应考虑的因素。

1）地理条件、气候条件、交通运输、劳动力来源、产品销售条件；

2）资源条件、能源供应、水源与排水条件；

3）厂址四周应有适当的扩展余地、料场条件；

4）符合环境保护要求；

5）符合防震、防火、防水等安全要求；

6）职工的生活、交通、开展科研和教育的条件。

（2）厂址选择的方法。

1）单一设施选址。是指独立地选择一个新的设施地点，其运营不受企业现有设施网络的影响。在有些情况下，所要选择位置的新设施是现有设施网络中的一部分，如某餐饮公司要新开一个餐馆，但餐馆是与现有的其他餐馆独立运营的，这种情况也可看作单一设施选址。

单一设施选址可采用以下几种方法：

（1）负荷距离法。是在若干个候选方案中，选定一个目标方案，它可以使总负荷（货物、人或其他）移动的距离最小，当与市场的接近程度等因素至关重要时，使用这一方法可从众多候选方案中快速筛选出最有吸引力的方案。

（2）因素评分法。它在常用的选址方法中也许是使用最广泛的一种，因为其以简单易懂的模式将各种不同因素综合起来。运用这种因素评分法应注意，在运用因素评分法计算过程中可以感觉到，由于确定权数和等级得分完全靠人的主观判断，只要判断有误差就会影响评分数值，最后影响决策的可能性。目前关于确定权数的方法很多，比较客观准确的方法是层次分析法。

（3）盈亏分析法。是厂房选址的一种基本方法，亦称生产成本比较分析法。这种方法基于以下假设：可供选择的各个方案均能满足厂址选择的基本要求，但各方案的投资额不同，投产以后原材料、燃料、动力等变动成本不同，这时可利用损益平衡分析法的原理，以投产后生产成本的高低作为比较的标准。

（4）选址度量法。是一种既考虑定量因素又考虑定性因素的用以支持设施选址的方法。

（5）重心法。这种方法要考虑现有设施之间的距离和要运输的货物量。它经常用于中间仓库的选择，在最简单的情况下，这种方法假设运入和运出成本是相等的，它并未考虑在不满载的情况下增加的特殊运输费用。

2）设施网络选址。新址选择比单一设施选择问题更复杂，因为在这种情况下决定新设施的地点位置时，还必须同时考虑到新设施与其他现有设施之间的相互影响和作用，如果规划的好，各个设施之间会相互促进，否则就会起到负面作用。

设施网络选址包括以下几个方法：

（1）简单的中线模式法。这种方法只假设坐标上最优的点（即使总的运输距离最短的点）是一个可行的建厂点，并不考虑在那里现在是否有道路，也不考虑自然、地形、人口密度，以及其他许多在布点时应考虑的重要事项。

（2）德尔菲分析模型。当选址分析涉及多个设施和多个目标，其决策目标相对要考虑的因素多，解决这类选址可使用德尔菲分析模型，该模型在决策过程中考虑了各种影响因素。使用德尔菲分析模型涉及三个小组，即协调小组、预测小组和战略小组，每个小组在决策中发挥不同的作用。

（3）启发式方法。只寻找可行解，而不是最优解，如果把所有的可行性方案及布点条件分别假设为 m 和 n，m 和 n 可自由组合成几百、几千的选址方案。

（4）模拟方法。在选址问题中，模拟可以使分析者通过反复改变和组合各种参数，多次试行来评价不同的选址方案，模拟方法可描述多方面的影响因素。

一个生产系统的设计在很大程度上取决于它的厂址选择。就工厂设计的纯物质因素而言，建厂地址可以决定是否需要买进动力，决定供热和通风要求的大小，决定制造部件所需的生产能力，决定原料仓库的面积大小等。从运行成本和资本成本的观点来看，装运原料和成品的方便、劳动成本、税收等，都影响一个企业的竞争能力。对于多厂情况的厂址分析则更为复杂。增建一个新厂，并不是独立于现有规模厂区之外单独决定厂址问题，它包含对市场区域供应能力的重新安排问题。因此，从经济的角度来考虑，使工厂网络整体实现生产和分配的成本最小化才是恰当选择。

实例链接

例 4—1

有一家豆制品工厂，生产各类豆制品十多种，其中豆腐、豆浆等豆制品需要每日送货，现在企业原厂进行搬迁，有几个场地可供选择作为新址。

（1）A 厂区，租用市食品厂区四分之一厂房，面积小，只有原豆制品厂的一半，但距离几个供货的超市和农贸市场距离近。由于厂区面积小，原来大量存储原材料的库房面积大大减小，使原来每一个月补进一次原材料改为现在需要一个星期就补进一次原材料。另外，现有的排水系统等厂房建筑需要大面积改造，工人住所离厂区近，交通便利。

（2）B 厂区，远郊区，是一所废弃的小学，厂区面积大，有可建设仓库的空地，距离原材料产地近，产品运输到市内时间长，工人住所离厂区远，交通不便。

（3）C 厂区，市近郊，原来是一间手工豆腐坊，还有大量闲置的房子，需要大规模改建，才能符合标准化生产的厂房，距离市区多个供货点比较近，仓库面积适中，距离工人住所适中。

现在请您帮助该工厂进行选址，并谈谈自己选址时候考虑的主要因素。

分析提示：

在选址的时候，首先要考虑企业的类型，找出企业选址的主要影响因素，例如企业类型、产品销售条件、物料运输条件等，然后基于一种选址方法进行选址。

---

2. 工厂总平面设计

从系统的观点出发，统筹兼顾、全面规划、合理部署，讲求整体最优。

工厂平面布置是一个生产系统设计的综合阶段。它的基本目的是建立一种生产体系，使它能以最经济的方式满足生产能力和质量上的要求。完整的生产系统必须提供足够的机器、工作场地和物资储备，以便为各种部件和产品制定可行的生产进度表。从长远的角度来考虑，这个完整的生产系统应该具有适当的灵活性，尽量多考虑互相影响的因素。其实，现实中并不存在能将为数众多的彼此影响的因素全面整合而实现最优设计的一般原理。但是，工厂平面布置时，综合考虑厂址选择、生产能力设计和总体制造方式等问题依然是非常重要的。

（1）工厂总平面布置应遵循的原则。

1）最短距离和单一流向原则；

2）立体原则；

3）安全原则；

4）弹性原则。

（2）工厂总平面设计的内容。

1）基本生产部分——各种机械加工设备要符合生产工艺流程的要求，尽量缩短物料流程；

2）辅助生产部分——如机修组、电工组、磨刀间等，便于向基本生产部分提供服务；

3）仓库部分——如中间库、工具室等；

4）过道部分的设计要考虑物料运输与安全的需要；

5）车间管理部分，如办公室、资料室等设计；

6）生活设施部分，如休息室、盥洗室、更衣室的设计要便于职工使用。

（二）生产系统的布置设计

产品从投入到产出的生产全过程，是在一定的时空范围内进行的。生产系统的布置设计中一个很重要的内容即是车间布置。所谓车间，是生产性企业内独立的、基本的组成单位。即完成企业生产过程的某一工艺阶段（如机械加工、装配、炼铁、炼钢、轧制）、某一种产品或部件以及从事某一类辅助生产（机修、工具制造等）的独立生产单位。车间如何布置直接关系企业生产过程的诸生产要素能否优化配置，企业的生产经营活动能否有效进行。

车间布置是生产过程空间组织的一个重要方面，就是要按一定的原则、设备之间的相互位置，使其形成一个有机整体进而完成车间的具体功能和任务。生产车间的内部布置按以下原则构成四种基本组织形式：

（1）按工艺原则布置。按生产工艺性质来划分生产单位、布置车间（或工段、小组）。在按工艺原则布置的生产单位里，集中着同种类型的工艺设备，对企业的各种产品（零件）进行相同工艺的加工，如车、铣、钳、锻压、轧钢等车间、工段、小组。

（2）按对象原则布置。在按对象布置的生产单位里，集中了为制造某种产品所需要的各种设备。工艺过程是封闭的，不用跨越其他生产单位就能独立地或相对独立地出产产品，也可以说产品生产过程的全部或大部分是在一个封闭的车间内完成的。如汽车制造厂的底盘车间、发动机车间。

（3）按工艺原则和对象原则的有机结合布置。这种原则吸取了二者的优点，一般来说，工艺原则常适用于单件、小批量型生产，对象原则适用于成批、大量生产类型。在一个车间内部，有些工段和班组可把工艺原则和对象原则综合利用，来满足成批生产效率的提高。

（4）按定位原则布置。一般产品在生产时，都是加工的设备在一个地方固定不动，而被加工的产品按照工艺顺序在不同的设备间移动。定位布置实际上就是让产品留在一个地方，而把所需的工具、设备和技术工人送到那里，去从事相应的作业。像制造船舶、大型飞机、机车和重型机器等的场地布置往往采取这种方法。

知识链接

生产系统设计首先通过对材料、公差、基本结构、各个部件的连接方法等加以规定，追求具体环节的最小成本。然后通过流程规划，设计出能满足产品功能要求的过程及顺序。

伯法认为，在选择材料和初次加工形式（如铸造、锻制、压铸）的产品设计阶段，就必须开始着眼于基本流程规划。基本流程主要是从细节上确定各个生产环节的衔接顺序。生产设计的终点是产品图纸的完成，图纸要概括出要做什么的详细说明。这一产品设计的终点恰好是流程规划的起点。如果产品是小批量制造，流程规划师可能会充分考虑现有设备的利用；如果是大批量生产而且设计的稳定性高，流程规划师就可能考虑采用专用设备，或对现有设备进行专用的平面布置。

伯法认为，流程规划师在履行职能时，需要做出生产系统的基本设计。有关生产过程的广博知识，提供了流程设计师合理考虑各种基本方案的基础。生产过程不仅包含生产活动中的所有变量，而且包括从纯手工操作到全自动化的所有作业方式。伯法指出，流程规划必须同物资设备的平面布置结合起来。某些流程规划，就植根于生产系统设计的平面布置阶段。为了适应设备上和顺序上的限制，充分利用相应空间，改进技术方法，调整操作程序，可对原来的流程规划做出修改。

一个企业究竟按哪一种形式来进行生产过程的设置，必须从企业的具体条件出发，全面分析不同设置形式的技术经济效果，根据实际情况、实际条件来寻求适当的系统设计方法并且考虑企业长远战略决策和目前生产经营的需要。

情境任务 2　制订生产计划

◎情境导入

李强带领团队终于完成了生产工厂的建设。李强想，现在工厂有了，接下来该如何生产呢？每年生产多少？每月每天生产多少？该如何计划呢？张诚是公司的生产总监，李强让张诚研究制订公司年度生产计划。同学们，让我们和张诚一起学习如何制订生产计划吧。

> **思考：有人说"计划没有变化快"，你认为做计划有哪些作用？**

行动任务　制订生产计划

1. 任务描述

根据学习情境 3 中制订的企业经营计划，依据公司年度利润目标和销售目标，制订本公司生产计划。

2. 任务建议

以小组为单位，由生产总监带头负责制订生产计划，让小组每个人都有机会作为团队领导进行组织学习，锻炼领导能力。

3. 任务要求

团队要结合利润目标同时要考虑上文中设计的企业生产能力来制订企业生产计划。最终将生产计划用 A4 纸打印上交，格式自定义（可网上搜索生产计划书样本做参考）。

学习任务　制订生产计划

企业的生产计划是企业经营计划的主要组成部分，生产作业计划是年度生产计划的具体执行计划。正确制订生产计划与生产作业计划，不仅可以使企业生产的产品在品种、质量、数量和生产时间上满足市场需要；同时，又能促使企业充分利用人力、物力和财力，降低成本，增加利润，创造更多价值。

一、生产计划

（一）生产计划的概念

生产计划是企业生产管理的依据，它是对企业的生产任务做出的统筹安排，规定了企业在计划期内产品生产的品种、质量、数量和进度等指标。企业的生产计划是依据企业的产品销售计划而制订的，它是企业经营计划的重要组成部分。

生产计划按照时间可划分：

（1）长期计划。是生产方面的长远规划，按五年或更长期限编制。

（2）中期计划。是按两年或三年编制的生产发展规划。

（3）短期计划。是年度生产计划和时间更短的生产作业计划。

生产计划是企业发展规划中的一个重要组成部分，企业年度计划是编制其他计划的重要依据。企业生产计划既是实现企业经营目标的手段，也是组织企业生产有计划进行的依据。

（二）生产计划的主要指标

企业生产计划的中心内容是确定生产指标。生产计划的主要指标包括产品品种、产品产量、产值指标等。这些指标的经济内容相同，它们从不同角度反映企业计划期内的生产成果、生产技术水平和经营管理水平。

知识链接

（1）品种指标。是企业在报告期内规定生产的产品名称、型号、规格、种类和数量。

（2）质量指标。产品质量指标包括两大类：一类是反映产品本身内在质量的指标，主要是产品平均技术性能、产品质量分等；另一类是反映产品生产过程中工作质量的指标，如质量损失率、废品率、成品返修率等。

（3）产量指标。是指企业在一定时期内生产的、符合产品质量要求的实物数量和工业性劳务的数量。

（4）产值指标。是用货币表示的产量指标，能综合反映企业生产经营活动成果，以便进行不同行业间比较。根据具体内容与作用不同，分为商品产值、总产值和净产值三种形式。

生产计划的各项指标有其不同的经济内容和作用，从不同的侧面反映了对企业生产的要求，它们之间的关系是十分密切的。产品的品种、质量与实物数量指标在生产计划中起主导作用，是计算各项产值指标的基础，而各项产值指标又是企业生产成果的综合反映。企业在编制生产计划时，一般应首先安排产品品种、质量与产量，然后计算产值。

产值指标分为工业总产值、工业增加值与工业销售产值三种形式。

知识链接

（1）工业总产值：它是用货币表现的工业企业在报告期内生产的工业最终产品或提供工业性劳务活动的总价值量，总产值指标反映了一定时期内企业生产总的规模和水平，是计算企业生产发展速度及劳动生产率指标的重要依据。

（2）工业增加值：是指工业企业在报告期内以货币形式表现的工业生产活动的最终成果，是企业生产过程中新增加的价值。工业增加值指标全面反映了工业生产发展的规模、速度、效益和结构。工业增加值指标表明企业在计划期内新创造的价值，它一般按现行价格计算。计算工业增加值，可采用生产法与分配法。

生产法计算工业增加值的通用计算公式为：

工业增加值＝工业总产出－工业中间投入＋本期应交增值税

工业中间投入＝直接材料＋制造费用中的中间投入＋管理费用中的中间投入＋
　　　　　　　销售费用中的中间投入＋利息支出

本期应交增值税＝销项税额－进项税额

按分配法计算工艺增加值，是从工业生产过程中创造的原始收入初次分配的角度对工业生产活动成果进行核算的方法。

按分配法计算工业增加值的公式为：

工业增加值＝劳动者报酬＋固定资产折旧＋生产税净额＋营业盈余

（3）工业销售产值：它是以货币表现的工业企业在报告期内销售的工业产品总量。包括已销售的成品、半成品价值、对外提供的劳务价值，对本单位基本建设部门、生产福利部门等提供的产品和劳务费及自制设备的价值。

（三）生产计划的编制程序

编制生产计划的主要内容是确定生产计划指标。确定生产计划指标，就是确定计划期内生产什么产品、质量要求如何、生产多少。

确定这些指标的原则是：既要满足社会需要，又要符合企业的实际能力，把社会需要与企业生产可能结合起来，搞好综合平衡。

一般要经过以下几个阶段，做好以下几方面的工作：

1. 收集资料，做好调查研究和市场预测

这项工作是预测计划期的市场需求、核算企业自身的生产能力，为确定生产计划提供外部需要和内部可能的依据。

2. 提出生产计划方案

即计划部门提出生产计划的若干可行方案，并对各方面进行分析评价，选择较优的可行方案。

3. 进行综合平衡，确定最佳生产计划方案

这个阶段需将初步拟定的生产计划与生产条件进行全面反复的综合平衡。综合平衡的主要内容有以下几个方面：

（1）生产任务与设备生产能力之间的平衡；

（2）生产任务与劳动力之间的平衡；

（3）生产任务与物资供应之间的平衡；

（4）生产任务与生产技术准备工作的平衡；

（5）生产任务与资金占用的平衡；

（6）生产指标之间的平衡。

通过综合平衡，做到统筹安排，确定生产计划，使企业的生产计划方案达到最佳。

（四）讨论修正批准实施

根据综合平衡的结果，制订出生产计划。计划制订出来之后经过相关部门管理人员和车间的工作人员讨论后，需要根据生产实践对有关部分进行调整和修正，计划表的形式见表 4—1。汇总修正的结果，上报到主管部门进行批准后，就可以组织实施了。

表 4—1　　　　　　　　　　　　某公司 2014 年产值和产品产量计划

序号	项目	单位	2013 年预计	2014 年计划	2014 年各季度安排				2014 年计划为 2013 年预计的％
					一季度	二季度	三季度	四季度	
1	总产值（按不变价格计算）	万元							
2	商品产值（按现行价格计算）	万元							
3	主要产品产量 甲产品 乙产品Ⅰ型 乙产品Ⅱ型	台							
4	机械维修备件	件							
5	工业性作业	万元							
6	自制设备	台							
7	新产品	台							
8	工业增加值	万元							

（五）产品出产进度的安排

安排产品出产进度，就是将全年的生产任务，按品种、规格和数量具体地按季、按月进行分配。安排产品出产进度时要保证产品品种、数量、质量、出产期限任务的完成；进行各种产品的合理搭配，使企业各车间在全年各季、各月的负荷比较均衡；注意与生产技术准备工作和物资准备工作进度以及各项技术组织措施实施时间结合起来。

二、生产作业计划

生产作业计划是生产计划的具体执行计划。它是把生产计划制定的任务，具体地分配到车间、工段、班组以至每个工作地和个人，规定他们在月、旬、周、日轮班以至小时的生产任务，从而保证按品种、质量、数量、期限和成本完成生产计划。

生产作业计划工作，一般包括制定生产作业计划期量标准、编制生产作业计划、生产作业控制等内容。

（一）制定生产作业计划期量标准

期量标准又称作业计划标准，是指在一定的生产技术及组织条件下，对生产作业计划中的生产期限和生产数量，经科学分析和计算而规定的系列标准数据，是编制生产计划的重要依据之一。

由于企业的生产类型和生产组织形式不同，因而采用的期量标准也就不同。大量流水生产的期量标准有节拍、流水线工作指示图表、在制品定额等；成批生产的期量标准有批量、生产间隔期、生产周期、生产提前期、在制品定额、交货期等；单件生产的期量标准有生产周期、生产提前期等，这里着重介绍批量和生产间隔期、生产周期、生产提前期和在制品定额的制定。

1. 批量和生产间隔期

批量是指一次投入或出产相同制品的数量。生产间隔期是指前后两批相同制品投入或出产的间隔时间。批量与生产间间隔期的关系可用下列公式表示：

批量＝生产间隔期×平均日产量

批量大小、生产间隔期的长短对生产的经济效益有很大的影响。如何正确确定一批零件的批量是生产企业首先要慎重考虑的问题。批量大、设备调整次数少，其费用相应减少、设备利用率高，同时也有利于提高工人的劳动熟练程度，稳定产品质量和提高劳动生产率，简化生产的组织管理工作和生产技术准备工作。但是，批量大也存在多种弊病，一方面会造成产品生产周期延长，交货期推迟；另一方面会造成在制品储备量增大，占用较多的流动资金和生产面积。因此，要权衡利弊，合理确定生产的批量。

> **知识链接**
>
> 如何提高生产效率，缩短时间间隔期，主要体现在路线卡和作业卡等文件中。
>
> 路线卡包括现实所要求的作业、作业的顺序、每项作业所用的机器和设备，以及规定的设备装置时间和工件的制造时间。
>
> 作业卡是用来更具体地说明制造方法的，它为完成每项作业提供标准的操作方法，详尽地说明如何完成这项作业。
>
> 路线卡连同作业卡一起，规定怎样制造部件或产品。这些文件对于制造型企业来说是基本的。在设计一个生产系统时，这些文件所起的作用同图纸在一个部件或产品设计中的作用是一样的。图纸用来说明做什么，路线卡和作业卡用来说明怎么做。
>
> 有了路线卡和作业卡，工人在操作的过程中就能规范操作，缩短生产间隔期，提高批量生产的效率。

2. 生产周期

生产周期又叫生产循环期，是指产品从原材料投入生产起，直到最后完成为止所经过的全部日历时间。产品的生产周期由各个零部件的生产周期、所有零部件的装配时间所组成，而零部件的生产周期则由该零部件的各个工艺阶段或工序的生产周期所组成。缩短生产周期，对于企业提高劳动生产率，加速资金周转，降低成本，保证交货时间，提高企业在市场上的竞争能力和社会效益、经济效益都有着十分重要的作用。

3. 生产提前期

生产提前期是指产品在各车间生产或投入的日期比成品生产日期所提前的日期。每个车间都有两个提前期，一个是出产提前期，另一个是投入提前期。其计算公式为：

车间投入提前期＝本车间出产提前期＋本车间生产周期

车间出产提前期＝后车间投入提前期＋保险期

4. 在制品定额

在制品定额是指在一定技术组织条件下，为了保证生产连续而均衡地进行所必需的最低限度的在制品数量。拥有一定数量的在制品是保证生产正常进行的客观需要，但在制品过多，就会增加生产面积和资金占用，影响经济效益；如果在制品过少，往往会导致生产脱节，设备停歇。因此，必须把在制品定额控制在适当的水平。车间在制品定额、库存半成品定额计算公式如下：

车间在制品定额＝平均每日出产量×车间生产周期＋保险储备量

库存半成品定额＝后车间平均每日需要量×库存定额天数＋保险储备量

或

在制品定额＝生产周期×平均日产量

(二) 编制生产作业计划

编制生产作业计划包括编制分车间的作业计划及分工段或分小组的作业计划。这两步工作的方法、原理是相同的，区别是计划编制的详细程度和责任单位有所不同。分车间的作业计划由厂部编制，它解决车间与车间之间生产数量及时间衔接等平衡问题。对于对象专业化车间，因各个车间平行地完成各种不同产品的生产任务，按照车间的产品分工、生产能力和各种具体生产条件直接分配给各车间。对于工艺专业化车间，因各个车间之间依次提供半成品，则应根据生产类型和其他情况采用下列方法：

1. 在制品定额法

在制品定额法适用于大量大批生产类型。这类企业生产品种比较单一，产量比较大，工艺和各车间的分工协作关系密切、稳定，只要把在制品控制在定额水平，就可以保证生产过程协调正常地进行。采用在制品定额法，就是运用预先制定的在制品定额，按照产品的反工艺顺序，从出产成品的最后车间开始，连续地计算各车间的出产量和投入量。其计算公式如下：

$$\frac{某车间}{出产量}＝\frac{后车间}{投入量}＋\frac{本车间半成品}{外销量}＋\left(\frac{库存半成品}{定额}＋\frac{期初库存半成品}{预计结存量}\right)$$

$$\frac{某车间}{投入量}＝\frac{车间}{出产量}＋\frac{本车间}{废品量}＋\left(\frac{车间在制品}{定额}＋\frac{期初车间在制品}{预计结存量}\right)$$

2. 提前期法

提前期法适用于成批生产的企业，这类企业各种产品轮番生产，各个生产环节结存的在制品的品种和数量经常不一致。但是各种主要产品的生产间隔期、批量、生产周期和提前期都比较固定，因此，可以采用提前期法来规定车间的生产任务。所谓提前期法，就是将预先制定的提前期标准转化为提前量来规定车间的生产任务，使车间之间由"期"的衔接变为"量"的衔接。其计算公式如下：

提前量＝提前期×平均日产量

采用提前期法，因为需对生产的产品实行累计编号，所以又称累计编号法。所谓累计编号，是指从年初或从开始生产这种产品起，依成品出产的先后顺序，为每一单位产品编上一个累计号码。最先生产的那一单位产品编为1号，以此类推，累计编号。因此，在同一时间上，越是处于生产完工阶段上的产品，其编号越小；越是处于生产开始阶段的产品，其累计编号越大。在同一时间上，产品在某一生产环节上的累计号数，同成品出产累计号数相比，相差的号数就叫提前量。

3. 生产周期法

生产周期法适用于单件小批生产企业。这类企业的生产任务多数是根据订货合同来确定的，生产的品种、数量和时间都很不稳定，产品是一次性生产或不定期重复生产。因此，各车间的生产在数量上衔接比较简单。其关键是合理搭配订货，调整处理类似品种多样与保持车间均衡负荷之间的矛盾。

采用生产周期法规定车间的生产任务，就是根据订货合同规定的交货期限，为每一批订货编制出产品生产周期进度表，然后根据各种产品的生产周期进度表，确定各车间在计划月份应该投入和出产的订货项目，以及各项订货在车间投入和出产的时间。通过产品投入和出产进度表，就可以保证各车间的衔接，协调各种产品的生产进度和平衡车间的生产能力。

4. 滚动式计划的编制方法

滚动式计划法是一种编制计划的新方法，既可以用来编制长期计划，也可用以编制年度、季度、月度以至更短时期的计划。它的特点是将整个计划期分为几个时间段，其中第一个阶段的计划为执行计划，后几个阶段的计划为预定计划。执行计划中的任务规定得比较具体，要求按计划实施，预定计划中的任务规定得比较粗略。每经过一个时间阶段，应根据计划的完成情况，以及企业内部、外部条件的变化和经营方针的调控，对原来的预定计划做出调整和修改，并将计划向前推进一个时间阶段，使原预计计划中的第一个时间阶段的计划变成执行计划。这样，计划便具有较强的连续性，更能符合客观实际和实现的可能性。例如，编制滚动式年度生产作业计划，需每次编四个季度的生产作业计划，每隔一个季度（即滚动期）修订一次计划，并向前推进一个季度。滚动式生产作业计划法形式示例如图4—1所示。

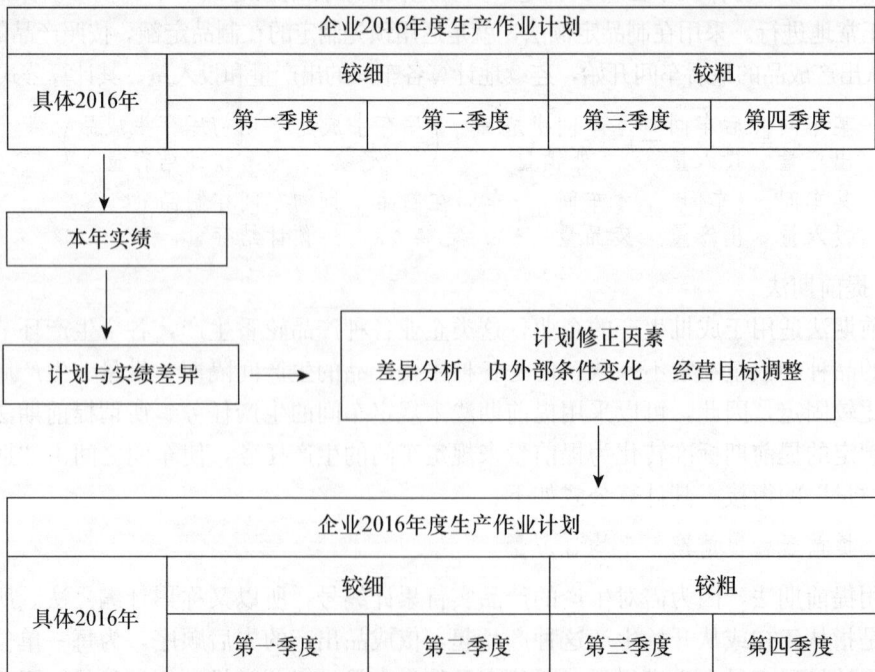

图4—1　滚动式生产作业计划法形式

知识链接

PDCA 循环法

PDCA 循环法，就是按照计划（Plan）、执行（Do）、检查（Check）和处理（Action）四个阶段的顺序，周而复始地循环进行计划管理的一种工作方法。这种方法的主要内容是：在计划阶段，确定企业经营方针、目标，制订经营计划，并把经营计划的目标和措施项目落实到企业各部门、各环节；在执行阶段，将制订的各项目具体计划，按各部门、各环节进行组织实施；在检查阶段，要根据检查的结果采取措施，修正偏差，并转入新的一个循环。每一次循环都有新的内容和要求，完成一个循环就应解决一些问题，使计划水平有进一步提高。企业各个层次的计划都实行 PDCA 的循环，可以使计划的编制、执行、控制有机结合，提高企业计划实效。

三、生产作业控制

生产作业计划在执行过程中的监督、检查、调度和校正称为生产作业控制。生产作业控制的内容包括生产调度、生产进度控制、在制品占用量控制。

（一）生产调度

生产调度是指对执行生产作业计划的过程直接进行控制和调节，主要内容包括：

（1）检查生产作业准备进行情况，协助和督促有关部门做好这项工作；

（2）检查生产作业计划的执行情况，掌握生产动态；

（3）根据生产需要合理调配劳动力，保证各生产环节协调地进行生产；

（4）检查和了解设备的运行和利用情况，协助和督促有关部门做好设备的维修保养工作；

（5）组织好厂级和车间的生产调度会议，研究和制定克服生产中薄弱环节的措施，并组织有关部门限期解决；

（6）检查和调整厂内运输工作。

（二）生产进度控制

生产进度控制是指对原材料投入生产到成品入库为止的全过程进行控制，包括时间和数量控制两个方面。生产进度控制的主要内容包括投入进度控制、出产进度控制、工序进度控制和在制品控制。

（三）在制品占用量控制

在制品占用量控制是指对生产过程各个环节的在制品实物和账目进行控制。主要包括：控制车间内各工序之间在制品的流转和跨车间协作工序在制品的流转，加强检查对在制品流转的控制。

此外，还可以采用看板管理控制在制品占用量。

情境任务 3　组织生产过程

◎情境导入

张诚带领小组成员完成了公司生产计划书，李强看后很满意。那么现在就可以按照生产计划生产自己的产品了，大家都很高兴，可是具体怎么生产呢？

> **思考：你知道什么是流水线吗？**

行动任务　参观附近企业的生产车间

1. 任务描述

由教师联系周边有代表性的生产企业，带领学生参观生产车间。

2. 任务建议

由于本情境任务不适合模拟，所以建议教师带领，全班以小组为单位，有序参观周边生产企业的生产流程的各个环节，以了解企业实际是如何组织生产的。

3. 任务要求

参观期间要注意人身安全，仔细观察，最后每人写一份参观体会，用A4纸打印上交，格式自定义。

学习任务　组织生产过程

生产过程组织是企业生产管理的重要内容，它是研究企业怎样从空间上和时间上合理地组织产品生产，使生产过程能以尽量少的劳动消耗和劳动占用，生产出尽可能多的符合市场需要的产品，从而获得最好的经济效益。

情境案例

日本丰田汽车公司的精益生产方式

日本丰田汽车公司提出的精益生产方式，是继美国福特汽车公司提出大量生产方式后，对人类社会和企业生产产生重大影响的又一种生产方式，是现代工业化的一个新的代表。现代社会化大生产的不断发展，给企业现场管理提出了更高、更新的要求。按精益生产方式的要求，生产现场管理必须合理地组织现场的各种生产要素，做到人流、物流运转有序，信息流及时准确，使生产现场始终处于正常、有序、可控的状态。具体地讲，要做到生产上精心组织，管理上精雕细刻，工艺上精益求精，成本上精打细算，操作上精耕细作，精神上精诚团结。

（1）生产上精心组织。精益生产方式的一个主要原则是以社会需求、市场需求为依据，以充分发挥人的作用为根本，运用多种现代管理手段和方法，有效配置和合理使用企业资源，力求取得最大的经济效益。为了适应当前激烈竞争的市场，企业应把精心组织好生产，作为搞好生产现场管理的首要任务，同时以市场需求指导现场管理，根据市场行情和产品效益状况，调度生产现场的运作。对盈利的产品满产高产，微利或市场不好的产品限产，没有边际利润的产品停产。本着精简、合理、优化、高效的原则，根据市场需要，重新核定生产现场岗位的定员定编。对生产能力过剩的生产装置，可通过对生产工艺线的整体分配和生产负荷的系统测算，反复平衡、调整，实行岗位优化组合、人员竞争上岗，把人力消耗和人工成本降到最低点。需加强对生产现场的规范管理，优化生产现场，对不利于生产的有效运行、影响生产现场整体形象的现场问题，下大力气治理整改，创造安全、稳定、有效生产、良好的现场环境。

（2）管理上精雕细刻。

（3）工艺上精益求精。

（4）成本上精打细算。

（5）操作上精耕细作。为了提高现场人员的操作水平，需规范操作行为，确保操作无误。企业可在生产一线操作岗位开展优秀操作员评选和操作无差错竞赛活动，定期举办操作工培训班，推广生产一线劳动模范创造的先进操作法；进行操作失误反思；适应不同的操作岗位和专业要求，制定不同的操作规程（比如工艺操作规程、安全操作规程、设备操作规程等）。这样可以提高广大操作人员的实际操作技能。

（6）精神上精诚团结。坚持以人为本，把行为科学和企业文化原理运用到生产现场管理中，以现场团队精神为核心，做到精诚合作、精诚团结，努力培养和造就一批优秀现场人，是企业生产现场管理的主要精神宗旨。

资料来源：圣才学习网。

一、生产系统

（一）生产系统的含义及构成

生产系统是由若干要素构成的，并将投入要素转换成为某种产出要素的一个有机整体。生产系统是企业系统中的一个子系统，是支撑企业生产过程运行的物质基础。生产系统由系统的硬件和软件两部分组成。

生产系统的硬件通常是指生产场地、厂房、机器设备、工位器具、运输工具以及各种生产设施，这些构成了生产系统的物质形式。这些硬件要按一定的数量比例和一定的空间布局进行配置。

生产系统的软件是指生产组织形式、人员配备要求、工作制度、运作方式及管理上的各种规章制度。它是安排和控制生产过程顺利进行的规范和手段。软件系统的组成因素比较复杂，特别是在实施时受人的因素的影响较大，往往同一套制度和方法，由于贯彻时把握上的不一致，产生的效果便会有很大的差异。这是软件系统的重要特点。

（二）生产系统的功能目标

如何构造企业的生产系统，取决于对系统提出什么样的功能要求。制造企业生产系统的主要功能是制造产品。要制造什么样的产品决定了需要什么样的生产系统。一个企业决定生产何种产品，受社会需求和市场竞争状况的影响，也取决于企业采用何种经营战略。所以设计和构造一个生产系统，要求它具有什么样的功能，就取决于用户对产品的要求和企业的经营战略。

具体地说，用户需求就是用户对产品的各种要求。用户的需求归纳起来可以分为款式、质量、数量、价格、服务、交货期和环保与安全七个方面。

用户对产品提出的上述七方面的要求，是通过企业生产系统加工出相应的产品来得到满足的。因此，企业的生产系统就应该具备以下七个方面的功能，形成生产系统基本的功能目标体系。

（1）创新。即生产系统开发新产品的能力，对产品系列宽度和深度的扩展能力。创新能力还表现为对新技术、新工艺的采用吸收能力、应用能力和系统自我完善的能力。

（2）质量保证。指生产系统对产品质量的保证能力。生产系统从产品设计、制造工艺、原材料供应和作业过程等多方面来控制产品的质量，使之达到规定的标准，使顾客满意，并能保持质量的稳定性。

（3）柔性。柔性是指生产系统对产品品种、款式和生产数量变化的应变能力。由于市场需求多变，而且变化的速度大大加快，因此对生产系统的柔性要求将越来越高。

（4）成本。指生产系统对产品制造成本的控制能力。保持低的成本水平，有利于企业在价格上拥有竞争优势。

（5）继承性。产品升级或更新换代的速度加快，为了使用户在产品升级后减少损失，就要求所生产的产品有继承性、可扩展性和兼容性。

（6）按期交货。产品能否按期交货，取决于产品的生产技术准备周期和制造周期。缩短准备周期和制造周期，提高按期交货的保证能力，与生产系统的组织形式及所采用的计划控制方式有密切关系。

（7）环保与安全。要使产品满足环保与安全的需要，就要求企业的生产系统为绿色生产系统，在制造过程不对环境产生污染，生产的产品符合安全要求和不污染环境的要求。

以上七项功能就是生产系统的功能目标体系。它们是一个整体，只有每一项功能都达到当时社会要求的基准水平，生产系统产出的产品才能在市场被接受。

用户的需求通过产品转化为对生产系统的功能要求，在这一转化过程中还会受到企业经营战略的影响。随着市场经济的不断发展，卖方市场向买方市场的转变，企业面临市场的严峻挑战。一切为了用户，一切满足用户，始终是企业的生产经营宗旨。鉴于目前用户对产品的工艺要求越来越严格、越来越挑剔，为了满足不同层次的用户需求，在激烈的市场竞争条件下，企业不能只满足于自己的产品能达到上述七方面的基准要求，还应要求产品具有一定的特色，即能满足目标市场中用户提出的特殊需求。同时也为了争夺顾客、争夺市场份额，企业有必要制定一系列优化生产工艺方案，不断改进产品工艺和配方，增强产品的竞争能力。

下面我们用图4—2从三个方面分析企业经营战略对产品的要求、用户与社会对产品提出的要求、产品对企业生产系统提出的要求。

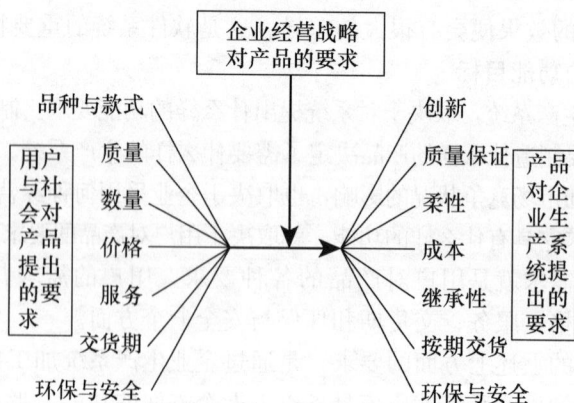

图4—2　用户需求与生产系统功能目标的关系

二、生产过程及其组织要求

（一）企业生产过程

企业生产过程就是在企业活动过程中，把资源转化为产品和服务的过程，这一过程也是价值增值的过程。生产过程示意图如图 4—3 所示。

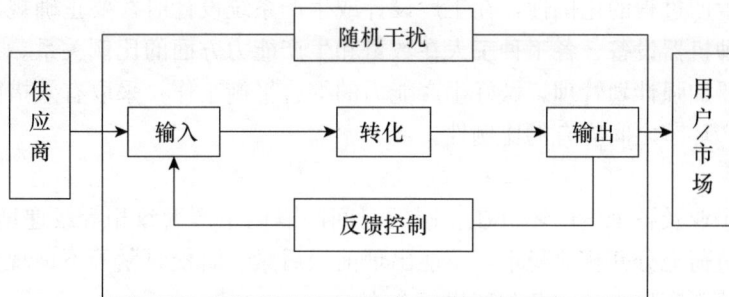

图 4—3　生产过程示意图

企业的生产过程，就其对产品生产所起的作用来看，可分为生产技术准备过程、基本生产过程、辅助生产过程、生产服务过程等。

（1）生产技术准备过程。是指产品在投产前所进行的一系列技术准备工作。如产品设计、工艺与装备的设计与制造、标准化工作、定额工作以及原材料和协作件的准备等。

（2）基本生产过程。是指直接把劳动对象变为本企业基本产品的生产活动。如纺织企业的纺纱、织布，机械铸造企业的锻铸、加工、装配，钢铁企业的炼钢、炼铁等。

（3）辅助生产过程。是指为保证基本生产正常进行所从事的各种辅助性的生产活动。如企业自供动力、工装模具的制造、设备厂房的维修等。

（4）生产服务过程。是指为基本生产和辅助生产所进行的各种生产服务活动。如各种原材料、毛坯、半成品以及设备、工具的供应、运输、保管等。

企业生产过程的各个组成部分既有区别又有联系，其中基本生产过程是主导部分，其他各过程都围绕这一过程进行，并且基本生产过程和辅助生产过程往往是由若干个工序组成。工序，是指一个工人或一组工人在同一工作地上对同一劳动对象进行加工的生产环节，它是构成生产过程的最小单位。例如，在机械制造企业，一般有铸造、机械加工、装配等工艺阶段，机械加工阶段往往包含车、铣、刨、磨等工序。

（二）合理组织生产过程的要求

合理组织生产过程的目的是，使产品在生产过程中行程最短、时间最省、耗费最小、效益最高。为此组织生产必须满足以下要求：

1. 连续性

连续性指产品在生产过程各阶段、各工序之间的流动，在时间上是紧密衔接而连续的。即在生产过程中始终处于运动状态，不发生或很少发生不必要的中断或等待的时间。

生产过程的连续性同工厂布置、生产技术水平有关。工厂布置合理，或采用先进的科学技术提高机械化、自动化水平，就比较容易实现生产过程的连续性。在一定的生产技术水平的条件下，生产过程的连续性还同生产管理工作水平有关。生产管理好，如采用先进的生产组织形式、合理地安排工序、提前做好生产技术准备工作等，就能提高生产过程的连续性。

2. 比例性

比例性指产品在各工序阶段、各工序之间的生产能力要保持适当的比例关系。即各个生产环节的个数、设备数和生产面积等影响生产能力的诸因素要符合客观需要的比例。

为了保持生产过程的比例性，在工厂设计或生产系统设计时，要正确规定生产过程的各个环节、各种机器设备、各工种工人在数量和生产能力方面的比例关系。在日常的生产管理工作中，要加强计划管理，做好生产能力的综合平衡工作，采取有效措施克服薄弱环节，保持各生产环节之间应有的比例性。

3. 节奏性

节奏性指企业及各个生产环节在相同的时间间隔内生产大致相等或递增数量的产品，使各项工作的负荷充分并相对稳定，不能出现前松后紧、时松时紧等不良现象。生产过程的节奏性应当体现在投入、生产和产出三个方面。

4. 平行性

平行性指生产过程的各个阶段、各道工序实行平行作业，对产品的各个零件、部件尽可能地组织平行加工制造。

5. 适应性

生产过程的适应性又叫柔性，指生产过程要适应市场复杂多变的特点，能灵活进行多品种、小批量生产。为了提高企业的适应能力，必须采用先进合理的生产组织方法，如网络计划技术、成组工艺和多品种混流生产等。

此外，组织生产还包括精确性、自动化、电算化等要求。上述组织生产过程的要求是衡量生产过程组织是否合理的标准，也是取得良好经济效益的重要条件。

三、生产过程的空间组织和时间组织

产品的生产过程，既要占用一定的空间，也要经历一定的时间。因此，合理组织生产过程，就需要将生产过程的空间组织与时间组织有机地结合起来，充分发挥它们的综合效率。

（一）生产过程的空间组织

生产过程的空间组织是指企业各生产单位的组成及在空间上的合理布置。

任何产品的生产过程都需要在一定空间范围内进行。所以企业必须根据生产需要，在一定的场所建立相应的生产单位（车间、工段、小组），设置相应的设施（厂房、机器、仓库、工具）并进行合理布局，形成密切配合的整体，使产品在生产单位之间按最合理的路线运行，从而保证生产过程的顺利进行。

根据企业的专业方向和工艺特点，生产过程的空间组织通常有以下两种形式：

1. 工艺专业化

工艺专业化要求按生产工艺性质的不同来设置生产单位。

在工艺专业的生产单位里，集中着同种类型的设备和同工种的工人，能在同一生产单位内对企业生产的各种不同产品的相同工艺进行加工制造。

按工艺专业化形式组织生产单位的优点是：有利于充分利用生产设备和生产面积；便于对工艺进行专业化管理和组织同工种工人的技术学习与交流；较灵活地适应品种变化的要求。

按工艺专业化形式组织生产单位的缺点是：产品在加工过程中的周转环节多，运输路线长；生产周期长，占用流动资产多；各生产单位之间的协作往来频繁，使计划、在制品和质量管理等工作复杂。

知识链接

企业现场管理的目标需达到以下"八个零":

(1) 合理定置物品,工作需用时寻找时间为零;(2) 合理布局生产现场,物流走向损耗为零;(3) 合理安排生产,产品浪费及库存积压为零;(4) 严格工艺纪律和工艺操作规程,操作失误和产品质量不合格现象为零;(5) 加强现场巡检和设备维护保养,装置跑、冒、滴、漏现象为零;(6) 准确及时填写各种现场原始记录,规范现场各类信息标识,装置系统程控仪表、电讯、计算机保持有效运转,信息显示、传递误差现象为零;(7) 严格安全生产规程和安全生产责任制,安全隐患、事故为零;(8) 不断提高现场人员的职业素养,形成良好的职业道德风气,现场人员不良行为为零。

管理上的精雕细刻,实际上是确保现场各类问题的发生概率为零。比如对生产现场的定置管理,就是使各生产要素有机结合,实现生产过程科学化、规范化、标准化,从而达到降低生产成本,提高产品质量、经济效益和现场文明生产水平的目的。

2. 对象专业化

对象专业化要求按照产品的不同来设置生产单位(车间、工段、小组)。在对象专业化的生产单位里,集中着为制造某种产品所需要的各种设备和各工种的工人,能独立地完成产品生产,是封闭式的生产单位。

按照对象专业化组成的生产单位的优点是:产品在加工过程中,可采用先进组织形式,生产周期短、运输路线短、在制品和流动资金占用量少;减少各生产单位协作往来联系,从而简化生产单位之间的关系,便于改善计划管理、质量管理、经济核算等工作。

按照对象专业化组成的生产单位的缺点是:在产量不大时,难于充分利用生产设备和生产面积;难于对工艺进行专业化管理;对品种变换适应能力差。

在实际工作中,上述两种形式,往往可以结合起来应用,在一个企业内,有些车间按对象专业化设置,有些车间按工艺专业化设置;在一个车间内,有些工段和小组按对象专业化设置,而另一些工段和小组按工艺专业化设置。

(二)生产过程的时间组织

合理组织生产过程,不仅要求各生产单位在空间上密切配合,而且要求在时间上紧密衔接。生产过程时间组织的目标,就是节约一切可能节约的时间,努力缩短产品的生产周期。它主要研究一批零件在加工过程中,采用何种移动方式。

一般来说,一批零件在工序间的移动方式有以下三种:

1. 顺序移动方式

顺序移动,即一批零件在上道工序全部加工完后,整批输送到下道工序继续加工。顺序移动方式的特点是一批产品在各道工序上的加工时间是连续的。它的优点是便于管理和集中运输;它的缺点是生产周期长,各工序之间等待运输、等待加工的现象严重。该方式通常在产品批量不大,工序的加工时间较短的情况下采用。

在顺序移动方式下,一批产品全部生产完成的生产周期的计算公式为:

$$T_顺 = n \sum_{i=1}^{m} t_i$$

式中：T——顺序移动方式下产品加工生产周期；

n——产品生产的批量；

m——加工工序的数量；

t_i——第 i 道工序的单件工时。

实例链接

例 4—2

某批零件的批量为 4 件，总共有 4 道工序，每道工序的加工时间分别为 10、5、10、20 分钟，则该批零件顺序移动的加工周期是多少？

解答： 加工周期＝4×（10＋5＋10＋20）＝180（分钟）

---

2. 平行移动方式

平行移动，即每个零件在上道工序加工完成之后，立即转到下一道工序进行加工，由此形成一批产品中的每个产品在各道工序上平行地进行加工。其特点是产品在各道工序之间是逐个移动的。

在平行移动方式下，一批产品全部生产完成的生产周期的计算公式为：

$$T_平 = \sum_{i=1}^{m} t_i + (n-1)t_长$$

式中：$T_平$——平行移动方式下产品加工的生产周期；

$t_长$——在各道工序中，单件工时最长的那道工序的单件工时；

n——产品生产的批量；

m——加工工序的数量；

t_i——第 i 道工序的单件工时。

实例链接

例 4—3

某批零件的批量为 4 件，总共有 4 道工序，每道工序的加工时间分别为 10、5、10、20 分钟，则该批零件平行移动时的加工周期是多少？

解答： 加工周期＝（10＋5＋10＋20）＋（4－1）×20＝105（分钟）

采用平行移动方式，由于各道工序的加工基本是平行进行的，零件在各道工序中是按件或按运输批量移动的，很少有停歇时间，因而整批零件的生产周期最短，但也造成了运输工作量大而频繁，工人和设备的工作时间有时不能充分利用。如当前道工序的单件加工时间大于后道工序，则在后道工序上必定会出现一段空歇时间，而且这些空歇时间往往又是分散的，所以也不便利用。

3. 平行顺序移动方式

平行顺序移动，即一批零件在上道工序上尚未全部加工完毕，就将已加工好的一部分零件转移到下一道工序进行加工，并使后一道工序开工后不会发生停工待料的现象。其特点是各道工序的加工时间或加工量保持相等。它结合了平行移动和顺序移动的优点，是一种比较灵活机动的移动方式。

在平行顺序移动方式下，一批产品全部生产完成的生产周期的计算公式为：

$$T_{平顺} = n\sum_{i=1}^{m} t_i - (n-1)\sum t_{较小}$$

式中：$T_{平顺}$——平行顺序移动方式下产品加工的生产周期；

n——产品生产的批量；

m——加工工序的数量；

t_i——第 i 道工序的单件工时；

$t_{较小}$——两相邻工序中单件加工时间较小值。

实例链接

例 4—4

某批零件的批量为 4 件，总共有 4 道工序，每道工序的加工时间分别为 10、5、10、20 分钟，则该批零件平行顺序移动时的加工周期是多少？

解答： 加工周期＝4×（10＋5＋10＋20）－（4－1）×（5＋5＋10）＝120（分钟）

从上述三种移动方式可以看出，顺序移动方式的生产周期最长，平行顺序移动方式的生产周期较短，平行移动方式的生产周期最短；在设备利用方面，当前道工序的单件时间大于后道工序的单件时间时，平行移动方式会产生机床停歇时间；在组织管理方面，顺序移动方式最简单，平行顺序移动方式最复杂。

因此，在具体选择零件的移动方式时，应根据各自特点，结合生产的各种条件确定。当批量小、工序单件时间短，可采用顺序移动方式；当批量大、工序单件时间长，宜采用平行顺序移动或平行移动方式。对于工艺专业化的车间、工段、小组宜采用顺序移动方式；对象专业化的车间、工段、小组宜采用平行或平行顺序移动方式。

四、生产过程的组织形式

企业在科学组织生产过程中，应根据自身的生产条件，采用最适合自己特点的组织形式和方法。不同行业的企业，组织生产的具体形式和方法有很大差别，不可能采用统一模式。

比较科学的现代化生产过程的组织形式有流水生产、生产线、自动生产线等。

（一）流水生产

流水生产又叫流水作业、流水线，是在对象专业化组织形式基础上发展起来的高效率的生产组织形式。它是指劳动对象按一定的工艺路线和一定的生产进度顺序地通过各个工作地并按统一的节拍完成工序的组织形式。

1. 流水生产的特征和优越性

流水生产具有以下特征：

（1）工作地专业化程度高。流水线上固定生产一种或几种产品，在每个工作地固定完成一道或几道工序。

（2）工作地和设备按产品加工顺序排列，生产节奏性强。

（3）各道工序的加工时间之间规定着相等的倍比关系。

（4）劳动对象在各道工序上按一定的时间间隔投入和生产。

（5）生产过程具有高度的连续性。

流水生产的优越性如下：

（1）整个生产过程连续、协调、平衡，有利于机器设备和工人的充分利用，提高了工人的技术熟练程度，最大限度地缩短了劳动时间，提高了劳动效率。

（2）便于企业采用先进工艺和高效率的技术装备；缩短了在制品的运送过程，工序间在制品数量很少、压缩了产品生产周期，加速了资金周转、降低了生产成本。

2. 组织流水生产的条件

组织流水生产需要具备如下条件：

（1）产品结构和工艺相对稳定。

（2）要有足够大的产品产量，以保证流水线上各工作地负荷充分。

（3）在产品品种较多、产量不大的企业，可通过成组工艺来增大同种零件的产量，组织流水线。

（4）时间组织条件。要尽量使各工序的作业时间与节拍相等或成整数倍关系。

（5）空间组织条件。要有足够的生产场地来安装流水线的设备和传送装置。

3. 流水线的组织设计

流水生产是指加工对象按照规定的工艺路线和生产速度，连续不断地通过各个工作地进行加工并生产产品的一种生产组织形式，它是对象专业化生产组织形式的进一步发展，是把产品专业化的空间组织和平行移动的时间组织有机结合起来的一种高效率的、先进的生产组织形式，具有较高的生产效率，生产过程连续性、平行性、比例性、节奏性都很高。

流水线设计工作包括技术设计和组织设计。

技术设计的任务是设计流水线上所需各种专用设备和工艺装备，主要由工程技术人员来承担；组织设计的任务主要由生产组织管理人员来承担。

流水线组织设计的步骤与有关计算方法如下：

（1）确定流水线平均节拍。

平均节拍是指流水线上连续出产前后两件产品之间的时间间隔。平均节拍的计算公式如下：

$$R_{\text{平}} = \frac{T_{\text{效}}}{Q}$$

式中：$R_{\text{平}}$——流水线的平均节拍（分/件）；

$T_{\text{效}}$——计划期有效工作时间（分）；

Q——计划期产品出产量（件），包括计划产量和预计废品量。

（2）组织工序同步化（同期化）。

工序同步化是指通过采取技术组织措施，使各道工序的加工时间与流水线的平均节拍相等或成倍比关系。

工序同期化是组织连续流水线的必要条件，也是提高劳动生产率，使设备充分负荷和缩短产品生产同期的重要方法。工序周期化的具体措施有：进行工序的分解和合并、改进工艺方法；提高设备的机械化、自动化水平，提高设备生产效率；合理配备工人，提高工人的技术熟练程度，改进劳动组织；建立在制品储备制度等。

（3）确定设备（或工作地）数量。

流水线上各道工序的加工时间，都必须接近节拍或节拍的倍数。为了适应节拍的要求，必须计算每道工序确切需要的设备（或工作地）数量。其计算公式如下：

$$N_{\text{计}} = \frac{T_i}{R_{\text{平}}}$$

式中：$N_{\text{计}}$——某工序需配置的设备（或工作地）数量；

T_i——第 i 道工序单件时间定额。

按上式计算出来的设备（工作地）数量可能是小数，实际操作时应取接近于计算数的整数。

（4）计算设备（或工作地）负荷率和流水线的平均负荷率。

其计算公式如下：

$$K_i = \frac{N_{\text{计}}}{N_{\text{实}}} \qquad\qquad K = \frac{\sum N_{\text{计}}}{\sum N_{\text{实}}}$$

式中：K_i——第 i 道工序的设备（工作地）负荷率；

K——整条流水线平均负荷率；

$N_{\text{计}}$——工序计算所需设备（工序地）数；

$N_{\text{实}}$——某工序实际采用设备（工作地）数，一般要求 $N \geqslant 75\%$。

（5）确定流水线所需工人人数。

流水线上工人人数，要根据工作地数、工作轮班数、一名工人可同时看管的设备（工作地）数和工人的缺勤率来确定。流水线所需工人人数的计算公式如下：

$$S_{\text{总}} = \sum_{i=1}^{m} S_i(1+\alpha) + C$$

式中：$S_{\text{总}}$——所需要人总数；

S_i——第 i 道工序所需要人数；

α——出勤率；

C——后备多面手工人人数。

或　　　　$S_{\text{总}} = \dfrac{N_{\text{实}}}{V_i} \times b$

式中：V_i——第 i 道工序一个工人同时看管的设备（工作地）数；

b——流水线工作轮班数。

（6）选择流水线的运输工具。

流水线上采用的运输工具很多，主要取决于加工对象的重量、外形尺寸、流水线的类型和实现节拍的方法等。如皮带、传送带、辊道、回转台、各种运输车、重力道、传送链等。

最常用的是传送带，它可节省辅助工人人数、缩短运输时间、按规定节拍进行生产，但需要计算传送带的长度和运动速度。传送带的长度可用下式计算：

$$L=2(L_1+L_2)+L_3$$

式中：L——传送带长度；

L_1——工作地长度之和；

L_2——工作地之间的距离之和；

L_3——技术上需要的长度。

传送带的运动速度可按下式计算：

$$V=\frac{I}{r}$$

式中：V——传送带的运动速度；

I——相邻两个工作地的中心距离；

r——节拍。

（7）流水线的平面布置和设备（工作地）的排列。

流水生产线的平面布置应当有利于工人操作，使在制品的运输线路最短，流水线之间合理地衔接，以及有效地利用生产面积等。流水生产线的平面布置形式主要有直线形、L形、U形、E形、环形和S形等。流水线的工作地排列要符合工艺路线顺序，整条流水生产线布置要符合产品总流向，以尽可能缩短运输路线、减少运输工作量。

（二）生产线

生产线是在对象专业化基础之上发展起来的一种生产过程组织形式。它是按企业主要产品或多数产品工艺过程的要求布置设备、选择产品或零部件的移动方式而形成的一种生产过程组织形式。生产线同流水线的主要区别在于生产线没有严格的生产节拍，它不能严格地按节拍加工制品和出产产品，不能保证生产过程的高度连续性和节奏性，生产效率相对较低。但生产线也具有较大的灵活性，能够适应品种多、规格复杂、零部件较多、产量不大的产品生产，在不能采用流水线生产的条件下，组织生产线生产同样是一种生产效率比较高、经济效益比较好的生产过程组织形式。

（三）自动生产线

自动生产线是采用自动化的机器体系完成制品加工过程的一种生产组织形式。在自动生产线上，基本生产工序和辅助工序全部由机床和各种装置自动完成，工人的任务仅是调整、监督和管理自动生产线，不参加直接操作，所有的机器、设备、装置严格地按事先计算好的节拍运转，生产过程高度连续化。

（四）成组技术和成组加工单元

成组技术是一种合理组织生产技术准备和生产过程的管理方法。成组技术的基础是识别和利用零件的相似性。相似性的内容包括尺寸相似、形状相似和加工工艺相似三方面。按照这三者把零件进行分类和成组，就可以增加同类零件的批量，从而可以充分利用设备和采取专业化工艺装置进行加工，以提高效率、降低成本。

　　成组加工单元，就是在一个生产单元内，配备某些不同类型的加工设备，完成一组或几组零件的全部加工任务，且加工顺序在组内可以灵活安排。显然，成组加工单元符合对象专业化原则，也可以说是对象专业化原则的进一步发展。

　　为了把零件分类成组，一般用编码的方法。分类成组的方法包括无编号分类法和编码分类法两类。无编号分类法又有目视法和生产流程分析法两种，而编码分类法有多种具体分类方法。

　　1. 目视法

　　目视法是一种直观地划分零件的方法，也是最简单的分类方法。它是凭经验和目测，把形状、尺寸和工艺、方法等相似的零件归为一类进行加工。这种分类方法的好处是简单易行，但零件品种多时，便容易出现困难。

　　2. 生产流程分析法

　　生产流程分析法是分析工厂全部零件的工艺过程卡片。按所用机床的类似性，把工序相同的零件归成自然零件组，见表4—2。

表 4—2　　　　　　　　　　　按零件的工艺流程分组

机床＼零件号	1	2	20	7	11	14	9	4	18	12	8	17	15	19	3	13	6	16	10
车床	√	√	√	√	√	√	√	√											
卧铣床	√	√	√	√	√	√	√	√											
钻床	√	√	√	√	√	√													
磨床	√	√	√				√												
车床								√	√	√	√	√	√	√					
立铣床								√	√	√	√	√	√						
钻床								√	√	√	√	√							
磨床								√	√	√									
卧铣床															√	√	√	√	
立铣床															√	√			√
钻床															√	√	√		√
磨床															√	√	√		

　　该方法要求每个零件都要有准确的工艺流程卡。其适用于零件形状、制造方法联系不密切的非切削加工，例如，冲压、模塑、模锻、装配等部门。

　　（五）柔性加工单元

　　柔性加工单元是成组技术与数控技术相结合的产物，它能更好地适应多品种、小批量生产方式的要求。在柔性加工单元中，产品、零部件或加工工艺变化时，不必对设备和生产线进行大的变更，而只要变更某些控制程序就可以适应新的产品、零部件和新的工艺加工方法的需要。柔性加工单元与成组加工单元的不同点在于以下四个方面：

　　（1）加工机床为数控机床或数控加工中心；

　　（2）传递装置为自动传送系统或自动抓握装置；

　　（3）工件和刀具自动传递装卸；

　　（4）采用集中数控或计算机控制。

柔性加工单元所能加工的零部件种类要比采用传统设备的加工范围大得多。在这种情况下，零件的分类甚至用不着采用编码法或工艺流程分析法进行详细分类，只规定零件的外形尺寸和加工表面即可。

情境任务4 全面质量管理

◎情境导入

李强带领团队参观附近生产企业的生产车间以后，感触很深，看来生产一件产品并非易事。现在市场竞争如此激烈，李强深知打铁还需自身硬，赢得竞争必须树立质量为本的企业经营理念。那么如何才能生产出好产品呢？是完全依靠生产设备和生产工人吗？同学们，你们是怎么认为的？

> 思考：一个乞丐能否生产出卫生的产品？

行动任务 制定产品全面质量管理方案

1. 任务描述

以本公司经营的模拟产品或任意选取一种生活中消费的食品、日用品为研究载体，分析出现产品质量问题的原因，研究生产过程中最易出现质量问题的环节。小组内每名成员撰写"如果我是生产总监，我该如何控制产品质量"的报告。

2. 任务建议

组织小组交流日常生活中遇到劣质产品的经历，选取最典型的产品作为本组研究质量管理的目标产品，每名成员思考如何避免生产出如此不合格产品。

3. 任务要求

研究目标产品，写明目标产品情况，针对目标产品结合下文学习任务中介绍的全面质量管理知识阐述自己拟定的产品质量控制的方案。用A4纸打印上交，格式自定义。

学习任务 全面质量管理

控制质量，指通过一系列作业技术和活动对质量形成的整个过程实施控制。其目的是使产品、过程或体系的固有属性达到规定的要求。它是预防不合格产品发生的重要手段和措施，贯穿于产品形成和体系运行的全过程。

情境案例

一汽轿车的质量控制

为追求更高的质量和用户满意度，同时响应汽车召回制度的要求，一汽轿车股份有限公司计划首先在新工厂的总装车间引进生产现场管理控制系统，以提升生产过程效率和质量控制水平，协助质量提升和质量改善，进行质量追溯管理，从而大大提升企业的竞争能力。

项目背景：一汽轿车股份有限公司是中国第一汽车集团的控股子公司，是中国轿车制造业首家股份制上市公司，由一汽集团公司主要从事红旗轿车整车及其配件生产的优质资产重组而成。几年来，各款红旗轿车及变型车的相继推出和世界级新产品 M6 的及时引进，标志着公司在调整产品结构、拓宽产品系列和自主开发上取得了殷实成果。2004 年 7 月，新工厂投入使用。

总装车间是汽车整车的最后生产环节，是保证汽车出厂质量和生产进度的重中之重。总装车间包括分总成装配、主装配、检测试车等工艺过程，共有 100 多道工序，还要满足多种车型同时生产的混流模式。为此，公司在关键工序采用了先进的自动化设备，并通过条形码进行车型管理。尽管如此，生产和质量管理人员还是对生产和质量信息的收集、监控和分析感到苦恼。

2004 年 5 月，一汽轿车股份有限公司开始实施广州今朝科技有限公司的生产现场管理控制系统，对生产、质量、物料、设备等信息进行记录、监控和分析。该系统目前已成为一汽轿车构建涵盖整个总装车间的生产过程质量控制体系。

质量管理人员利用该系统可进行缺陷分析、SPC 分析、质量问题追溯等工作，设备管理人员可以集中分析设备的运转和能力情况，生产管理人员则可以通过缺陷自我检出率、班组与操作工对比分析来更好地进行生产改善。借助于灵活、易用的二次开发平台，系统可以方便地查出单台汽车在各个生产环节的质量、生产、设备、部件等信息，还原生产现场，实现质量问题分析和追溯。还可以对部件和整车的批次进行追踪，并可逐级追溯，从而满足汽车召回制度的要求。系统提供了各种常用的例行报表，并可通过二次开发平台自行调整或新增数据采集界面和报表格式。各管理部门网络通防火墙与系统可进行交互操作，实现了信息的及时、准确、安全和共享，同时也确保连在系统的设备免受病毒攻击。

资料来源：圣才学习网。

一、质量管理
（一）质量的含义

从生产角度来看，质量是指产品符合规定要求的程度；从用户角度来看，质量就是适用性（性能、附加功能、可靠性、一致性、耐久性、维护性、美学性、感觉性等），即产品或服务满足用户要求的程度。

我国国家标准 GB6583—1994《质量管理和质量保证术语》中，质量的含义是"反映实体满足明确和隐含需要的能力的特性总和"。

所谓"实体"可以是活动、过程、产品、组织、体系、人及上述各项的任何组合；"明确要求"是以合同、产品说明、广告、实物样品或其他明确的方式表明的要求；"隐含要求"是虽未明示，但可以通过法律、法规、有关标准的强制性以及消费者对产品的基本期望等依据做出判断的要求。

> 📖 知识链接
>
> ### 理解质量含义
>
> 市场机制采用的是用货币投票的社会选择方式，利润是顾客给企业的奖金。在市场

机制的社会选择中，受到顾客冷落的产品，无论是符合哪些标准，曾经获得过何种省优、部优、国家奖励，顾客却不愿选择，就说明这些产品在满足顾客的需要方面存在缺陷或不足，无法满足不断变化和发展的市场需要，产品在质量的最核心、最根本方面还达不到要求。

海尔冰箱问世，就以国外先进标准进行生产，而且不断创新。在与德国电冰箱对比测试中，海尔冰箱的主要性能指标超过了德国电冰箱，让德国专家叹服。海尔冰箱的静音设计、冷冻节能、变温设计、艺术画装饰，满足了顾客的需要。海尔冰箱的变频化、智能化、居室美化、橱柜化、医用专门化等，代表了21世纪电冰箱潮流。海尔用别人没有用过的办法，解决了别人没有解决的问题，使海尔产品具备更好地满足用户明确和隐含需要的能力，从而达到更高质量标准。

（二）质量的形成

在实践中，人们逐渐认识到质量不是检验出来的，它有一个产生、形成和实现的过程。这一过程可用"朱兰螺旋曲线"来表示。朱兰（J. M. Juran）是美国质量管理专家，他用一条螺旋上升的曲线来反映产品质量形成的规律，如图4—4所示。

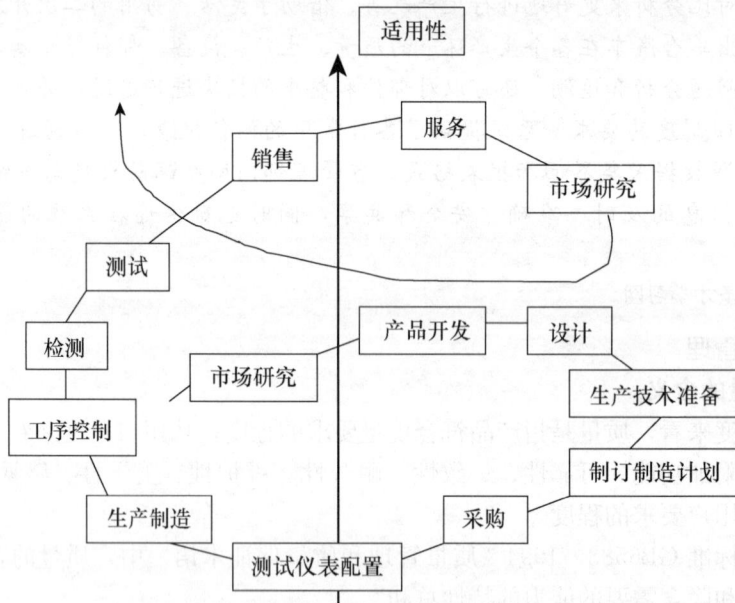

图4—4　朱兰螺旋曲线

（1）质量有一个产生、形成和发展的过程。产品质量形成的全过程包括十三个环节：市场研究、产品开发、设计、生产技术准备、制订制造计划、采购、测试仪表配置、生产制造、工序控制、检验、测试、销售、服务。这十三个环节构成了一个系统，质量就是在这个系统中经过每一个环节的作用而逐步形成的。

（2）质量是以需求的变化为中心，不断改进和提高的。质量形成的十三个环节以产品的适用性为中心，构成一个循环，每经过一轮循环，质量就有所提高。这是因为人们的需求在不断发展，为满足需求，质量也在不断适应、不断改进的过程中得到提高。

（3）质量的形成取决于每一个环节。作为一个质量系统，其目标的实现取决于每个环节的质量保证和各环节之间的协调。因此，必须将质量形成过程中的各个环节都纳入质量管理体系，实行全过程的管理。

（4）质量形成过程是一个开放的系统。质量形成过程与社会环境有着密切的联系，"朱兰螺旋曲线"中有三个环节与企业外部相联系：采购环节与物料供应商有联系，销售环节与顾客有联系，市场研究与产品市场有联系。所以，产品质量的形成并不只是企业内部行为的结果，质量的形成过程是一个开放的系统，质量管理是一项系统工程。

（5）质量形成的最根本的影响因素是人。在质量形成的全过程中，每一个环节都要靠人去完成，人的素质以及对人的管理是过程质量乃至产品质量的基本保证。所以，质量管理必须重视人的因素。

实例链接

例 4—5

在质量中求生存和发展

海尔集团从创业开始，就紧紧地抓住质量这个纲，以质量立厂，以质量兴厂。在生产制造过程中，始终坚持"精细化，零缺陷"，让每个员工都明白"下道工序就是用户"。这些思想被职工自觉落实到行动上，每个员工将质量隐患消除在本岗位上，从而创造出了海尔产品的"零缺陷"。一天，一名员工在下班前的每日清扫时，发现多了一枚螺丝钉。他惊呆了，因为他知道，多了一枚螺丝钉就意味着是哪一台洗衣机少了一枚螺丝钉。这关系到产品的质量，关系着企业的信誉。因此，分厂厂长当即下令：当天生产的 1 000 余台洗衣机全部复检。而复检的结果：成品机没有什么问题。可原因出在哪里呢？已经很晚了，员工们谁也没走，又用了两个多小时，才查出原来是发货时多放了一枚。

生产中，职工把每一道工序都想象成用户，产品依次流转，质量层层把关，环环扣紧，保证了出厂的都是全优的产品。在海尔生产线上可以看到，每件产品都有一张质量跟踪单，小到一个标贴工序都要填写，一旦出现质量责任，可以追究到个人，这样从制度上防止了员工因麻痹大意而导致的质量事故。现在的海尔，156 个质量控制点都有质量跟踪单，10 个重点工序都设有质量控制台，产品从第一道工序到出厂都建立了详细的档案。即使不合格产品到了用户手中，一旦接到反映，哪怕是门封条的毛病，也可以凭着"出厂记录"找到直接的责任人。

案例分析：

质量是企业的生命。质量是企业素质的综合反映，质量管理是企业管理的重要内容，质量的好坏反映了企业各方面的工作水平。在科学技术和商品经济高度发展的今天，质量是赢得竞争优势的根本。在市场经济中，企业竞争的焦点是赢得顾客，而顾客最关心的、最能激发其购买动机的敏感点，就是产品的质量问题。加强质量管理是企业管理的重要任务，全面提高质量是企业生存和发展的重要基础。企业必须在意识上以质量为生命，经营上以质量为核心，文化上以质量为主线，公共事业上以质量为语言。企业不讲质量就没有效益，社会不讲质量就没有进步，国家不讲质量就没有希望。

（三）质量管理的主要内容

1. 质量管理的基本含义

（1）质量管理。指在质量方面指挥和控制企业的相互协调的活动。它是企业为保证和提高质量所进行的所有管理活动的总和。这些活动包括质量方针和质量目标的建立以及质量策划、质量控制、质量保证和质量改进。

（2）质量策划。即设定质量目标并规定必要的运行过程和相关资源以实现其目标的活动。质量策划涉及企业内部的众多方面，例如建立质量管理体系策划、产品实现过程策划、质量改进策划、适应环境变化的策划等。

（3）质量控制。指通过一系列作业技术和活动对质量形成的整个过程实施控制，其目的是使产品、过程或体系的固有属性达到规定的要求。它是预防不合格产品发生的重要手段和措施，贯穿于产品形成和体系运行的全过程。

（4）质量保证。它是对达到质量要求提供信任的活动。质量保证的核心是向人们提供足够的信任，使顾客和其他相关方确信企业的产品、体系和过程达到和满足其质量要求。它包含两方面的含义：一是企业在产品质量方面对用户所作的一种担保，具有"保证书"的含义。这一含义还可引申为上道工序对下道工序提供的质量担保。二是企业为了提供信任所开展的一系列质量保证活动。这种活动对内来说是有效的质量控制活动，对外来说是提供依据以证明企业质量管理工作实施的有效性，以达到使人确信其质量的目的。因此，质量保证包括取信于企业领导的内部质量保证和取信于用户的外部质量保证。

（5）质量改进。指致力于提高满足质量要求能力的活动。质量改进涉及组织的各方面。生产经营全过程中的各个阶段、环节、职能、层次都需要改进，企业管理者应积极主动地寻求改进机会，发动全体成员并鼓励他们参与改进活动。

2. 质量管理的发展过程

（1）质量检验阶段。在这一阶段，质量检验成为一种专门工序从加工制造中分离出来。这个阶段的主要特点是进行全数检验，其目的是不让废品出厂，故又称为事后检验。这种事后检验同过去的没有质量检验相比，大大地前进了一步，但它只能起"把关"作用，不能进行预防和控制。

（2）统计质量控制阶段。早在20世纪20年代，人们就注意到质量检验的弱点，并设法利用数理统计学原理去解决这些问题。20世纪40—50年代，数理统计方法在欧美一些国家的质量管理中得到运用。这一阶段的特点是，应用数理统计方法，找出质量波动的规律性，采取措施控制生产过程，预防废品发生，使质量管理从事后检验变为事前预防。但由于过分强调数理统计工具的作用，忽视组织管理，不注重发挥全体职工的积极性，从而限制和影响了数理统计方法的普及和运用。

（3）全面质量管理阶段。随着生产力的发展和企业之间竞争的加剧，人们对质量要求进一步提高，仅仅靠质量检验和统计方法已不能适应这一需要。从20世纪50年代末开始，质量管理进入了全面质量管理阶段，这一阶段是把组织管理、数理统计方法以及现代科学技术成果密切结合起来，建立起一整套完善的质量管理工作系统，对质量形成的全过程进行管理。这样，既能预防废品发生，又能稳定地提高产品质量，质量管理从观念、内容到方法、手段都日趋完善。

（4）质量管理的国际标准化。随着科技进步和社会生产力水平的不断提高，企业活动的空间超越了国家、地区的界限而进入全球范围，在激烈国际市场竞争中，非价格竞争成为主要手段，产品的质量往往是成交的首要条件。为加强质量保证，许多国家纷纷编制和发布了质量管理和质量保证标准。随着国际贸易的不断扩大，对供方的质量保证能力进行审核，对生产方内部的质量体系进行评价，已成为贸易交往和国际经济合作的前提。但是，各国质量管理和质量保证标准在基本观念、要求和方法上日益显示出较大的差异。为了消除国际贸易中的因标准不同而造成的技术壁垒，客观上要求建立国际统一的准则。因此，国际标准化组织质量管理和质量保证技术委员会（ISO/TCl76）经过多年的努力，于1987 年正式颁布了第一套国际化的质量管理和质量保证标准，简称 ISO9000 系列标准。经过实践、总结与修订，于 1994 年发布了 1994 版 IS09000 族标准，2000 版 IS09000 族标准也于 2000 年底正式发布。这套标准是在总结工业发达国家质量管理经验的基础上形成的，是一种通用的、得到世界各国普遍承认的规范。这套标准的颁布和使用，使世界各国质量管理在概念、原则、方法和程序上，统一在国际标准之下，标志着质量管理走上了国际化、规范化、标准化、系统化、程序化的新高度。

二、全面质量管理

全面质量管理（Total Quality Management，简称 TQM），是企业组织全体职工和相关部门参加，综合运用现代科学管理技术成果，控制影响产品质量形成的全过程和各因素，经济地研制、生产和提供顾客满意的产品和服务的系统管理活动。

（一）全面质量管理的基本观点

（1）以用户为中心，坚持"用户至上"。即一切为用户服务的指导思想，使产品质量和服务质量全方位地满足用户需求。"用户"不仅指本企业产品的用户，而且包括企业生产和工作中的下道工序。"下道工序就是用户"，下道工序的要求就是前道工序的质量目标，每道工序都为下道工序着想，这样，各个工作环节之间相互协调、相互促进，切实保证了各个环节的工作质量，从而使企业的质量工作得到保证。

（2）以预防为主，强调事先控制。这样，可将质量隐患消除在产品形成过程的早期阶段。产品质量是在设计、制造、流通和使用过程中逐步形成的，必须以预防为主，把管理的重点从产品的事后检验，转变为对质量形成因素进行控制，把不合格品消灭在产品的形成过程中。

（3）用数据说话。全面质量管理强调用数据和事实来分析和处理各种问题。通过掌握真实可靠的数据并进行分析、整理，从而掌握质量波动的规律，发现质量问题，采用适当措施进行控制。这就使定性管理变为定量管理，提高了管理的准确性和科学性。

（4）采用科学系统的方法，建立一套严密有效的质量保证体系，实施产品质量形成全过程质量管理。

（5）突出人的作用。强调调动人的积极性，充分发挥人的主观能动性。

（二）全面质量管理的特点

1. 管理的内容是全面的

管理内容包括产品本身的质量、工序质量和工作质量。

知识链接

工序质量是工序工程中诸因素能满足产品质量要求的程度。

（1）人（Man），即操作人员，包括其质量意识、责任感、文化素养、技术水平、操作熟练程度、精神状态和组织管理能力。

（2）机器（Machine），即各种设备、工艺装备、工具及设施的质量。

（3）材料（Material），即原材料、零部件、标准件等的质量。

（4）方法（Method），包括工艺过程、试验分析、组织管理方法以及工作方法的正确性、合理性和过程的严肃性。

（5）环境（Environment），即工作环境对质量的影响和保证程度。

这些因素在生产过程中同时发生作用，影响着产品的质量。在质量管理中应将这些因素有机组合，产生总体大于局部之和的效果。

工作质量指企业各方面的工作对产品质量的保证程度。它反映了企业各方面工作的质量水平，包括企业的经营管理工作、生产技术工作、组织领导工作、后勤服务工作以及其他工作的质量。反映工作质量的指标有合格品率、品级率、返修率、投诉率、材料利用率等。保证和提高产品质量，必须从提高工作质量入手，而工作质量的提高，最根本的是提高全体员工的综合素质。

2．管理的范围是全面的

管理的范围是全面的，即全过程控制。对市场调查、研究开发、设计、生产准备、采购、生产制造、包装、检验、贮存、运输、销售、为用户服务直至使用等全过程都进行质量管理。

全面质量管理要求对产品质量形成的每一个环节都加强管理，只有每一个环节都能按照目标质量的标准达到要求，才能形成过硬的质量。在全过程的管理中，要使各个环节紧密联系、相互制约、相互促进，最终使产品质量螺旋上升。

3．参加管理的人员是全面的

参加管理的人员是全面的，即全员性。企业全体人员包括领导人员、工程技术人员、管理人员和工人等都参加质量管理，并对产品质量各负其责。

质量管理应以人为主体，充分发挥人的因素在质量形成过程中的作用，依靠企业全体人员的努力，保证和提高质量。因此，必须加强质量观念和质量管理技术的教育，在企业中形成人人关心质量管理、人人对质量负责的良好氛围。

4．质量管理的方法是全面的

质量管理的方法是全面的，即在质量管理中综合运用多种管理技术和科学方法，组成多样性的全面质量管理方法体系。在质量管理中，不能单一地依靠质量检验、统计方法，而应把质量统计方法与改善组织管理、改革专业技术以及激励等方面紧密结合，综合运用。

影响质量的因素是多方面的，既有物的因素，又有人的因素；既有生产技术的因素又有组织管理的因素；既有自然因素，又有心理、环境等社会因素；既有企业内部因素，又有企业外部因素。所以，要搞好管理，必须针对不同的影响因素，采用不同的管理手段与方法。

（三）全面质量管理的内容

全面质量管理的内容包括设计过程、制造过程、辅助与服务过程、使用过程的质量管理。

1．设计过程的质量管理

设计过程的质量管理是保证产品开发设计的质量，避免产品先天不足。设计过程的质量工作主要有：

（1）正确制定质量目标；

（2）保证产品先行开发工作的质量；

（3）严格设计审查和工艺验证；

（4）保证产品的试制和鉴定工作质量；

（5）保证技术文件的质量。

2. 制造过程的质量管理

制造过程的主要任务是建立一个稳定的生产合格产品的管理网络，贯彻预防为主的方针，抓好每个环节的质量保证，防止和减少废品的发生，严格把关，保证不合格品不转工序、不出厂。

具体管理工作有：

（1）加强工艺管理，严守工艺规程，全面控制影响产品质量的各因素；

（2）严格质量检验，把好质量关；

（3）开展质量分析，掌握质量动态；

（4）加强不合格品的管理。

3. 辅助生产和服务过程的质量管理

辅助生产和生产服务工作（包括物资供应、工具供应、动力供应、设备维修、运输保管等）是为产品直接加工创造物质技术条件的。辅助生产和服务过程的质量工作内容主要包括两个方面：一是搞好本身工作的质量，保证设备经常处于良好状态，提供符合标准要求的物资、工具和动力等；二是提高服务质量，及时解决生产经营中物资、技术方面的问题，确保生产一线的各种需要。

4. 使用过程的质量管理

使用过程以保证产品质量特性在使用中能正常发挥，满足用户使用要求为目的。主要任务是：保证产品以良好的质量状态进入消费过程；保证产品在使用过程中正常发挥其作用，满足用户需要；收集有关质量信息，为改进和提高产品质量提供依据。

为了改进我们的服务，保证产品能以优良的质量来满足顾客的需要，我们需要做的具体工作内容有：

（1）认真搞好销售中的质量工作，保证不合格品不出厂；

（2）积极开展技术服务，提供详尽的技术说明和使用说明书；

（3）设立维修网点，提供备品配件；

（4）认真处理出厂产品的质量问题，严格执行"三包"；

（5）进行使用效果与使用要求的调查，及时反馈质量信息。

质量是企业生存的根本，海尔电冰箱上市比国外最早的电冰箱厂晚60年，比国内最早的电冰箱厂晚30年，可是海尔冰箱在国内外电冰箱产品竞争中，却后来居上，这是和海尔出精品、不出次品的质量管理理念分不开的。

（四）全面质量管理的推行步骤

（1）通过教育培训使企业员工牢固树立"质量第一"和"顾客第一"的思想，制造良好的企业文化氛围，采取切实行动改变企业文化和管理形态。

（2）制定企业人、事、物及环境的各种标准，在企业运作过程中衡量资源的有效性。

（3）推动全员参与，对全过程进行质量控制与管理。以人为本，充分调动各级人员的积极性，采用系统化的方法进行管理。

（4）做好计量工作。计量工作包括测试、化验、分析、检测等，它是保证计量的量值准确和统一，确保技术标准的贯彻执行的重要方法和手段。

（5）做好质量信息工作。企业根据自身的需要，应当建立相应的信息系统，并建立相应的数据库。

（6）建立质量责任制，设立专门质量管理机构。全面质量管理的推行，要求企业员工自上而下地严格执行。从一把手开始，逐步向下实施。全面质量管理的推行必须要获得企业一把手的支持与领导，否则难以长期推行。

三、生产质量管理与控制

质量是企业的生命，企业在生产中控制好质量问题，就等于为产品预订了畅销的市场。

（一）质量控制的四个阶段

（1）制定有关产品质量的基本政策；

（2）产品设计中的质量控制；

（3）制造过程的质量控制；

（4）分配、安装和使用中的质量控制。

（二）生产过程中的质量管理与控制

1. 生产过程质量控制的方式

（1）控制加工零件的实际生产过程，即在生产进行中，一有需要就立即调整或纠正，其目的在于防止大量废品的产生。

（2）从检验的角度控制出厂产品的质量，以保证不放过平均在某个百分比以上的废品出厂。

2. 生产过程中的具体质量控制方法

（1）建立质量保证体系和产品质量审核制度。产品质量审核是指通过对产品分批进行抽样检查，以便确认本批产品的质量等级。建立质量保证体系，是为了保证产品的质量标准，以便提高产品质量审核的有效性。

知识链接

质量保证体系审核要点如下：

（1）在产品设计制造过程中，质量手册中对各质量职能部门的职责要求、管理程序等是否已有计划、有组织地贯彻执行；

（2）产品的实际质量水平是否达到规定的要求；

（3）质量证据（质量记录）是否齐全、准确；

（4）存在的质量问题以及采取的措施；

（5）定期进行质量成本分析，以确认质量保证体系是否有效。

产品质量审核要点如下：

（1）成品的质量等级；

（2）零件的质量情况；

（3）出现的质量问题及其产生的原因；

（4）纠正措施及效果。

质量审核的目的：通过检验、调查和访问，确定本批产品的质量等级；掌握质量动态和信息，对生产和工艺中存在的问题采取纠正措施；要找出造成不合格品的原因，并根据实际修改工艺和技术规范或质量保证体系。

（2）建立产品质量改进制度，加强工序管理。工序管理是指以设计、保持和改进工序为基础，控制人、机、料、法、环等工序因素，稳定提高加工制造质量的管理系统。很多企业往往在产品形成过程的关键部位设置工序质量控制点，运用不同的方法加以特别管理。工序管理的关键是对工序控制点的管理，加强工序审核是保证加工质量的有效措施。

知识链接

工序管理审核的主要内容如下：

（1）工序文件的管理；

（2）工序管理的记录，包括设备情况、测量工具、检验记录、环境变化情况；

（3）工序改进记录及效果评价；

（4）不合格品处理；

（5）加工件的质量验证（抽样）。

（3）建立质量预警系统。企业应建立质量预警系统，完善信息反馈制度，设置专门机构和专职人员，收集产品质量信息及用户或消费者使用过程中的各种问题。只要发现问题，就必须立即对设计、生产、工艺和工序管理中的有关控制点进行检查、调整和改进。对某些共性问题，更应提出具体解决措施。只有这样，企业质量保证体系才能始终处于良性循环之中。

四、质量管理方法

（一）PDCA 循环法

PDCA 表示工作的四个阶段，即计划（Plan）、实施（Do）、检查（Check）、处理（Action），按这四个阶段周而复始地进行工作，称为 PDCA 循环。企业的每一项生产经营活动都有一个计划、执行、检查和处理的过程。这是做任何事情的一般规律，PDCA 循环就是按照这一规律进行质量管理的工作方法。

1. PDCA 循环的内容

计划阶段（P 阶段）是在分析研究的基础上，确定质量管理目标、拟定相应的措施，制定活动计划的阶段。包括三个工作步骤：分析现状，找出存在的质量问题；逐个分析产生质量问题的因素，找出产生质量问题的主要因素；针对主要因素制订措施计划。

实施阶段（D 阶段）是根据预定目标和措施计划，组织实施的阶段。

检查阶段（C 阶段）是检查计划实施情况，衡量取得效果的阶段。

处理阶段（A 阶段）是总结经验和教训、巩固成绩、处理未解决问题，以保证持续改进的阶段。它包括两个步骤：总结经验教训，将成功的经验制定成标准加以推广，将失败的教训加以总结，并记录在案，防止再度发生；将没有解决的问题转入下一个管理循环，作为下一循环制定计划目标的依据。

2. PDCA 循环的特点

（1）PDCA 循环作为质量管理体系的一种科学运转方式，适用于企业内各个部门与环节的质量管理工作。整个企业的质量保证体系是一个大的管理循环，每个职能部门、班组直至个人，要各自根据企业总的质量目标和要求，按照 PDCA 程序进行自己的小循环，从而形成大环套小环的综合循环体系。同时，企业各部门、各环节又要通过自己的循环保证和推动大循环的运转，如图 4—5 所示。

（2）螺旋上升。PDCA 循环每转动一周，质量就提高一步，如图 4—6 所示。其中，每个循环都不是简单地重复，而是在前一个循环的基础上上升到一个新的高度。因为经过一次循环，解决一批质量问题，就有了新的经验，为下一个循环提供了良好的基础。随着循环的不断进行、质量问题不断得到解决，工作质量和产品质量也不断得到提高，如同上楼梯一样，逐级上升。

（3）循环的关键在于巩固，即总结经验、巩固成绩、防止错误、不断改进。这是 PDCA 循环可以逐级上升的关键所在。如果只有计划、实施、检查三个阶段，没有经过处理阶段将成功的经验和失败的教训纳入有关标准、规定和制度中，就不能巩固成绩、吸取教训，防止同类问题的发生。因此推动 PDCA 循环一定要抓住 A（处理）阶段。

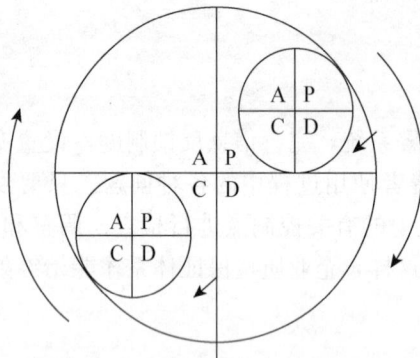

图 4—5 大循环

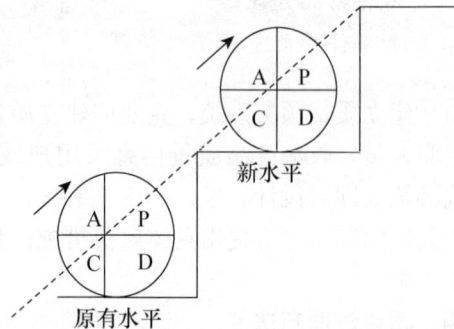

图 4—6 螺旋上升

（二）过程方法

1. 过程方法的内容

一个企业要生产出满足顾客要求并使顾客满意的产品，就必须系统地识别各个必需的过程，特别是相互关联的过程和过程之间的接口，对这些过程切实加强组织和管理。

企业的质量管理体系由管理职责、资源管理、产品实现以及测量、分析和改进四个过程组成，这四个过程又是按照箭头指示的顺序流转。管理职责过程要求企业对顾客做出满足其要求和进行持续改进的承诺，建立质量方针和质量目标，组织策划和提供达到质量目标所需要的资源。资源管理过程提供管理所需的人力资源、设施、相应的工作环境，作为对产品实现过程的支持。产品实现过程是以顾客和社会的要求为主，最终输出产品提供给顾客。在产品实现的过程中为评定产品的符合性，需要测量、分析和改进的过程。过程方法示意图如图4—7所示。

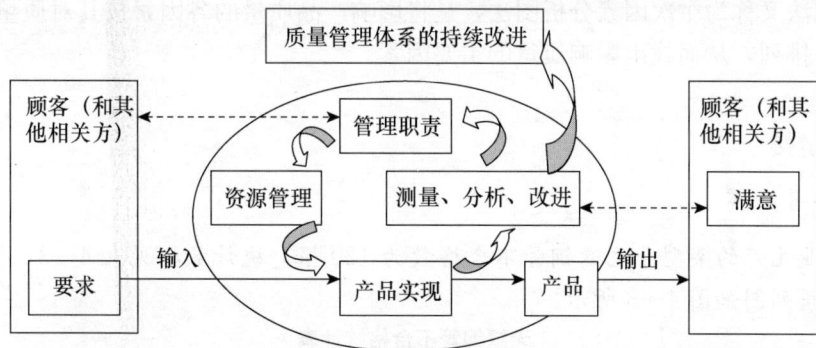

图4—7　过程方法示意图

图4—7中，椭圆形代表一个组织的质量管理体系，左右两侧表示相关方，如顾客、组织的所有者、员工、供方、合作者、银行和社会。左侧表示相关方对产品的需要和期望，右侧为相关方对组织提供产品的满意程度。

2. 过程方法的四个要点

（1）系统地识别企业组织所运用的过程，从整体运作角度来考虑可能涉及的所有过程。

（2）具体识别每一个过程，包括过程的输入、输出和活动，以及各项活动所需的资源。

（3）识别和确定过程之间的相互作用、联结关系以及一个过程的输出与下一个或几个过程的输入关系。

（4）对过程及过程的相互作用进行管理，包括确定过程活动的职责、权限，过程相互作用中的沟通，以及对过程使用资源的管理。

过程方法将相关资源和活动作为过程进行管理，使资源的投入、管理的方式及要求、测量方式和改进活动等有机结合，从而有效地利用资源、降低成本、缩短周期。过程方法强调识别和管理众多相互关联的过程，有利于消除职能部门之间的障碍，确保体系的系统性和各项活动之间的协调性。

（三）质量管理常用的统计方法

质量管理统计方法是运用数理统计的原理，通过对具有代表性的局部情况进行调查分析，找出局部质量变化的规律性，并据此预测和推断总体的质量，从而进行质量控制。

质量管理常用统计方法有分层法、排列图法、因果分析图法、直方图法、相关图法、控制图法、统计分析表法，通常称为质量管理的七种工具。

1. 分层法

分层法又称为分类法，是将零乱的质量数据按照不同的目的加以分类，并进行加工整理和分析影响质量问题的原因的一种方法。它可使杂乱的数据和错综复杂的因素系统化、条理化，从而找出主要问题和解决的办法。分层可按不同的标志进行，通常有以下几种：按操作者的年龄、技术等标志分层；按材料的产地、制造厂、成分、尺寸、批量、型号等标志分层；按设备的日期、班次等标志分层。另外，还可以按操作方法、环境、工序、测量方法等标志分层。

2. 排列图法

排列图法又称为主次因素分析图法，是将影响产品质量的各因素按其对质量影响程度的大小顺序排列，从而找出影响质量的主要因素。

实例链接

例 4—6

某企业生产的某型号无缝钢管不合格数为 120 根，统计数据见表 4—3，根据统计表做出的排列图如图 4—8 所示。

表 4—3　　　　　　　　　　　无缝钢管不合格统计表

原因	频数（件）	频率（%）	累计频率（%）
壁厚不匀	75	62.5	62.5
裂纹	22	18.3	80.8
伤痕	12	10.1	90.8
毛刺	6	5.0	95.8
其他	5	4.4	100
总计	120	100.0	

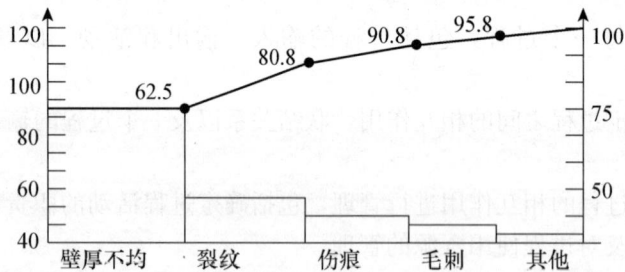

图 4—8　排列图

图 4—8 中，横坐标表示影响产品质量的因素，并按频率高低从左到右排列。两个纵坐标，左边纵坐标表示频数，右边纵坐标表示频率。按每一因素频数大小绘制方形并按累计频率划出折线。累计频率分三类：0～80% 为 A 类，相对应的因素是影响产品质量的主要因素；80%～90% 为 B 类，是次要因素；90%～100% 为 C 类，是一般因素。本例中产生不合格品的主要因素是"壁厚不匀"和"裂纹"两项。

---

3. 因果分析图法

因果分析图法是从某一质量问题出发，层层分析、寻找产生这种结果的原因（一般从 4M1E 入手），直至采取措施解决质量问题为止。因果分析图法一般在图中进行，将大家提出的看法整理后反映在图上，运用时，一般是把与某一质量问题有关的人员组织起来，采用分析讨论会的方式，大家畅所欲言、集思广益，找出影响质量的原因，并有系统地分析出它们的因果关系。因果分析图如图 4—9 所示。

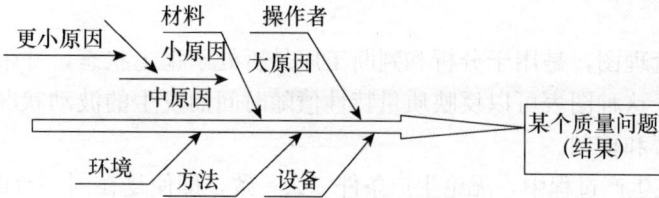

图 4—9　因果分析图

4. 直方图法

直方图是将工序中随机抽样得到的质量数据整理后分成若干组，画出以组距为底边、以频数为高度的系列矩形连接起来的矩形图，是表示质量数据离散程度的一种图形。

通过直方图可认识产品质量的分布状况，判断工序质量的好坏，预测制造质量的发展趋势，及时掌握工序质量变化规律。在生产正常情况下，直方图呈正态分布形状，分布在公差范围之内，如图 4—10 所示。如果根据实际资料绘出的图不是正态分布状的直方图，说明工序质量不稳定，易出现不合格品，需找出原因，采取措施及时予以纠正。

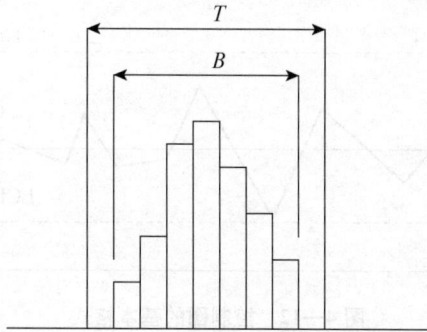

图 4—10　直方图分布范围与公差

5. 相关图法

相关图又称散布图，它是分析研究两个变量之间相关关系的一种图表。在产品质量和影响质量的因素之间，常常有一定的依存关系，这种关系有的是确定的函数关系，有的则是不确定的关系。如施肥量与粮食产量的关系，它们之间的关系不能用函数式表达，但又确实存在一种数量上的依存关系。这种关系称为相关关系。相关图就是反映和分析这种相关关系的工具。

在质量管理中运用相关图法，可帮助我们判断各种因素对产品质量有无影响及其影响程度，以便对产品和工序进行有效控制。相关图示例如图 4—11 所示。

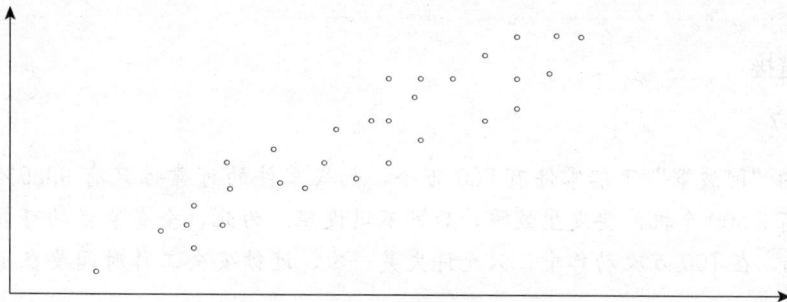

图 4—11　相关图

6. 控制图法

控制图又称管理图，是用于分析和判断工序是否处于稳定状态，并带有控制界限的一种质量管理图表。这种图表可以反映质量特性值随时间而发生的波动状况，从而对生产过程进行分析、监督和控制。

实践证明，在生产过程中，无论生产条件多么一致，即使是在同一台设备上、由同一个工人用同样的材料和加工方法生产出来的同一批零件，都会存在一定的差异。这就是质量数据的波动性。从统计学的角度看，这种波动可分为两种情况，一是正常波动，即生产条件在正常情况下的波动，这时的生产过程为受控状态。造成这种波动的因素称为偶然性因素，如机床的微小震动、原材料中的微量杂质或性能上的微小差异、工人操作时动作的微小变化等。这些因素对产品质量的影响很小，故不需要进行控制。二是异常波动，即生产条件发生重大变化所引起的。这类波动出现说明生产过程处于失控状态，会影响产品质量。造成异常波动的因素称为系统性因素，如设备故障、材料不符合要求、方法错误、操作者违反规程、量具失准等。这类因素对产品质量影响较大，一旦出现应及时查明原因，采取措施予以纠正。

控制图的基本格式如图4—12所示。

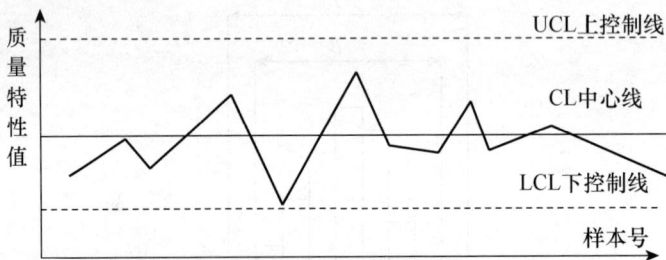

图4—12　控制图的基本格式

在正常情况下，质量特性值是服从正态分布规律的，即以期望值（理想的质量目标）X为中心线，以$X+3$为上下控制界限，99.73％的质量数据应落在界限内。如果实际的质量分布超出这个范围，或是非随机排列，则说明生产过程不正常，有系统性因素起作用。控制图就是根据这一规律来控制生产过程的。

7. 统计分析表法

统计分析表是用来统计分析质量问题的各种统计报表。通过这些统计表可以进行数据的收集、整理并粗略分析影响质量的原因。统计分析表往往与分层法同时使用，这样可以使影响质量的原因更加清楚。

实例链接

例4—7

美国的"阿波罗"飞船零件有560万个，如果零件的可靠性只有99.9％，则飞行中就可能有5 600个机件要发生故障，后果不堪设想。为此，全套装置的可靠性要求在99.999 9％，在100万次动作中，只允许失灵一次，连续安全工作时间要在1亿小时到10亿小时。

如此苛刻的要求，单靠统计方法控制是不够的，还需要一系列的组织管理工作，要对设计、准备、制造销售和使用等环节都进行全面质量管理。因此，质量管理的方法也必须随着质量要求的不断提高而不断整合和完善。

思考与讨论

1. 企业选址应该考虑哪些因素？有哪些选择方法？
2. 生产计划的编制原则和编制方法有哪些？
3. 如何进行生产过程的时间组织和空间组织？
4. 生产过程的组织形式有哪些？
5. 质量管理的内容是什么？
6. 质量管理的方法有哪些？

拓展训练

为当地某一生产企业提出全面质量管理建议。

学习情境 5　销售产品

顾客比上帝重要，你可以欺骗上帝一百次，但决不能欺骗顾客一次。

——佚名

市场营销是企业的基础，从营销的最终结果，亦即从顾客的观点看，市场营销就是整个企业。

——彼得·德鲁克

◎**学习情境**

李强公司的产品不负众望生产出来了。由于产量提升，李强发现产品开始积压，李强马上召开公司中层会议。赵欣作为公司销售总监主持会议，会上李强介绍了公司发展现状，各部门经理分别发表意见，仁者见仁，智者见智，但都对目前产品的积压问题束手无策。同学们，如果你遇到这一问题该怎么办？

【学习目标】

能通过本学习情境的学习，掌握市场分析和定位、企业整体产品设计、产品定价、产品销售渠道构建、产品促销等相关知识，能进行企业整体产品设计、产品定价、产品销售渠道构建、产品促销等活动，客观组织企业市场营销过程。

【情境任务】

任务1　市场细分与定位

任务2　整体产品设计

任务3　制定产品价格

任务4　选择产品销售渠道

任务5　产品促销

【学习建议】

1. 认识并熟悉整体产品设计的基本思路。
2. 熟练掌握产品定价的一般方法。

3. 掌握产品销售渠道的选择和管理的基本策略。

4. 掌握产品促销的基本方式，能进行产品促销策划和有效组织促销活动。

情境任务 1　市场细分与定位

◎情境导入

针对现状，李强带领团队首先分析了自己企业生产的产品的市场定位情况，发现在市场上同类产品品牌林立，自己企业的产品形象不突出，市场竞争力不足。因此，李强决定重新进行产品市场定位。同学们，请和李强一起学习如何进行产品市场定位吧。

> **思考：你认为企业应如何进行产品市场定位，以期未来获得良好的市场营销效果**？

行动任务　确定公司目标市场

1. 任务描述

针对公司生产或经营的产品，进行市场细分，通过市场细分选定公司的目标市场并对产品进行定位，结合自身企业的资源、产品的特点、竞争对手的目标市场营销策略、市场特点、市场供求状况等因素确定本公司的目标市场策略。

2. 任务建议

没有设立公司或没有经营产品的，可以针对日常生活中经常消费的某种产品进行市场细分，确定目标市场策略，以期能找到新的市场机会。

3. 任务要求

小组要先进行相关理论学习，掌握相关营销理念，在此基础上进行市场分析，确定目标市场。

学习任务　市场细分与目标市场

一、市场营销理论基础

（一）市场的含义

市场是商品经济的范畴，哪里有商品生产和商品交换，哪里就有市场。市场也是一个历史的范畴，市场是随着社会分工和商品经济的发展而产生与发展的，市场的概念随着市场活动的发展和市场范围的扩大而变化。关于市场的含义，从不同的角度可以有不同的理解：

（1）市场是指商品交换的场所。对市场的这种认识是从地理因素上把市场理解为特定的空间，即买方、卖方、商品聚集和交换的特定空间，把市场视为买方和卖方聚集在一起进行商品交换的场所。这是对市场含义的狭义理解。随着现代通信技术的发展，特别是计算机、互联网等技术的广泛应用，商品交换活动已经突破了时间和空间限制，网上交易的不断发展使得市场的时间和空间越来越广泛。

（2）市场是指具有特定需要和欲望，并且愿意和可能通过交换来满足需要和欲望的全部潜在顾客。

从企业的角度出发，我们可以把市场看作是一切具有特定欲望和需求，并且愿意和能够交换这些需求的潜在顾客。对于商品的需要和欲望，是推动顾客购买商品的动力，是实现交换的核心因素。对于产品来说，有人买就意味着有市场，买的人越多，市场就越大。因此，我们可以把市场的基本构成因素概括为人口、购买力、购买欲望。即：

市场＝人口＋购买力＋购买欲望

（3）市场是各类市场主体之间交换关系的总和。随着商品经济的发展，商品交换已不仅是在某一固定的时间和地点进行，涉及的人员已不仅仅是买方、卖方和商业中介人，经济学家从揭示事物的本质出发，把市场的概念表述为市场是买方和卖方交换关系的总和。在市场经济下，交换关系广泛存在于社会关系的各个方面，是不受时空因素制约的。因此，市场主要表现为一种社会经济关系。

（二）市场营销的含义

市场营销是指在符合社会利益的前提下，通过市场交换活动，满足消费者或用户的现实或潜在需求，从而实现企业经营目标的综合性活动过程。

根据这一概念我们可以归纳出以下要点：

（1）市场营销的目的是满足消费者或用户现实的或潜在的需求。满足需求既是企业经营活动的目标，也是企业经营活动的起点，以市场为起点、从需求出发，才能保证企业的经营方向。

（2）市场营销的核心是商品或劳务的交换。交换是实现商品或劳务价值、取得利润的关键，是检验企业经营效果的重要环节。

（3）市场营销的手段是开展综合性经营、销售活动。包括需求研究、市场开发、产品研发、产品定价、建立销售渠道、实施销售促进等，这一系列相互关联、相互制约、循环往复的活动构成了完整的市场营销过程，如图5—1所示。

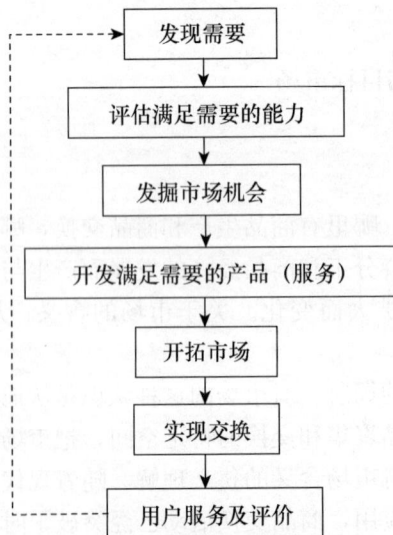

图5—1　市场营销过程

可见，市场营销是以交换为中心的一系列综合性活动。但是从企业经营的角度看，交换并不是市场营销活动的全部，它只是营销过程的一个重要步骤。正如美国管理大师彼得·杜鲁克所说的，"销售是冰山上的顶点"，营销的真正内涵是使销售成为多余，只要能认清消费者的需要，开发出适当的产品，做好有效的定价、分销和推广及服务活动，销售就应该是一件轻而易举的事。

（三）市场营销观念

市场营销观念是指企业对市场及其经营活动的基本看法和指导思想，是企业进行市场营销决策、组织和从事市场营销活动的指导思想，是企业的经营思想或商业哲学。不同的市场营销观念会导致对市场的不同看法，导致营销活动的不同取向，最终将导致不同的经营效果。从 20 世纪 20 年代开始，市场营销观念经历了"以企业为中心""以消费者为中心""以社会长远利益为中心"等发展阶段。

1. 以企业为中心的观念

（1）生产观念。

生产观念产生于 19 世纪末到 20 世纪初。当时，由于经济和技术比较落后，消费者并不富裕，而且国内市场和国际市场都在扩大，生产的发展不能满足消费需求的增长，消费者的需求量大，多数商品处于供不应求的卖方市场。销售与消费只是被动地适应市场，企业生产什么，市场就销售什么，生产多少就销售多少，没有多大的选择余地。只要有商品，质量尚可，价格便宜，就不愁在市场上找不到销路，有许多产品是顾客上门求购。所以，当时支配企业的是生产观念。在生产观念的指导下，企业普遍认为，只要能向顾客提供买得起、买得到的产品，就会实现销售。生产的关键就在于降低成本、扩大产量、提供价廉的产品。因此，企业只注重生产，无须关心市场。

（2）产品观念。

产品观念产生于 19 世纪末到 20 世纪初。这种观念认为，消费者总是喜欢质量高、性能好、有特色、价格合理的产品，只要注意提高产品质量，做到物美价廉，就一定会产生良好的市场反应，消费者就会自动找上门来，因而无须花力气开展营销活动。

产品观念核心思想是：消费者最喜欢高质量、多功能和具有某些特色的产品。因此，企业管理的中心是致力于生产优质产品，并不断精益求精。其典型口号：质量比需求更重要。产品观念的危害是营销近视症。

（3）推销观念。

推销观念亦称销售观念，认为消费者一般不会自觉地购买足够用的产品，企业应加强推销和促销，以刺激和诱导消费者大量购买，从而扩大销售，提高市场占有率，取得更多的利润。其具体表现是：企业卖什么，人们就买什么。

推销观念产生于由卖方市场向买方市场转变的过程中。许多企业认识到，即使有高质量的产品也未必能卖得出去，要在激烈的市场竞争中求得生存并不断发展，企业的中心工作必须由生产转移到促进销售上来，由此形成以推销观念为核心的营销理念。

推销观念尽管走出了只顾生产、眼光向内的狭隘，开始把眼光转向市场。但认识还是肤浅的，还存在严重的缺陷。第一，营销工作的滞后性。不进行事前的市场调查与预测，只有产品卖不出去造成积压后才想方设法搞推销。这种滞后性的推销工作往往带有非常盲目的性质，必然导致企业生产经营活动的恶性循环，被市场牵着鼻子走。第二，企业工作重心错位、损坏企业形象。由于过分强调推销的作用，急于推销产品，使企业的工作重心全部放在产品推销上面，影响企业其他经营活动的开展；另外，企业在推销产品的过程中，很容易产生硬性推销、强买强卖、滥用广告的现象，既损害了消费者的利益，又损害了企业自身的声誉，最终影响企业的长远利益。

2. 以消费者为中心的观念

第二次世界大战以后，随着科学技术的进步，市场可供的产品数量激增，品种日新月异；同时由于大量的军工企业转为生产民用产品，使商品市场的供应量急剧扩大，供给大于需求的买方市场逐渐形成。在买方市场条件下，消费者有了充分选择商品的余地。另外，随着消费者的收入水平和文化生活水平的提高，消费需求日益向求便利、追时尚、求愉悦、多变化的方向发展。市场环境的变化向企业的生存与发展提出了严峻的挑战，过去那种"酒香不怕巷子深"的优越感已不复存在。面对日益激烈的市场竞争，谁拥有顾客，谁就得以生存和发展，从而使市场营销理念进入第二个阶段——市场营销观念阶段。

市场营销观念是作为对传统观念的挑战而出现的一种新型的企业经营哲学。市场营销观念认为，实现企业各项目标的关键，在于正确确定目标市场的需要和欲望，并且比竞争者更有效地为目标市场提供所期望的物品或服务，比竞争者更有效地满足目标市场的需要和欲望。可见，市场营销观念是一种以顾客需要和欲望为导向的经营哲学，是消费者主权论在企业市场营销管理中的体现。在这种观念指导下，企业一切活动都以顾客的需求为中心，在满足消费者需求的基础上实现企业的利润。因此，人们把这一观念也称为市场导向观念。

情境案例

通用汽车公司的经营观

美国通用汽车公司于1908年成立，由杜邦财团控制。1928年以前，它是市场占有率远远低于福特汽车公司的一个弱手。1923年，斯隆任通用汽车公司总经理，改革了经营组织，要求公司高层领导人抓经营、抓战略性决策，日常的管理工作由事业部去完成。同时，提出"汽车形式多样化"的经营方针，以满足各阶层消费者的需要。通用公司抓住消费者对汽车的需求不再只满足于单调的黑色T型车，希望得到款式多样、色彩鲜艳、驾驶灵活、体现个性、流线型汽车的需求变革时机，推出了适应市场需要的汽车，很快占领了市场。1923年通用汽车公司的市场占有率仅12%，远远低于福特汽车公司，1928年市场占有率达到30%以上，超过福特汽车公司，1956年市场占有率达53%，成为美国最大的汽车公司。

3. 以社会长远利益为中心的观念

20世纪70年代，以美国为代表的一些营销学专家对以顾客为核心的营销理念产生了怀疑，提出了一系列新的观念，以修正和替代简单的市场营销观念，如人性观念、明智的消费观念、生态强制的观念等。这些新的观念所关注的都是同一社会问题的不同方面，因此被统称为社会营销观念。

社会营销观念作为一种新的市场营销理念，其核心观点是：企业提供产品和服务，不仅要满足消费者的市场需求或短期欲望，而且要符合消费者的长远利益和社会的长远发展，改善社会福利。即企业决策者在确定经营目标时，应当根据自己企业的优势，既要考虑市场需求，又要注意消费者的长远利益和社会利益，综合运用各种营销手段，引导消费者合理消费，实现企业利益和社会效益的统一。

二、市场细分

(一) 市场细分的含义和作用

市场细分是指根据消费者明显的、不同的特性，把一种产品的整体市场分割为两个或更多个分市场，每个分市场都是由需要与欲望相同的消费者群组成，从而确定目标市场的过程。

实行市场细分，可为企业认识、研究市场，选择目标市场提供依据。市场细分的作用主要有：

(1) 有利于企业选择、确定目标市场；

(2) 有利于企业发现市场机会；

(3) 有利于企业规划市场营销方案，使企业集中人、财、物和信息等资源条件，形成经营规模；

(4) 有利于制定和调整市场营销组合策略。

(二) 市场细分的标准

消费者市场细分标准可归纳为四大类：地理环境因素、人口因素、消费心理因素和消费行为因素。这些因素有些相对稳定，有些则处于动态变化中。

(1) 地理环境因素。即按照消费者所处的地理位置、自然环境来细分市场。具体变量包括国家、地区、城市规模、气候及人口密度等。处于不同地理位置的消费者，对同一类产品往往呈现出差别较大的需求特征，对企业营销组合的反应也存在较大的差别。例如，对防暑降温、御寒保暖之类的消费品按照不同气候带细分市场是很有意义的。但是，就总体而言，地理环境中的大多数因素是一种相对静态的变量，企业营销必须研究处于同一地理位置的消费者和用户对某一类产品需求或偏好的差异。因此，还必须同时依据其他因素进行市场细分。

(2) 人口因素。指各种人口统计变量，包括年龄、婚姻、职业、性别、收入、受教育程度、家庭生命周期、国籍、民族、宗教、社会阶层等。比如，年龄不同、受教育程度不同的消费者在价值观念、生活情趣、审美观念和消费方式等方面会有很大的差异。

(3) 消费心理因素。即按照消费者的心理特征差异细分市场。按照地理和人口等标准划分的处于同一群体中的消费者对同类产品的需求仍会有差异性，这可能是消费心理因素在发挥作用。心理因素包括个性、购买动机、价值观念、生活格调、追求的利益等变量。

(4) 消费行为因素。即按照消费者的购买行为细分市场，包括消费者进入市场的程度、使用频率、偏好程度等变量。按消费者进入市场程度，通常可以划分为常规消费者、初次消费者和潜在消费者。在常规消费者中，不同消费者对产品的使用频率也很悬殊，可以进一步细分为"大量使用户"和"少量使用户"。

(三) 市场细分的原则

进行市场细分除了要有明确的细分标准外，还应注意把握好市场细分的原则。从企业市场营销的角度看，进行市场细分时，必须认真分析、测定细分后的市场是否具备从事有效经营的条件。一般而言，成功且有效的市场细分应遵循以下基本原则：

（1）可衡量性。即该细分市场购买者的资料必须能够加以衡量和推算，否则，将不能作为细分市场的依据。比如在我国的电冰箱市场上，在重视产品质量的情况下，有多少人更注重价格，有多少人更重视耗电量，有多少人更注重外观，或兼顾几种特性。当然，将这些资料予以数量化是比较复杂的过程，必须运用科学的市场调研方法。

（2）可实现性。即企业所选择的目标市场是否易于进入，营销工作是否可行，企业的营销组合通过适当的营销途径是否能达到目标市场等。比如，通过适当的营销渠道，产品可以进入企业选中的目标市场，通过适当的媒体可以将产品信息传达到企业选中的目标市场，并使有兴趣的消费者可以通过适当的方式购买到产品等。

（3）可盈利性。即所选择的细分市场应该有足够的需求量和一定的发展潜力，以保证企业获得长期稳定的利润。应当注意的是，需求量是指对本企业产品而言的，并不是泛指的人口和购买力。

（4）可区分性。指在不同的细分市场之间，在概念上可清楚地加以区分。比如女性化妆品市场可依据年龄层次和肌肤的类型等变量加以区分。

✐ 情境案例

福特汽车目标市场的界定

福特汽车公司曾经在 20 世纪 50 年代打算采用特殊的产品设计，建设与大众化汽车生产不同的生产线及工装设备，专门为 1.2 米以下的侏儒生产特制汽车，这虽然造成了成本的增加，但却更好地满足了这类特殊消费者的需求。通过周密的市场调研与细分后，福特汽车公司发现这一汽车细分市场的需求极其有限，人口较少，盈利前景暗淡，最终放弃了这一构想。

（四）市场细分的程序

细分市场的程序包括以下七个步骤：

（1）选定产品市场范围。即确定进入什么行业，生产什么产品。产品市场范围应根据潜在消费者的需求来确定，而不能根据产品本身特性来确定。例如，某一房地产公司打算在乡间建造一幢简朴的住宅，如果只考虑产品特征，该公司可能认为这幢住宅的出租对象是低收入消费者，但从市场需求角度来看，高收入者也可能是这幢住宅的潜在消费者。因为高收入者在住久了高楼大厦之后，恰恰可能向往乡间的清静，从而可能成为这种住宅的潜在消费者。

（2）列举潜在消费者的基本需求。比如，企业可以通过市场调查，了解潜在消费者对前述住宅的基本需求。这些需求可能包括遮风避雨，安全、方便、宁静，设计合理，室内陈设完备，工程质量好等。

（3）了解不同潜在消费者的不同要求。对于列举出来的基本需求，不同潜在消费者强调的侧重点可能会存在差异。比如，经济、安全、遮风避雨是所有潜在消费者共同强调的，但有的潜在消费者可能特别重视生活的方便，而有的用户则对环境的安静、内部装修等有很高的要求。通过这种差异比较，不同的潜在消费者群体就可初步被识别出来了。

（4）抽掉潜在消费者的共同要求，以特殊需求作为细分标准。上述所列购房的共同要求固然重要，但不能作为市场细分的基础。如遮风避雨、安全是每位潜在消费者的要求，就不能作为细分市场的标准，因而应该剔除。

（5）根据潜在消费者基本需求上的差异，将其划分为不同的群体或子市场，并赋予每一子市场一定的名称。例如，西方国家的房地产公司常把购房的潜在消费者分为好动者、老成者、新婚者、度假者等多个子市场，并据此采用不同的营销策略。

（6）进一步分析每一细分市场的需求与购买行为特点，并分析其原因，以便在此基础上决定是否可以对这些细分出来的市场进行合并，或做进一步细分。

（7）估计每一细分市场的规模，即在调查基础上，估计每一细分市场的潜在消费者数量、购买频率、平均每次的购买数量等，并对细分市场上产品竞争状况及发展趋势做出分析。

企业在运用细分标准进行市场细分时必须注意以下问题：第一，市场细分的标准是动态的。市场细分的各项标准不是一成不变的，而是随着社会生产力及市场状况的变化而不断变化的，如年龄、收入、城镇规模、购买动机等都是可变的。第二，不同的企业在市场细分时应采用不同标准。因为各企业的生产技术条件、资源、财力和营销的产品不同，所采用的标准也应有区别。第三，企业在进行市场细分时，可采用一项标准，即单一变量因素细分，也可采用多个变量因素组合或系列变量因素进行市场细分。

（五）市场细分的方法

根据市场细分的程度不同，市场细分大致包括以下几种方法：

1. **完全无细分**

完全无细分指有意识地不根据消费者需求的不同加以细分。目的是强调市场中的共性，忽略个性，以减少生产、运营成本。采用此方法主要集中于能源产品，如水、电等。

2. **完全细分**

完全细分又称为极端细分或超细分。即认为每一个消费者都可能是一个单独的市场，完全可以按照这个市场所包括的消费者数目进行最大程度的细分，细分后的小市场也就是构成此市场的购买数目。

3. **按一个影响需求因素细分**

这种方法是对某些通用性比较大、选择性不强的产品，根据影响消费者需求的某一个重要因素进行市场细分。如儿童书籍市场，可以按照儿童的年龄划分为学龄前、学龄儿童及青少年等市场。服装企业按年龄细分市场，可分为童装、少年装、青年装、中年装、中老年装、老年装；或按气候的不同可分为春装、夏装、秋装、冬装。

4. **按两个以上影响需求因素细分**

大多数产品的销售都受购买者的多种因素的影响，如不同年龄范围的消费者，因收入的不同，也会产生需求的差异。同一年龄范围和同一收入阶层的消费者，会因性别、居住地区及其他许多情况的不同而呈现复杂互不相同的需求。按两个以上影响需求因素细分就是根据影响消费者需求的两种或两种以上的因素进行市场细分。

5. **按系列变量因素细分**

这种方法是根据企业经营的特点，按照影响消费者需求的所有因素，由粗到细地进行市场细分。这种方法可以使目标市场更加明确而具体，有利于企业更好地制定相应的市场营销策略。如：自行车市场可按地理位置（城市、郊区、农村、山区）、性别（男、女）、年龄（儿童、青年、中年、中老年）、收入（高、中、低）、职业（工人、农民、学生、职员）、购买动机（求新、求美、求价廉物美、求坚实耐用）等变量因素进行市场细分。

三、目标市场与市场定位

（一）目标市场的含义

目标市场是指企业在市场细分的基础上所选定的、准备以相应的产品和服务满足其需要的一个或几个子市场。

目标市场的选择策略，即关于企业为哪个或哪几个细分市场服务的决定。通常有五种模式供参考：

（1）市场集中化，即企业选择一个细分市场集中力量为之服务。较小的企业一般采用这种模式专门填补市场的某一部分。集中营销使企业深刻了解该细分市场的需求特点，采用有针对性的产品、价格、渠道和促销策略，从而获得强有力的市场地位和良好的声誉，但同时隐含较大的经营风险。

（2）产品专门化，即企业集中生产一种产品，并向所有顾客销售这种产品。例如服装厂商向青年、中年和老年消费者销售高档服装，企业为不同的顾客提供不同种类的高档服装产品和服务，而不生产消费者需要的其他档次的服装。这样，企业在高档服装产品方面易树立较高的声誉，但一旦出现其他品牌的替代品或消费者流行的偏好转移，企业将面临巨大的威胁。

（3）市场专门化，即企业专门服务于某一特定顾客群，尽力满足他们的各种需求。例如企业专门为老年消费者提供各种档次的服装。企业专门为这个顾客群服务，能建立良好的声誉，但一旦这个顾客群的需求潜量和特点发生突然变化，企业要承担较大风险。

（4）有选择的专门化，即企业选择几个细分市场，每一个细分市场对企业的目标和资源利用都有一定的吸引力，但各细分市场彼此之间很少或根本没有任何联系。这种策略能分散企业经营风险，即使其中某个细分市场失去了市场占有率，企业还能在其他细分市场盈利。

（5）完全市场覆盖，即企业力图用各种产品满足各种顾客群体的需求，即以所有的细分市场作为目标市场，例如服装厂商为不同年龄层次的顾客提供各种档次的服装。一般只有实力强大的大企业才能采用这种策略。例如，IBM公司在计算机市场、可口可乐公司在饮料市场开发众多的产品，以满足各种消费需求。

（二）市场定位

市场定位是指企业根据竞争者现有产品在市场上所处的位置，针对顾客对该类产品某些特征或属性的重视程度，为本企业产品塑造与众不同、印象鲜明的形象，并将这种形象生动地传递给顾客，从而使该产品在市场上确定适当的位置。

1. 市场定位的作用

著名的营销专家里杰克·特劳特指出，知名产品在顾客心目中都有一个位置，而且一旦占据了顾客心目中的这个位置，其他竞争者就难以入侵了。市场定位的作用主要表现在以下两个方面：

（1）市场定位有利于建立企业及产品的市场特色，是企业参与市场竞争的有力武器。

在现代社会，市场竞争异常激烈，许多市场都存在严重的供大于求现象。企业为使自己生产经营的产品获得稳定销路，防止被其他厂家的产品所替代，就必须从各方面树立自己的市场形象，以期获得顾客的偏爱。

（2）市场定位决策是企业制定市场营销组合策略的基础。市场定位制约着企业的市场营销组合。例如，某企业决定生产销售优质低价的产品，这样的定位就决定了产品的质量要高，价格要定得低；广告宣传的内容要突出强调企业产品质优价廉的特点，要让目标顾客相信货真价实，低价也能买到好产品；分销储运效率要高，以保证低价出售仍能获利。也就是说，企业的市场定位决定了企业必须设计和发展与之相适应的市场营销组合。

2. 市场定位的步骤

进行产品市场定位，一般需要遵循以下步骤：

（1）识别潜在竞争优势。

识别潜在竞争优势是市场定位的基础。通常企业的竞争优势表现在两个方面：成本优势和产品差别化优势。成本优势使企业能够以比竞争者低廉的价格销售相同质量的产品，或以相同的价格水平销售更高质量的产品。产品差别化优势是指产品独具特色的功能和利益与顾客需求相适应的优势，即企业向市场提供的产品在质量、功能、品种、规格、外观等方面比竞争者更能满足顾客的需求。为实现此目标，企业首先必须进行规范的市场调研，切实了解目标市场的需求特点以及这些需求被满足的程度。一个企业能否比竞争者更深入、更全面地了解顾客，是能否取得竞争优势、实现产品差别化的关键。另外，企业还要研究主要竞争对手的优势和劣势，知己知彼，方能战而胜之。企业可从以下三个方面评估竞争对手：一是竞争者的业务经营情况，譬如，估测其近三年的销售额、利润率、市场份额、投资收益率等；二是评价竞争者的核心营销能力，主要指产品质量和服务质量的水平等；三是评估竞争者的财务能力，包括获利能力、资金周转能力、偿还债务能力等。

通过对上述问题的调研分析，企业可以把握和确定自己的潜在竞争优势。

（2）准确选择竞争优势，对目标市场初步定位。

选择竞争优势实际上就是把企业与竞争者各方面实力相比较的过程，通常分析、比较企业与竞争者在经营管理、技术开发、采购、生产、市场营销、财务和产品七个方面，确定企业究竟哪些是强项，哪些是弱项。只有这样，才能准确地把握企业的相对竞争优势，选出最适合本企业的优势项目，以初步确定企业在目标市场上所处的位置。

（3）制定体现企业核心优势的战略。

企业的核心优势不会自动地在市场上得到充分表现。为此，企业必须制定明确的市场营销战略来充分表现其优势和竞争力。譬如，通过广告宣传、促销等，使企业核心优势逐渐形成一种鲜明的市场特征，并使这种特征与顾客的需求和追求相吻合。

3. 市场定位的方法

为能正确地进行市场定位，必须要考虑两个方面的因素：首先，要了解消费者重视的产品属性有哪些；其次，要了解竞争者的定位。据此选择和确定自己的产品定位——应该是消费者所重视的，并且与竞争者不同。

知识链接

具体来讲，有以下几种定位方法可供选择：

（1）"抢占第一"的定位。因为在很多情况下，第一名往往可以给人们留下深刻的印象，如大家都知道为中国赢得第一块奥运金牌的运动员是许海峰，但第二块金牌是谁得的？恐怕绝大多数人都回答不上来。可见，抢占第一是非常有利的定位策略。

企业可以为自己的产品选择确定某种特征上的"第一名"，进而着力宣传这一特色。例如中国香港特别行政区的几大银行成功的市场定位，它们分别选择了分行最多、服务最佳、历史最悠久、有最强大后盾等不同的特色，突出了各自最大的优势。

（2）比附定位（或称依附定位）。比附定位就是攀附名牌，借名牌之光使自己的品牌生辉。如内蒙古的宁城老窖酒，其宣传广告是"宁城老窖——塞外茅台"，就达到了很好的定位效果。有些企业很难争得前两名，也可借助群体的声望，提升自己的地位。如宣传自己是本省五大驰名商标之一、全国十大名牌之一等。

（3）利益定位。利益定位就是根据产品所能满足的需求或所能提供的利益来定位。如冷酸灵牙膏的定位是"冷热酸甜，想吃就吃"，佳洁士牙膏的定位是"高效防蛀"，海飞丝洗发液的定位是"去头屑"，宝马轿车的定位是"享受快乐驾驶"等。

（4）使用者定位。使用者定位就是把产品与适当的使用者联系起来的定位。如金利来的宣传是"金利来，男人的世界"；百事可乐的定位是"新一代的选择"。

（5）质量或价格定位。质量或价格定位就是从质量或价格的角度来进行定位，如宣传"高品质"、"物美价廉"等，因为产品的这两种属性通常是消费者在做购买决策时最为关注的要素。

四、目标市场营销策略

（一）无差异市场营销策略

无差异市场营销策略又叫整体市场销售策略，是指企业以一种产品、一种营销手段，试图在整个市场上吸引尽可能多的顾客的策略。

知识链接

无差异市场营销策略的优点是可以降低成本。这是因为：采取无差异市场营销策略，企业产品单一，企业可实行机械化、自动化和标准化大量生产，从而降低成本，提高产品质量，使企业以物美价廉的产品满足消费者的需要；并且无差异的广告宣传，单一的销售渠道，也节约了销售费用，节省了市场细分所需的调研费用和产品开发设计费用。无差异市场营销策略的缺点是：由于该策略忽视顾客的需求差异，不能满足不同消费者的需求和爱好，容易造成市场竞争激烈和市场饱和，使企业面临较大的经营风险。无差异市场营销策略适用于大公司且产品销售对象为需求差异不大但需求量较大的消费者。

（二）差异性市场营销策略

差异性市场营销策略，是指企业推出多种产品、采用不同的营销手段，以满足各个细分市场不同需求的策略。差异性市场营销策略是目前普遍采用的策略，这是科技发展和消费需求多样化的结果，也是企业之间激烈竞争的结果。如当前不少企业实行产品多品种、多规格、多款式、多价格、多种分销渠道、多种广告形式等措施，就是差异性营销策略的运用。

知识链接

　　差异性市场营销策略的优点有三个方面：企业拥有多个细分市场，即使某一细分市场发生剧变，也不会使企业全盘陷入困境，使经营风险大大降低；企业能较好地满足不同消费者的需求与爱好，容易适应市场需求的发展变化，利于增强企业的市场竞争力，因而一般比无差异市场营销策略创造的总销售额要大；采用多种营销组合利于提高企业的知名度，利于树立品牌形象而带动其他子市场的发展，形成连带优势。差异性市场营销策略的不足之处在于，由于多品种经营、多营销组合，使得成本高，收益率不能事先预见。该策略适用于大多数企业和大多数产品，范围较为广泛。

（三）集中性市场营销策略

　　集中性市场营销策略又叫密集性市场策略。集中性市场营销策略是指企业集中力量推出一种或少数几种产品和营销手段，对一个或少数几个子市场加以满足的策略。集中性市场营销策略与无差异性市场营销策略的区别：后者把整个市场作为目标市场，前者则以整个市场中的某个（些）细分市场为目标市场。这一策略不求在一个大市场中占有小份额，而追求在一个小市场中占有大份额。其立足点是，与其在总体上占劣势，不如在小市场上占优势。

知识链接

　　集中性市场营销策略的优点：经营对象集中，利于深入了解目标市场的需求和爱好，从而有针对性地推出特色产品，较易在某个特定市场获得较高的投资收益率；生产专业化程度高，企业可有针对性地采取营销组合，节约成本和费用。集中性市场营销策略的缺点：企业把全部资源集中于较小的市场，经营风险较高；同时，由于市场较窄，容易引起其他厂商进入，使竞争加剧。集中性市场营销策略适用于资源有限的中小企业，或者是初次进入新市场的大企业。

　　从以上可以看出三种目标市场营销策略各有利弊，企业在具体选择运用时需要考虑以下主要因素：

　　（1）企业的资源。如果企业资源雄厚，可以考虑实行差异市场营销；否则，最好实行无差异市场营销或集中性市场营销。

　　（2）产品的特点。一般来说，对于同质产品或需求上共同性较大的产品，一般宜实行无差异市场营销；对于异质产品或需求上差异较大的产品，则应实行差异性市场营销或集中性市场营销。

　　（3）产品所处的生命周期阶段。一般来说，处在导入期或成长期的新产品，市场营销重点是启发和巩固消费者的偏好，最好实行无差异市场营销或针对某一特定子市场实行集中性市场营销；当产品进入成熟期时，市场竞争激烈，消费者需求日益多样化，可改用差异性市场营销战略来开拓新市场，满足新需求，延长产品生命周期。

（4）竞争对手的目标市场营销策略。一般来说，企业的目标市场营销策略应与竞争者有所区别，反其道而行之。如果竞争对手采取无差异营销策略时，企业适宜采取差异性或集中性营销策略。

（5）市场特点。如果市场需求差别大，企业可以采取差异性或集中性营销策略；若市场需求差异很小或无差异，则适宜采取无差异营销策略。

（6）市场供求状况。市场上供不应求的产品宜采取无差异营销策略，市场上供大于求的产品则采取差异性市场营销策略或集中性市场营销策略较好。

情境任务 2　整体产品设计

◎情境导入

李强通过市场细分确定了自己的目标市场，也确立了自己的目标市场策略，万事俱备只欠东风。李强想，现在最紧要的任务就是给自己的产品进行整体设计，要有自己独特的商标、新颖的包装……同学们，请和李强一起学习产品整体设计吧！

> **思考：俗话说"货卖一张皮"，你是如何理解这句话的**？

行动任务　设计产品商标和包装

1. 任务描述

（1）针对公司生产或经营的产品，根据目标市场和产品特点设计公司产品商标，商标设计好以后，到国家工商总局网站查看如何注册商标，下载注册商标文件进行填写，打印汇总上交。

（2）为本公司产品设计多种包装，并将包装图案打印上交。

2. 任务建议

小组内分工负责，设计多种商标方案和包装方案，针对这些方案小组进行讨论分析，最终确定统一方案。没有经营产品的小组，可以针对日常生活中经常消费的某种产品进行重新商标设计和包装设计。

3. 任务要求

商标和包装设计要符合产品特点，禁止网上原样下载上交。

学习任务　整体产品设计

产品的销售效果如何，首先取决于企业能够提供什么样的产品来满足顾客需求，因此，产品的优劣是产品销售活动的基石，产品定价、销售渠道的构建乃至产品促销都是围绕产品进行策划和实施的。

在产品销售过程中，顾客主要关注企业产品的外观形象、效用、性能、质量、品牌、包装以及售后服务等情况，因此，本情境任务重点介绍如何进行整体产品设计，以提高产品的吸引力和市场竞争力。

情境案例

奔驰汽车的"全面"产品观点

德国奔驰汽车一直享有良好的声誉，为世界汽车工业中的佼佼者。奔驰汽车公司之所以能取得这样的成就，重要的一点是它充分认识到公司提供给顾客的产品，不只是一个交通工具——汽车本身，还应包括汽车的质量、造型、维修服务等，企业要以自己的产品整体来满足顾客的全面要求。

于是，公司千方百计地提高产品质量，并以此作为取胜的法宝，为此奔驰汽车公司建立了一支技术熟练的员工队伍及制定了严格的质量检查制度。在产品的构想、设计、研制、试验、生产、维修都突出质量标准。

奔驰汽车公司还进行了大胆而科学的创新。车型不断变换，新的工艺技术不断运用到生产上。现在该公司的车辆从一般小轿车到大型载重汽车共 160 种，计 3 700 个型号，以创新求发展已成为公司上下一贯奉行的经营理念。

奔驰汽车公司还有一个完整而方便的服务网。这个服务网包括两个系统，一是推销服务网，分布在的德国各大中城市。在推销处，人们可以看到各种车辆的图样，了解到汽车的性能特点。在订购时，顾客还可以提出自己的要求，如车辆颜色、空调设备、音响设备乃至保险式车门钥匙等。

服务网中第二个系统是维修站。奔驰公司非常重视这方面的服务工作。它在德国有 1 244 个维修站，5.6 万名工作人员。在公路上平均不到 25 公里就可以找到一家奔驰车维修站。在国外 171 个国家和地区奔驰汽车公司设有 3 800 个服务站。维修人员技术熟练、态度热情、车辆检修速度快。

奔驰车一般每行驶 7 500 千米需换机油一次，每行驶 1.5 万千米需检修一次。这些服务项目都能在当天办妥。在换机油时，如发现某个零件有损耗，维修站还会主动打电话询问车主是否更换的意见。如果车子意外地在途中发生故障，车主只要向就近的维修站打个电话，维修站就会派人来修理或把车拉回去修理。

奔驰汽车公司的销售人员都经过良好的训练，接待顾客时，穿着整齐，落落大方；对顾客态度客气，动作迅速，服务令人愉悦；同时在销售活动中，尊重顾客的社会风俗习惯，努力满足顾客的需求，使顾客满意。

质量、创新、服务等虽然并不是什么秘密，但在生产经营的产品与质量、创新、服务等有机结合上，各企业却有所差异。奔驰汽车公司正是有效地贯彻整体产品设计的理念，才使得自己成为世界汽车工业中的一颗明星。

一、认识产品整体概念

整体产品被表述为：向市场提供的、能够满足消费者某种需求和利益的有形物品和无形服务的总体。凡是能够满足消费者需求，使其获得利益的一切有形的、无形的、物质的、精神的各种要素都属于产品的范畴，这就是现代市场营销学中的产品整体概念。

从产品的整体概念出发，产品可分为核心产品、形式产品和延伸产品三个层次，如图 5—2 所示。

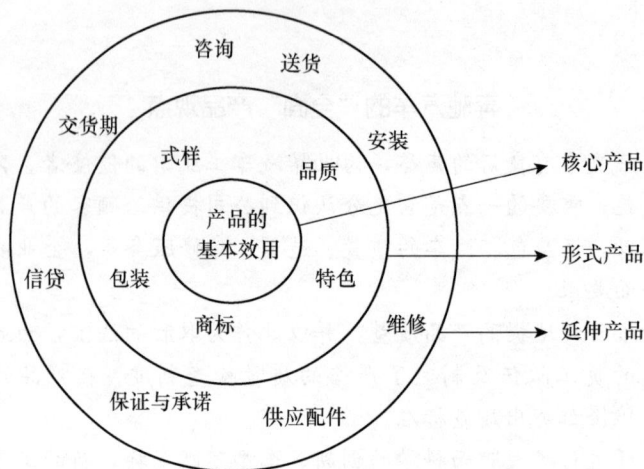

图5—2 产品的整体概念

（一）核心产品

核心产品是指产品能够提供给消费者的基本效用或利益。这是产品在使用价值方面的最基本功能，是消费者需求的中心内容。核心产品体现了产品实质，产品销售要想取得成功，必须使产品具有反映消费者核心需求的基本效用或利益。核心产品需通过产品的具体形式才能让消费者接受。

（二）形式产品

形式产品是指核心产品借以实现的形式或目标市场对某一需求的特定满足形式。任何产品都具有特定的外观形式，为顾客所识别和进行选择。形式产品一般由五个特征构成，即品质、式样、特征、商标及包装。企业应在提供核心产品的基础上，努力追求更完美的外在形式以满足顾客的需求。

（三）延伸产品

延伸产品是指产品能够为消费者提供的各种附加利益和服务。如向顾客提供咨询、送货、安装、维修、供应配件、信贷、各种服务和保证等，还包括交货期。现代市场营销强调，企业产品销售必须注重研究延伸产品，向消费者提供更加完善的服务。

🐟 **知识链接**

产品整体概念对指导企业营销活动的意义

（1）体现了以消费者需求为中心的营销观念；

（2）使企业认识到消费者接受产品过程中的满足程度，既取决于三个层次中每一层次的状况，也取决于产品整体组合的效果；

（3）明确产品与企业营销策略之间的关系；

（4）更加明确企业的经营范围，拓宽发展新产品的领域。

二、开发新产品

开发新产品是企业优化产品结构和增强竞争能力的重要途径。新产品开发体现了一个企业的创新能力，是企业核心竞争力的展示，也是贯彻现代营销观念的核心思想——满足消费者不断变化需求的具体体现。

要使企业在激烈的市场竞争中立于不败之地，必须把新产品开发作为最基本、最重要的竞争策略。有战略眼光的企业经营者都会不惜代价、不断研制开发新产品，使企业同时拥有多种产品，做到生产一代、掌握一代、研制一代、设计一代、构思一代，由新产品不断补充老产品退出市场的位置。新产品开发的持续进行，能使企业的市场销售量和利润始终保持上升的势头，或至少保持平稳，避免生产经营上的大起大落。一个有竞争能力的企业必须能够持续地开发新产品，使企业在某些产品面临衰退之前，第二代产品已进入快速成长期；当第二代产品处在成熟期时，第三代产品已进入引入期；而第四、第五代产品又在构思酝酿之中。新产品一代接一代，源源不断地推向市场，就会使企业充满活力、长盛不衰。

🐦 知识链接

新产品的类型

（1）全新产品。指采用新原理、新技术及新材料研制成功的前所未有的产品。这种产品往往代表了科学技术发展史上的一个新突破，甚至将改变人们的生活习惯和生活方式。例如，电视机、计算机等是 19 世纪 60 年代到 20 世纪 60 年代世界公认的最重要的新产品。

（2）换代产品。即在原有产品的基础上，利用现代科学技术制成的具有新的结构和性能的产品。例如，黑白电视机革新为彩色电视机等。

（3）改进产品。即对原有产品在品质、性能、结构、材料、花色、造型或包装等方面作出改进而形成的产品。这种新产品与原有产品差别不大，往往是在原有产品的基础上派生出来的变型产品。例如，自行车由单速改进为多速，牙膏由普通改为药物。

（4）仿制产品。即企业对市场上已有产品进行模仿或稍作改变，而使用一种新品牌的产品。这种产品已不是新产品，只是一些企业从未生产过的产品。企业根据市场需求和自身条件，模仿生产某些有竞争力的新产品，能缩短开发时间、节省研制费用、提高产品质量。但应注意，仿制产品不能完全照搬照抄，应对原有产品尽可能有所改进，突出某些方面的特点，以提高产品的竞争力。另外，要妥善处理好产品的专利权和技术转让问题，防止发生违法行为。

（一）新产品开发的方向

（1）品种开发：如新品种开发、系列开发、深度开发等。

（2）技术开发：如设备与工具、生产工艺、能源与原材料、改善环境的技术开发等。

（3）质量开发：提升质量标准，打造一流产品。

（4）功能开发：如多功能、功能整合、智能化等。

（5）外形开发：如形态、结构、重量、色泽、体积等，体现微型化、个性化、艺术化。

（二）新产品开发的方式

（1）独立研制。即企业依靠自己的科研技术力量研究开发新产品，使企业在某一方面具有领先地位。但因独立研制要求企业有较强的技术力量和较多的资金投入，所以一般适用于拥有较强科研力量的大中型企业或企业集团。

（2）协作开发。即企业与科研机构、高等院校、社会上有关专家或其他单位联合进行新产品开发。这种方式可使科研人员迅速将其科技成果运用到实际中，企业也可从产品设计和技术等方面得到指导和帮助，既充分发挥各自特长，又使双方都能受益。

（3）技术引进。即企业引进国外或地区外的成熟技术进行新产品开发，或直接引进设备生产新产品。采用这种方式，企业可以节省研究费用，缩短开发时间，能够较快地掌握产品制造技术，及时生产出新产品并投放市场，成功率较高。但也应注意，企业引进的技术或设备，通常是别人正在使用或已经使用过的，引进前必须认真进行市场容量和产品发展前景分析，充分重视技术或设备的先进性和适用性，避免盲目引进而造成不良后果。

（4）研制与引进相结合。即企业在引进别人先进技术的基础上，结合自身专长研制新产品。这种方式既可以使独立研制和技术引进相互补充、有机结合，加快消化吸收别人的先进技术，又能不断创新，不仅时间省、投资少、风险小，而且可使产品更具特色和吸引力，有利于促进企业的技术水平和提高经济效益。

（三）新产品开发的程序

1. 新产品构思

新产品构思即提出新产品的设想方案。一个成功的新产品，首先来自一个有创见性的构思。企业应该集思广益，从多方面寻找和收集好的产品构思。

2. 新产品构思方案筛选

这一程序需对所有新产品构思方案，按一定评价标准进行筛选，淘汰不可行或可行性较低的构思，使企业有限的力量集中用于少数几个成功机会较大的新产品开发。

3. 新产品概念的形成

新产品概念的形式即指经过筛选，进一步形成比较明确的产品概念。产品概念是指已经成型的产品构思。是将产品构思以文字、图案或模型描绘出明确的设计方案，对各方面条件作综合分析，并听取顾客对有关方案的意见，获得一个较为清晰的产品概念。

4. 拟定新产品营销规划

企业在选定新产品开发方案后，需拟定该产品进入市场的基本营销计划。该程序一般包括：确定将来新产品目标市场的规模、特点、市场定位、销售量、市场占有率和利润率等；确定新产品的市场价格、分销渠道和市场营销费用；确定新产品中、长期的销售额和目标利润，以及产品不同生命周期的市场营销组合策略。

5. 新产品试制

新产品试制是指把选定的产品构思付诸实施，使之转变为物质性产品的过程。试制阶段包括产品设计、样品试制、产品鉴定等步骤。

6. 商业分析

商业分析即新产品的经济效益分析。根据企业的利润目标，对新产品进行财务上的评价。主要包括：预测新产品的市场销售额和生命周期；预测新产品可能的市场价格，开发新产品总的投资费用及风险程度；对新产品预期的经济效益做出综合分析和评价。

7. 新产品试销

新产品基本定型后，需投放到经过挑选的有代表性的一定市场范围内进行销售试验。检验在正式销售条件下市场对新产品的反应，以便具体了解消费者的喜爱程度、购买力状况和不同的意见要求，为日后批量生产提供参考依据。

8. 新产品正式上市

新产品上市指经过试销获得成功的新产品，进行大批量生产和销售。这是新产品开发的最后一个程序。至此，新产品就进入了商业化运作阶段。

三、设计产品商标

商标是指生产者、经营者为使自己的商品或服务与他人的商品或服务有所区别，而使用在商品及其包装上或服务标记上的由文字、图形、字母、数字、三维标志和颜色组合，以及上述要素的组合所构成的一种可视性标志。

商标是企业产品名称的法律界定。当企业的品牌在政府有关部门依法注册并取得专用权后，称为商标。商标是企业拥有的一项受国家法律保护的重要知识产权。企业必须遵守商标法的规定，严格按照核准注册的文字和图形使用注册商标。一般注册标志的写法有：标明"注册商标"四字，或标明"注"或"R"标记。

（一）商标的基本形式

（1）文字商标。直接用文字构成的商标。文字商标包括汉字商标和字母商标。如可口可乐、娃哈哈、海尔、National 等。

（2）图形商标。仅由图形构成的商标。如上海的"如意"牌压力暖瓶的商标便是一枚玉如意的图形。

（3）符号商标。由各种符号构成的商标。如三菱公司的三个菱形组合的符号。

（4）组合商标。由文字、图形、记号相互结合而构成的商标。如"飞鸽"牌自行车是由飞翔的鸽子图形、英语飞鸽字头和汉字组合而成。

🔍 知识链接

一、商标对消费者的作用

（1）商标的市场旗帜作用。商标特别是名牌商标能为大众识别和认同，商标的市场导向是非常鲜明的。消费者可以根据自己的需要选择自己喜好商标的产品或服务。

（2）商标是质量和信誉的保证。不同的商标代表着不同的产品品质和不同的利益，体现企业的目标市场定位和自身的追求。消费者可以获得质量和信誉保证。

（3）商标的文化导向作用。商标具有不同于物质形态产品的情感表达、价值认同、社会识别等文化品位的内涵。消费者的认牌选购是以选择商标来显示身份或为某一社会群体认同。

二、商标对生产者的作用

（1）商标是维护企业权益的法律武器。商标的注册人对其商标拥有独占的权利，能够获得法律赋予的商标专用权、使用许可权、继承权、转让权和法律诉讼权。

（2）商标是企业有力的竞争手段。商标特别是名牌商标具有巨大的市场开拓能力，可以作为企业市场扩张的手段。

（3）商标是企业重要的无形资产。商标是一种知识产权，凝聚着企业技术、管理、营销等方面的智力创造，受《商标国际注册马德里协定》的保护。企业可利用商标在不花任何实物投资的情况下进行扩张和延伸，兼并他人的资产。

（4）商标具有超值的创利能力。商标具有良好的形象和声誉，从而会大大提高产品的附加值，使产品在满足消费者物质需要的同时，使企业获得超值利益。

（二）商标设计的基本原则

1. 美观新颖，简单鲜明

商标美观大方、构思新颖、简单鲜明、色彩明快，有利于顾客记忆和识别，留下深刻的印象。

2. 体现商品的特色

商标应能充分体现商品的性质、特点和风格，表现商品的特色，这是商标成功设计的基础。如"雪花"（冰箱）、"洁银"（牙膏）、"可口可乐"（饮料）等商标，都是较好地体现了商品特色的商标，极富感染力。

3. 与目标市场相适应

商品的商标需与企业的目标市场相适应，包括商品的名称、图案、色彩、发音等都要考虑目标市场的风俗习惯、审美观点、语言等方面的要求。这样设计出的商标，才能为消费者所接受，达到预期目的。

4. 避免雷同和过分夸张

商标设计不能模仿，避免造成雷同。雷同的商标会给人们以似曾相识的感觉，印象淡薄，还会引起顾客心理上的反感和企业间的法律纠纷。商标设计也不能过分夸张，脱离生活实际，给人以莫名其妙的感觉，避免带来不良效果。

5. 符合法律规定

国家制定的商标法，是进行商标设计的重要依据。企业的商标设计必须遵守商标法的相关规定。

🐾 知识链接

《中华人民共和国商标法》节选

第十条　下列标志不得作为商标使用：

（一）同中华人民共和国的国家名称、国旗、国徽、国歌、军旗、军徽、军歌、勋章相同或者近似的，以及同中央国家机关的名称、标志、所在地特定地点的名称或者标志性建筑物的名称、图形相同的；

（二）同外国的国家名称、国旗、国徽、军旗相同或者近似的，但经该国政府同意的除外；

（三）同政府间国际组织的名称、旗帜、徽记相同或者近似的，但经该组织同意或者不易误导公众的除外；

（四）与表明实施控制、予以保证的官方标志、检验印记相同或者近似的，但经授权的除外；

（五）同"红十字"、"红新月"的名称、标志相同或者近似的；

（六）带有民族歧视性的；

（七）带有欺骗性，容易使公众对商品的质量等特点或产地产生误认的；

（八）有害于社会主义道德风尚或者有其他不良影响的。

县级以上行政区划的地名或者公众知晓的外国地名，不得作为商标。但是，地名具有其他含义或者作为集体商标、证明商标组成部分的除外；已经注册的使用地名的商标继续有效。

第十一条　下列标志不得作为商标注册：

（一）仅有本商品的通用名称、图形、型号的；

（二）仅仅直接表示商品的质量、主要原料、功能、用途、重量、数量及其他特点的；

（三）其他缺乏显著特征的。

前款所列标志经过使用取得显著特征，并便于识别的，可以作为商标注册。

第十二条　以三维标志申请注册商标的，仅由商品自身的性质产生的形状、为获得技术效果而需有的商品形状或者使商品具有实质性价值的形状，不得注册。

第十三条　……就相同或者类似商品申请注册的商标是复制、模仿或者翻译他人未在中国注册的驰名商标，容易导致混淆的，不予注册并禁止使用。

就不相同或者不相类似商品申请注册的商标是复制、模仿或者翻译他人已经在中国注册的驰名商标，误导公众，致使该驰名商标注册人的利益可能受到损害的，不予注册并禁止使用。

（三）商标设计的基本要求

（1）标记性；

（2）适应性；

（3）艺术性。

🦢 知识链接

企业商标策略

（1）商标有无策略。在市场经济的条件下，一般产品都应使用商标，以利于增强产品竞争力，培养商标的忠诚度和树立企业形象。但为节省商标的设计、广告和包装费用，降低产品的营销成本也可以不用商标。

（2）商标归属策略。

◇ 使用制造商商标。即制造商使用自己的商标，这是一种普遍使用的策略，因为产品的性能、质量是由制造商确定的，牌子一旦打响，就会吸引更多的顾客购买，中间商也乐于销售。

◇ 使用中间商商标。即由生产者将产品大批量地卖给中间商，再由中间商以自己的商标转售出去。生产者采用这种策略主要是因为资金少、营销经验不足。中间商可以控制供应商和产品的质量和价格。

（3）商标统分策略。

◇ 统一商标。即对企业的所有产品使用同一种商标。优点是节省广告促销费用，加速新产品的推广，扩大品牌影响和强化企业形象。缺点是任何一种产品的失误都会影响其他产品甚至整个企业的声誉。

◇ 个别商标。即对企业的各种不同产品分别使用不同的商标。优点是将个别产品的成败与其他产品和整个企业的声誉区分开来，可以满足不同消费群体的需要。缺点是广告费用大，不利于创建名牌商标。

◇ 统一商标加个别商标。即对不同产品使用不同商标的同时，在每个商标上均冠以统一的商标或企业名称。这种策略既可区分各具特色的产品，又有利于建立和分享企业的声誉。

（4）商标延伸策略。指利用成功的商标声誉推出新产品和新的产品系列，如"娃哈哈"从儿童专用营养液延伸到 AD 钙奶、八宝粥、纯净水等。商标延伸可以加快新产品的推广，节省宣传促销费用，也有利于扩大原品牌商标的影响力。

四、设计产品包装

包装是指将产品盛放在某种容器或包扎物内。包装是产品生产的延续，产品只有经过包装才能进入流通领域实现交易。

包装通常分为两个层次：第一个层次是内包装，也称销售包装，即直接与产品接触的盒、瓶、罐、袋等包装。主要是为便于陈列、销售、携带和使用。第二个层次是外包装，也称运输包装，即加在内包装外面的箱、桶、筐、袋等包装。主要是为了保护产品和方便储存及运输。

标签也是包装的一部分，它可以单独附在包装物上，也可以与包装物融为一体，用以标记产品的商标标志、质量等级、生产日期、使用方法，食品、药品等产品还要标明保质有效期，有些标签还印有彩色图案或实物照片等信息，以促进产品的销售。

知识链接

产品包装的作用

（1）保护产品，便于储运。这是包装最基本的作用。在产品从生产者转移到消费者手中，被消费者消费的过程中，良好的包装可以防止产品毁坏、变质、散落、被窃等。

（2）美化产品，促进销售。在现代市场营销中，包装已被越来越多的企业作为产品增光添彩、宣传企业形象、促进和扩大销售的重要因素之一。

（3）方便使用，指导消费。根据不同消费者的习惯和要求，对不同的产品进行合理包装，能方便消费者使用。

（一）企业产品包装策略

（1）类似包装。亦称统一包装，指企业所有产品的包装，采用共同或相似的图案、标志和色彩等。这种策略一般只适用于质量水平大致相当的产品。

（2）组合包装。指按人们消费的习惯，将多种有关联的产品组合装置在同一包装物中。如化妆品、节日礼品盒、工具包等。这种策略有利于顾客配套购买，方便使用，满足消费者的多种需要，也有利于企业扩大销售。

（3）等级包装。指企业对不同档次、不同等级的产品，采用不同等级的包装，使包装的风格与产品的质量和价值相称。

（4）再使用包装。原包装内的商品用完后，包装物还能移作其他用途。如盛装产品的包装袋可以作为手提袋。这种策略能引起顾客的购买兴趣，使顾客得到额外的使用价值。

（5）附赠品包装。即在包装物内附赠物品或奖券。这种策略是利用顾客好奇和获取额外利益的心理，吸引其购买和重复购买，以扩大销量。对儿童用品、玩具及食品等较为适宜。

（6）改变包装。即对原产品包装进行某些相应的改进或改换。通过变更包装，可以以新形象吸引消费者的注意力，可以改变产品在消费者心目中的不良形象。

（二）产品包装的设计原则

（1）安全原则。产品包装所选择的包装材料以及包装物的制作，都必须适合被包装产品的物理、化学、生物性能，以保证产品不损坏、不变质、不变形、不渗漏、不串味，还要有利于保护环境安全。

（2）印象原则。产品包装要充分显示产品的特色和风格，造型新颖别致，图案生动形象，在众多的产品中具有强烈的标识感和艺术性，给人留下深刻、美好的印象。

（3）沟通原则。包装要准确、鲜明、直观地传递产品的信息，并能显示含义，引起联想。包装的文字与图案说明要全面反映产品的各项属性，便于顾客了解、比较和选择。

（4）经济原则。包装材料的选择务求安全、牢固、价低，内部结构科学合理，外观形状美观大方，应与商品价值和质量水平相匹配。既能保护产品，又无不良副作用，也不造成成本过高，加重消费者不必要的负担。

（5）信誉原则。企业应从维护消费者利益出发，尽量采用新材料、新技术，为消费者着想，给消费者方便，树立企业良好的信誉。杜绝在包装上弄虚作假、欺骗蒙蔽等损害消费者利益的不道德行为。

（6）便于运输、保管、陈列、携带和使用。

（7）尊重宗教信仰和风俗习惯。在包装设计中，必须尊重各国和各地区本土文化对包装的要求。包装的颜色、图案和文字不能有损消费者宗教情感和本地的风俗习惯。

五、设计服务

服务是企业向消费者或客户提供的，旨在满足对方某种特定需求的一种活动和好处，并主要以活动形式表现的使用价值或效用。服务应理解为：

（1）服务是一个过程或一项活动；

（2）服务是为目标顾客提供利益的保证和追加；

（3）服务的核心是让被服务者感到满足和愉悦；

（4）服务领域需要不断开拓和创新。

服务有两种类型：一类是服务产品，以服务本身来满足目标顾客需求的活动，如餐饮业、电信业、教育产业、医疗卫生、旅游业等；另一类是服务功能，是产品的延伸性服务，如出售计算机时附带安装、培训等服务。服务功能可分为：

（1）售前服务；

（2）售中服务；

（3）售后服务。

知识链接

一、服务的作用

（1）适应产品技术性能复杂化的要求。科学技术的不断进步，使得产品技术含量不断提高，对产品的服务功能提出了更高的要求。需要厂商对目标顾客提供相关安装、调试、及时培训、指导消费等现代服务。

（2）维护消费者利益，争取重复购买。企业为了赢得顾客忠诚，推出各项服务，不仅对顾客提供了利益保证，而且进行了利益追加，取悦于顾客，诱导顾客下次光顾。

（3）提高企业竞争能力。服务作为一种非价格竞争手段，在增强企业竞争力方面发挥着日益重要的作用。在当代社会，服务深入每一个角落，哪个厂商提供的服务与同行相比能够领先，就能赢得消费者的心。

二、服务策略

1. 服务项目的开拓

企业应根据产品自身特性和顾客要求，开拓相应的服务项目。如免费送货和上门维修。

2. 服务水平的提高

（1）时间上的快捷性。为顾客节约时间成本，对顾客反映的问题能迅速及时给予解决，提高顾客满意度。

（2）技术标准化和全面性。即提供服务的质量标准，如服务网络的设置、服务技能和设备、服务程序、服务方法等都能适应和方便顾客的需要，切实帮助顾客排忧解难。

（3）服务过程亲和性。服务人员的仪态仪表要端庄，精神要热情饱满，态度要和蔼可亲，要使被服务者感受到亲切安全。

（4）语言和行为的规范性。服务语言要文明礼貌，行为举止要规范，让顾客和客户感受到服务人员的高素质，加深对企业的良好印象，从而提高企业的美誉度。

3. 服务方式的创新

（1）服务承诺。指在商品售出前或售出时，对将来必须给目标顾客提供的服务用书面的形式加以确定。企业承诺的服务，一定要兑现。

（2）电话服务。指向用户开通24小时热线服务电话，收集客户投诉信息并转交有关部门，对客户所需服务进行分类。然后根据不同情况，采取上门服务或请专家电话指导用户排除相关故障。

（3）网上服务。网上服务以其快捷、方便、及时得到了广泛应用。如企业通过开设电子信箱，收集顾客投诉；设立专门的服务网站，向用户提供各种支持和咨询等。

（4）注册服务品牌。随着服务竞争的不断加剧，出现了服务品牌。主要形式表现为：企业服务品牌和个人服务品牌。企业服务品牌是指以企业的名义注册的一种规范化的服务，如IBM的蓝色快车、江苏熊猫集团的"金手指"服务品牌。另一种是个别服务人员注册的个人服务品牌，如上海华联商厦推出的"买相机找王震""布置温馨家居，恫玲为你服务""张佩华服务到家"等个人服务品牌。

情境任务 3　制定产品价格

◎情境导入

李强为其产品注册了商标，设计了新颖的包装，接下来准备将产品投放市场，李强要求销售总监赵欣召开会议，安排销售部员工进行市场调研，讨论产品定价方案。同学们，请和赵欣一起学习产品定价吧！

> **思考："物美价廉"是消费者的一贯追求，你是如何理解这句话的？**

行动任务　制定公司产品价格

1. 任务描述

针对公司生产或经营的产品选择一两种定价方法进行定价，针对目前市场情况讨论本公司价格策略。

2. 任务建议

小组内分工负责，建议分别使用成本导向定价法和竞争导向定价法对公司产品进行定价。

3. 任务要求

要进行充分的市场调研，可以网上搜索同类产品价格，价格策略要小组充分讨论达成一致才能确定，公司定价方案形成后要以报告的形式打印上交，格式自定义。

学习任务　产品价格的制定

价格是消费者最敏感的因素。任何企业都面临价格决策，企业定价不仅直接影响消费者的购买行为，而且也直接影响企业的销售和利润。产品定价既是企业产品销售工作的一项重要内容，也是进行市场竞争的重要手段之一。

一般情况下，企业制定产品价格时，需要考虑以下因素：定价目标；产品定价的依据和影响因素；选择定价方法，确定产品价格；灵活地运用价格策略。

一、制定定价目标

定价目标是企业在对其生产或经营的产品制定价格时，有意识地要求达到的目的和标准。它是指导企业进行产品定价的主要因素。企业产品定价的基本目标如图 5—3 所示。

具体来说，企业定价目标的确立可以从以下几个方面来考虑：

（1）以追求最大利润为目标；

（2）以保持或提高市场占有率为目标；

（3）以实现预期的投资回报率为目标；

（4）以维持企业生存为目标；

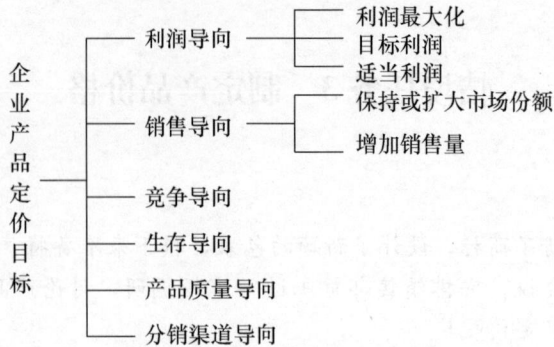

图5—3 企业产品定价的基本目标

（5）以避免和应付市场竞争为目标；

（6）以维护企业形象为目标；

（7）以保持和稳定价格为目标；

（8）以保持与分销渠道良好关系为目标。

二、把握产品定价的依据和影响因素

（一）产品定价的依据

（1）生产成本。生产成本是企业为生产产品或提供劳务而发生的各项生产费用，包括各项直接支出和制造费用。直接支出包括直接材料（原材料、辅助材料、备品备件、燃料及动力等）、直接工资（生产人员的工资、补贴）、其他直接支出（如福利费）；制造费用是企业为组织和管理生产所发生的各项费用，包括管理人员工资、折旧费、维修费、修理费及其他制造费用（办公费、差旅费、劳保费等）。生产成本是产品定价的最低界限。

（2）流通费用。流通费用是指商品流通过程中所支出的各种费用。流通费用分为两类：一类是生产性流通费用，如运输费、保管费、包装费等；另一类是纯粹流通费用，如店员的工资、广告费、办公费、簿记费、商品信息费等。

（3）税金。税金是企业向国家依照税法应交纳的一部分企业纯收入，是价格的重要因素。国家通过合理规定不同行业和产品的税率，能起到调节生产、企业利润和价格的作用。

（4）利润。利润是指企业销售产品的收入扣除生产成本、流通费用和税金以后的余额。利润包括生产利润和商业利润。利润水平是反映企业经济活动的效果好坏的重要指标，直接关系到国家、企业、消费者、职工的利益。

（二）产品定价的影响因素

1. 供求关系

供求对价格的影响是极大的。具体影响表现为：

（1）需求与价格。在其他因素不变的情况下，价格与需求量呈反相关变化。

（2）供给与价格。价格与供给量呈正相关变化。

（3）需求弹性与价格。需求弹性又称需求价格弹性，是指价格变动而引起的需求量相应变化的程度。

（4）消费需求与价格。消费者的需求能力、需求强度、需求层次都对企业产品定价产生影响。

2. 竞争者力量

在市场经济中，处于竞争优势的企业往往拥有较大的定价自由，而处于竞争劣势的企业则更多地采用追随性价格政策。所以，企业产品的定价无时不受到其竞争者定价行为的影响和约束。

3. 企业定价目标

企业定价目标规定了其定价的水平和目的。一般说来，企业定价目标越清晰，价格越容易确定。而价格的设定，又都影响到利润、销售收入以及市场占有率的实现。确定定价目标是制定价格的前提，是影响企业定价的重要因素。

4. 产品差异性

产品差异性主要指同一类产品的不同品牌在产品设计、商标品牌、款式和销售服务方式等方面的差异性。拥有差异性的产品，其定价灵活性较大，可以使企业在行业中获得较高的利润。

5. 企业销售能力

企业销售能力差，对中间商依赖程度大，最终价格决定权所受的约束就大；企业销售能力强，对中间商依赖程度小，对最终价格的决定所受约束就小。

6. 国家的价格政策

在市场经济社会，政府力量渗透到企业市场行为的每一个角落。在企业定价方面的政府干预，表现为一系列的经济法规，在不同方面和不同程度上制约着企业的定价行为。企业定价必须遵循政府的经济法规。如《中华人民共和国合同法》第 63 条规定：执行政府定价或者政府指导价的，在合同约定的交付期限内政府价格调整时，按照交付时的价格计价。逾期交付标的物的，遇价格上涨时，按照原价格执行；价格下降时，按照新价格执行。逾期提取标的物或者逾期付款的，遇价格上涨时，按照新价格执行；价格下降时，按照原价格执行。

三、选择产品定价方法

（一）成本导向定价法

1. 完全成本定价法

完全成本定价法是指以产品的全部生产成本为基础，加上一定数额或比率的利润和税金制定价格的方法。生产企业的完全成本是单位产品生产成本与销售费用之和；经营企业的完全成本则是进价与流通费用之和。完全成本定价法有外加法和内扣法两种计算方法。

（1）外加法。其计算公式为：

$$产品价格 = \frac{完成成本 \times (1 + 成本利润率)}{1 - 税率}$$

（2）内扣法。其计算公式为：

$$产品价格 = \frac{完成成本}{1 - 销售利润率 - 税率}$$

2. 目标成本定价法

目标成本定价法是指以期望达到的目标成本为依据，加上一定的目标利润和应纳税金来制定价格的方法。其计算公式为：

$$产品价格=\frac{目标成本\times(1+目标成本利润率)}{1-税率}$$

其中，

$$目标成本=\frac{固定成本}{目标产量}+单位产品变动成本$$

$$目标成本利润率=\frac{要求提供的总利润}{目标成本\times目标产量}\times100\%$$

（二）需求导向定价法

1. 可销价格倒推法

可销价格倒推法，又称反向定价法，是指企业根据产品的市场需求状况，通过价格预测和试销、评估，先确定消费者可以接受和理解的零售价格，然后倒推出批发价格和出厂价格的定价方法。

2. 理解价值定价法

理解价值定价法，是指企业以消费者对产品价值的理解为定价依据，运用各种营销策略和手段，影响消费者对产品价值的认知，形成对企业有利的价值观念，再根据产品在消费者心目中的价值地位来制定价格的一种方法。顾客价值认知如图 5—4 所示。

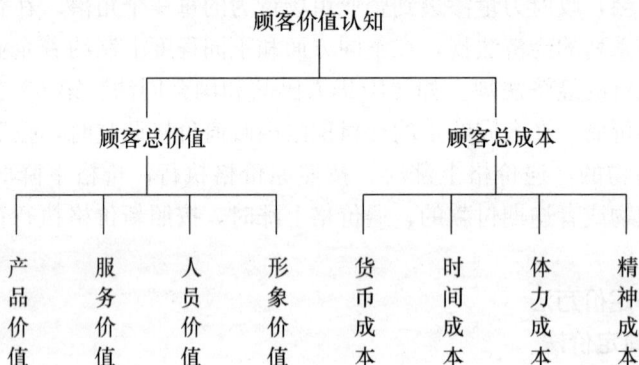

图 5—4　顾客价值认知

企业定价时应研究该产品在不同消费者心目中的价格标准，以及在不同价格水平上的销售量，并作出恰当的判断，进而有针对性地运用市场营销组合中的非价格因素影响消费者，使之形成一定的价值观念，提高他们接受价格的限度。然后，企业拟定一个可销价格，并估算在此价格水平下产品的销量、成本和盈利状况，从而确定可行的实际价格。

3. 需求差异定价法

需求差异定价法，是指根据消费者对同种产品或劳务的不同需求强度，制定不同的价格和收费的方法。价格之间的差异以消费者需求差异为基础。其主要形式有：以不同消费者群体为基础的差别定价；以不同产品式样为基础的差别定价；以不同地域位置为基础的差别定价；以不同时间为基础的差别定价。

（三）竞争导向定价法

1. 随行就市定价法

随行就市定价法是与本行业同类产品价格水平保持一致的定价方法。主要适用于需求弹性较小或供求基本平衡的产品。在这种情况下，单个企业提高价格就会失去顾客；而降低价格，需求和利润也不会增加。随行就市成为一种较稳妥的定价方法，它既可避免挑起价格竞争，使同行业和平共处，减少市场风险，又可补偿平均成本，从而获得适度利润，而且易为消费者接受。

2. 竞争价格定价法

竞争价格定价法，即根据本企业产品的实际情况及与竞争对手的产品差异状况来确定价格。这是一种主动竞争的定价方法。定价步骤为：将市场上竞争产品价格与企业估算价格进行比较，分为高于、等于、低于三种价格层次；将本企业产品的性能、质量、成本、产量等与竞争企业进行比较，确定本企业产品的特色、优势及市场地位；在此基础上，确定产品价格；跟踪竞争产品的价格变化，相应调整本企业的产品价格。

3. 投标定价法

投标定价法是在投标交易中，投标方根据招标方的规定和要求进行报价的方法。一般有密封投标和公开投标两种形式。主要适用于提供成套设备、承包建筑工程、设计工程项目、开发矿产资源或大宗商品订货等。

企业投标价格的定价步骤为：首先根据自己企业的主客观条件，正确地估算完成指标任务所需要的成本；其次要对竞争对手的可能报价水平进行分析预测，判断本企业中标的机会，即中标概率；计算投标期望利润，选择投标期望利润高者为最终报价方案。投标期望利润，就是企业投标报价预期可获得利润与该报价水平中标概率的乘积。

实例链接

例 5—1

某企业参加某项工程招标，在确定投标报价时，根据竞争对手的数量、实力及其可能采取的投标策略，预测分析本企业的报价、成本水平、预期利润、中标概率和期望利润等状况，从而选择最佳报价。投标评价分析表见表 5—1。

表 5—1　　　　　　　　　　投标报价分析表　　　　　　　　　单位：万元

报价成本	成本	预期成本	中标概率	期望利润
(1)	(2)	(3) = (1) - (2)	(4)	(5) = (3) × (4)
88 000	85 000	3 000	0.8	2 400
90 000	85 000	5 000	0.7	3 500
95 000	85 000	10 000	0.4	4 000
100 000	85 000	15 000	0.1	1 500
105 000	85 000	20 000	0.5	1 000

从表 5—1 可知，该企业最佳报价应为 95 000 万元，其期望利润为 4 000 万元，高于其他四个报价，但其中标概率为 0.4。若企业急需中标，其报价应为 88 000 万元，其中标概率最大，为 0.8。企业的具体报价应视实际情况而定。

四、灵活应用价格策略

价格策略是指企业通过对顾客需求的估量和成本分析，选择一种能吸引顾客、实现市场营销组合的策略。

由于企业生产经营的产品和销售渠道以及所处的市场状况等条件各不相同，应采取不同的定价策略。企业的价格策略要以科学规律的研究为依据，以实践经验判断为手段，在维护生产者和消费者双方利益的前提下，根据市场变化情况，灵活反应，以提高企业产品价格的吸引力和竞争力。

情境案例

珠宝定价

某珠宝店店主购进了一批由珍珠质宝石制成的手镯、耳环和项链。他对这批货非常满意，因为比较独特，可能会比较容易销售。他在进价的基础上，加上其他相关的费用和平均水平的利润，确定了一个价格。他觉得这个价格应该十分合理，肯定能让消费者觉得物超所值。

这些珠宝在店中摆了一个月之后，销售统计报表显示其销售状况很不好，店主十分失望，不过他认为原因并不在于首饰本身，而是在营销的某个环节没有做好。于是，他建议销售人员花更多的精力来推销这一独特的产品系列，并安排了一个销售人员专门促销这批首饰。但无论店员们怎么努力，销售状况还是不理想。这时，店主准备外出进货。由于对珍珠质宝石首饰销售状况感到十分失望，他决定将这一系列珠宝半价出售。临走时，他给副经理留下一张字条，告诉她："调整一下那些珍珠质宝石首饰的价格，所有价格都×1/2。"

回来的时候，店主惊喜地发现该系列所有的珠宝销售一空。"我真不明白，这是为什么，"他对副经理说："看来这批首饰不合高档消费者的胃口，下次我在新进宝石品种的时候一定要慎之又慎。"而副经理对店主说，她虽然不懂为什么要对滞销商品进行提价，但她惊诧于提价后商品出售速度惊人的状况。店主不解地问："什么提价？我留的字条上是说价格减半啊。""减半？"副经理吃惊地问："我认为你的字条上写的是这一系列的所有商品的价格一律按双倍计。"结果，副经理将价格增加了一倍而不是减半。

产品价格的制定，必须根据商品特征、消费需求及市场竞争等实际情况灵活制定。

（一）新产品定价策略

1. 取脂定价策略

取脂定价，又称"撇油"定价，意为提取精华，快速取得利润。这是一种高价策略，即在新产品投放市场的初期，利用消费者求新、求奇的心理动机和竞争对手较少的有利条件，以高价销售，在短期内获得尽可能多的利润。以后随着产量的扩大、成本的下降、竞争对手的增多，再逐步降低价格。

采用取脂定价策略的条件：一是产品必须新颖，具有较明显的质量、性能优势，并且有较大的市场需求量；二是产品必须具有特色，在短期内竞争者无法仿制或推出类似产品。因此，采用此策略时，要求企业对市场需求有较准确的预测。

2. 渗透定价策略

渗透定价，也称"别进来"定价。这是一种低价策略，即在新产品上市初期，将产品价格定得低于人们的预期价格，给消费者以物美价廉的感觉，借此打开销路，占领市场。

渗透定价策略的优点：有利于吸引顾客，增强产品的竞争能力，使竞争者不敢贸然进入；有利于迅速打开产品销路，开拓市场。

3. 满意定价策略

满意定价策略是一种中价策略，即在新产品刚进入市场的阶段，将价格定在介于高价和低价之间，力求使买卖双方均感满意。

满意定价策略既能使企业获取适当的平均利润，又能兼顾消费者利益。

（二）折扣定价策略

1. 现金折扣

现金折扣，也称付款期限折扣，即对现金交易或按约定日期提前付款的顾客给予的价格折扣。它是为鼓励买方提前付清货款而采用的一种减价策略，目的是加速资金周转，降低销售费用和经营风险。其折扣率的高低，一般由买方提前付款期间利息率的多少、提前付款期限的长短和经营风险的大小来决定。

2. 批量折扣

批量折扣，即根据购买数量多少而给予不同程度的价格折扣。它是为鼓励买方大批量购买或集中购买一家企业的产品而采用的一种减价策略。一般来说，购买的数量或金额越大，给予的折扣也就越大。批量折扣有一次折扣和累计折扣两种形式。

（1）一次折扣。指按照单项产品一次成交数量或金额的多少，规定不同的价格折扣率。一般适用于能够大量交易的单项产品，用于鼓励买方大批量批买。

（2）累计折扣。指在一定时期内购买产品的数量或金额超过规定数额时，给予买方的价格折扣。折扣的大小与成交数量或金额的多少成正比。一般适用于单位价值较小、花色品牌复杂、不宜一次大量进货的产品，以及大型机器设备和耐用消费品。

3. 交易折扣

交易折扣，也称功能性折扣，指企业根据交易对象在产品流通中的不同地位和功能，以及承担的职责给予不同的价格优惠。对买方企业实行何种价格折扣，是以其在产品流通中发挥何种作用为依据的。

4. 季节折扣

季节折扣，指企业对于购买非应季产品或劳务的用户的一种价格优惠。一些产品常年生产、季节消费，宜采用此策略。目的在于鼓励买方在淡季提前订购和储存产品，使企业生产保持相对稳定，也减少因存货所造成的资金占用负担和仓储费用。

（三）心理定价策略

1. 尾数定价策略

尾数定价，也称零头定价，即给产品定一个零头数结尾的非整数价格，如 0.99 元、9.98 元等。消费者会认为这种价格经过精确计算，购买不会吃亏，从而产生信任感。同时，价格虽离整数仅相差几分或几角钱，但却给人一种低一位数的感觉，符合消费者求廉的心理愿望。这种策略通常适用于基本生活用品。

2. 整数定价策略

整数定价指企业有意将产品价格定为整数，以显示产品具有一定质量。整数定价多用于价格较贵的耐用品或礼品，以及消费者不太了解的产品。顾客往往把价格高低作为衡量产品质量的标准之一，容易产生"一分价钱一分货"的感觉，从而有利于销售。

3. 声望定价策略

声望定价即针对在消费者心目中享有一定声望，具有较高信誉的产品制定高价。不少高级名牌产品和稀缺产品，如豪华轿车、高档手表、名牌时装、名人字画、珠宝古董等，在消费者心目中享有极高的声望价值。购买这些产品的人，往往不在乎产品价格，而最关心的是产品能否显示其身份和地位，价格越高，心理满足的程度也就越大。

4. 习惯定价策略

有些产品在长期的市场交换过程中已经形成了为消费者所适应的价格，成为习惯价格。企业对消费者已经习惯了的价格，不宜轻易变动。降低价格会使消费者怀疑产品质量是否有问题，提高价格会使消费者产生不满情绪，导致购买的转移。在不得不需要提价时，应采取改换包装或品牌等措施，减少抵触心理，并引导消费者逐步形成新的习惯价格。

5. 招徕定价策略

招徕定价策略是适应消费者"求廉"的心理，将产品价格定得低于一般市价，个别的甚至低于成本，以吸引顾客、扩大销售的一种定价策略。采用这种策略，虽然几种低价产品不赚钱，甚至亏本，但从总的经济效益看，由于低价产品带动了其他产品的销售，企业还是有利润的。

（四）价格调整策略

1. 价格调整的方式

（1）降低价格。对企业来说降低价格往往出于被迫无奈，但在下列情况下必须考虑降价：产品供过于求，生产能力过剩；市场竞争激烈，产品市场占有率下降；生产成本下降，可以通过降价挤占竞争对手市场；企业转产，老产品清仓处理，在新产品上市之前，及时清理积压存货。

（2）提高价格。提高价格常会引起消费者和中间商的不满而拒绝或减少购买和进货，一般只有在下列特殊情况下采用此策略：通货膨胀或原材料等价格上涨引起企业成本增加；产品供不应求，暂时无法满足市场需求；政策、法规限制消费或淘汰产品的税率提高。

2. 价格调整的策略

（1）保持相对稳定。即在一定时期内，企业对产品价格不做大的变动，保持稳定。对于与人们生活关系密切的日常生活必需品，价格应保持相对稳定，不宜多变、大变。

（2）小幅度调整。指随着企业内外部环境的变化，对产品价格做小幅度的变动。大多数产品由于生产成本、供求状况的变化，价格也常需调整。这是市场经济的客观要求和必然反应，无可厚非。企业应善于收集信息，随机应变，适时地对价格进行微调。

（3）大幅度调整。指为了战胜或应付竞争对手，在特殊情况下，有时需要大幅度调整价格。但企业在应用这种策略时需特别慎重。尤其是大幅度降价，往往会成为价格战的导火索，要尽量避免由此造成的不良后果。大幅度提价也会使企业失去一部分顾客而导致销售量下降。故需权衡利弊，慎重决策。

情境任务 4　选择产品销售渠道

◎情境导入

李强准备将其产品推向市场。赵欣作为销售总监，这几天忙得不可开交，做完了价格方案，又要考虑如何推向市场，通过哪些渠道，是招代理还是直销或者采用电子商务模式，赵欣正带领销售部进行热烈的讨论。同学们，请和赵欣一起研讨吧！

思考：为什么网上产品的价格往往较低呢？

行动任务　确定公司产品销售渠道

1. 任务描述

针对公司生产或经营的产品进行销售渠道讨论，确定本公司产品销售渠道。

2. 任务建议

小组内充分讨论，可以市场类似产品的销售渠道为参考，充分考虑电子商务销售模式。

3. 任务要求

要对各种可能的渠道进行充分分析与论证，最终确定1～2种销售渠道。将对销售渠道的分析与确定以报告的形式打印上交，格式自定义。

学习任务　选择产品销售渠道

在现实经济生活中，绝大多数的生产者不是将生产的产品直接出售给最终用户，而是通过建立广泛的销售渠道，通过经销商把产品转卖给最终用户。因此，合理地构建企业的销售渠道，选择合适的经销商，不仅能加快产品流转、提高流通效率、降低流通费用、方便消费者购买，而且有利于企业在整体市场上获得销售的成功。市场营销理论流行这样一种说法：渠道为王。其强调通过营造良好的销售渠道来赢得客户，抢占市场先机。

一、销售渠道的含义

销售渠道是指某种产品和服务在从制造者手中转至消费者所经过的各中间商连接起来形成的通道，即产品的销路。

销售渠道的功能：收集与传播信息；促进销售；洽谈生意；商品的储存运输；包装；实现商品所有权转移；承担风险；融资。

销售渠道是由承担不同职能的渠道成员所构成的，这些成员分布于各个区域范围内，形成星罗棋布的网络状态，人们把这种网状的销售渠道称为销售网络。著名的未来学家斯托夫认为，市场只不过是一张张开的网，谁掌握了网络，谁就掌握了市场。改革开放以来，我国企业运用渠道成功的案例比比皆是：饮料业的娃哈哈，牛奶业中的伊利、蒙牛，家电行业的海尔、美的，IT业的联想……现代企业都十分重视销售渠道建设，不断从物流、现金流、信息流、所有权流来构思厂商与消费者（客户）之间的通道，从而提高企业市场营销整体运作能力，达到提高企业竞争力的目的。

二、构建企业销售渠道

构建销售渠道一般需要思考和解决以下几方面的问题：

（一）分析顾客需要

分析顾客需要，即调查和分析顾客习惯的购物地点、时间、如何购买、希望提供何种服务、时间和空间的便利条件等。企业构建的销售渠道应较好地适应顾客的购物习惯，这样才能实现更多的销量。

例如，看重价格的消费者喜欢到大型超市或购物中心去购买；看重便利的，喜欢到家门口的便利店购买；年轻消费者喜欢在网上购物；中老年消费者由于年龄的增长，行动不便，他们会尽量避免过多的交通劳累，因此通常会选择在大商场和离家较近的商店购买。

（二）了解渠道选择中的限制因素

1. 产品因素

（1）产品的属性。即产品的物理化学性质。有些产品容易损坏、腐烂，应尽量避免转手过多，反复运输和搬运，应该选择短渠道或直销渠道，保证产品使用价值，减少商品损耗。对体积大的笨重产品，也应努力减少中间环节，尽可能采用最短渠道策略。

（2）产品的价格。价格昂贵的工业品、耐用消费品、享受品，一般需要较多的售后服务，不宜经过太多的中间商转手，应采用短渠道。而对价格较低的日用品、一般选购品，可以选择长渠道策略。

（3）产品的时尚性。时尚性较强的产品（如时装），要尽量选择短渠道策略，以免错过市场时机。

（4）产品的技术性。技术性能比较高的产品，需要经常的或特殊的技术服务，生产者常常直接出售给最终用户，或者选择有能力提供较好服务的中间商经营，通常采用短渠道策略。

（5）产品的市场寿命周期。新产品试销时，许多中间商不愿经销或者不能提供相应的服务，应选择最短渠道策略。当产品进入成长期和成熟期后，随着产品销量的增加，市场范围的扩大，竞争的加剧，企业可采用长渠道策略。产品在衰退期时，通常采用短渠道策略，以减少经营损失。

2. 市场因素

（1）潜在顾客数量。潜在顾客数量越多，市场范围越大，越需要较多的中间商转售，生产商应采用长渠道策略；反之，可以采用短渠道或直接销售策略。

（2）目标市场范围。产品的销售市场相对集中，只是分布在某一或少数几个地区，生产商可以直接销售，采用最短渠道策略；反之，应该选择长渠道策略，需要经过一系列中间商方能转售给消费者。

（3）市场需求性质。消费者市场的人数众多，购买消费品次数多、批量少，宜选择长渠道策略方能满足其需求。而生产者市场的用户相对较少，购买生产资料次数少，批量较大，可采用直接销售渠道。

（4）消费者购买习惯。消费者购买日常生活用品的购买频率较高，希望就近随时购买，宜采用长渠道分销；对于选购品和特殊品，消费者愿花时间和精力去大型商场购买，次数也较少，则可选择短渠道策略。

（5）零售商规模、数量。如小零售商数量多而进货批量小，生产商就不得不通过批发环节转卖给零售商，必须采用长渠道策略；如大零售商数量多，进货批量大，生产商就可以直接把产品卖给零售商，可以采用短渠道策略。

3. 生产企业因素

（1）生产企业规模、声誉和财力。生产生产规模大、声誉高、财力雄厚，往往选择较固定的中间商经销产品，甚至建立自己的销售机构，其渠道较短。而经济实力有限的中小企业只能依赖中间商销售产品，其选择的渠道就较长。

（2）生产企业的销售能力。企业具有较丰富的市场销售知识与经验，有足够的销售力量和储运与销售设施，宜采用短渠道策略。反之，只能通过中间商推销产品，选择较长渠道策略。

（3）企业的服务能力。生产商有能力为最终消费者提供服务项目，如维修、安装、调试、广告宣传等，可以采用短渠道或最短渠道。如果企业服务能力难以满足顾客需求，则应发挥中间商的作用，选择较长渠道策略。

4. 环境因素

（1）国家经济政策。如国家实行计划控制或专卖的产品，其分销渠道往往是长而单一的。又如随着市场经济发展和经济管理体制改革，原先实行统购统销或计划收购的商品放开经营后，生产企业可以选择直接销售或少环节销售。

（2）经济形势变化。经济形势会直接影响销售渠道的选择，如通货紧缩或市场疲软，企业通常会尽量缩减不必要的环节，采用短渠道降低流通费用，以降低售价。

（3）国家法令法规。国家有关法令的制定，对销售渠道也会造成影响，如反垄断法的制定与实施，会限制垄断性销售渠道的发展。

另外，科学技术引起售货方式的革新，会使某些日用品能够采用短渠道销售，如自动售货机。

三、设计销售渠道

（一）确定渠道模式

1. 直接渠道或间接渠道的选择

（1）直接渠道。指产品从生产者流向最终消费者的过程中不经过任何中间商转手，直接把产品销售给消费者。直接渠道是工业用品渠道的主要类型。在消费品市场，直接渠道有扩大优势。具体形式有厂商直接销售、派员上门推销、邮寄销售、电话销售、电视销售和网上销售。其优点是：销售及时，直接了解市场，便于产销沟通，提供售后服务，有利控制价格。其不足是：销售费用高，销售范围受到较大限制。

（2）间接渠道。指产品从生产领域转移到消费者或用户手中经过若干中间商的分销渠道。这是一种多层次的渠道。间接渠道是消费品渠道的主要类型，有些工业品也采用间接渠道。其优点是：使交易次数减少，节约流通领域的时间和费用，使企业集中精力搞好生产，可以扩大销售范围。其不足是：中间商的介入，使生产者和消费者不能直接沟通信息，不易准确地掌握消费者需求，消费者也不易了解企业情况。

2. 渠道长短的选择

（1）长渠道。指生产者利用两个或两个以上的中间商，把产品销售给消费者或用户。一般销售量较大、销售范围广的产品宜采用长渠道。长渠道可以充分利用各类中间商的职能，发挥他们各自的优势，扩大销售。其缺点是：流通费用增加，不利于减轻消费者的价格负担。

（2）短渠道。指生产者利用一个中间环节或自己销售产品。一般销售批量大、市场比较集中或产品本身技术复杂、价格较高的适用短渠道。短渠道可以使商品迅速到达消费者手中，减少商品使用价值的损失，有利于开展售后服务，降低产品价格。其不足是：生产者承担商业职能多，不利于集中精力搞好生产。

3. 渠道宽窄的选择

（1）宽渠道。指生产商在某一区域目标市场上尽可能多地选择中间商来销售自己的产品。其优点是：分销面广，可以使消费者随时随地买到产品，促使中间商展开竞争，使生产者有一定的选择余地，提高产品的销售效率。其不足是：各个中间商推销商品不专一，不愿意花费更多的促销精力；生产者与中间商是一种松散关系，不利于合作。

（2）窄渠道。指生产商在某一区域目标市场上只选择少数几个中间商来销售自己的产品。其优点是：被选择的中间商在当地市场有一定的地位和声誉，容易合作；有利于借助中间商的信誉和形象提高产品的销售业绩。其不足是：中间商要求折扣较大，生产商开拓市场费用比一般要高。

（3）最窄渠道。又称独家分销，是指厂商在某一区域目标市场上只选择一家中间商销售其产品。所选择中间商一般在当地极有声望，居于市场领先地位。其优点是：独家分销使双方关系紧密，厂商对中间商给予促销支持，中间商会通力合作，业务手续大为简化，便于产品销售，也便于信息反馈。其不足是：产品销售面狭窄，市场占有率低，不便于消费者购买。

（二）确定中间商数目

1. 广泛性分销

广泛性分销，即生产商通过尽可能多的中间商或分销点来经销其产品。生产日常生活用品和工业品中的原材料和标准件的生产企业通常采用广泛性分销。因为，这类产品市场需求面广泛，顾客要求购买方便，一般较少重视品牌。采用该策略的企业应尽可能把产品分销到消费者可能到达的所有商店。其对经销商选择的要求不高，经销网点越多越好，力求使产品能广泛地和消费者接触，方便消费者购买。

这种方式的优点是：能使产品与广大购买者见面。缺点是：中间商数目众多，企业要花费较多精力进行联系，且不易取得中间商的紧密合作。同时，中间商一般都不愿做专题的产品广告，生产商的广告费用负担较重。

2. 选择性分销

选择性分销，即生产商在某地区市场有选择地使用几家中间商来经销其产品。如采取特约经销或代销的形式把经销关系固定下来。生产选择性较强的耐用消费品、高档消费品和专用性较强的零配件以及技术服务要求较高的工业品的生产企业一般都采用选择性分销。

这种方式的优点是：有利于合作双方互相配合和监督，共同对顾客负责；中间商数目较少，可以减少经销商之间的盲目竞争，有利于提高产品的声誉；合作双方可以建立密切的业务关系，有利于提高中间商经营的积极性，增强市场的竞争力。

3. 独家分销

独家分销，即生产商在某地区市场只选择一家中间商来经销其产品。其适用于新产品、名牌产品以及需要提供特殊服务的产品。采用独家分销，通常要求生产者和经营者之间签订合同来保证彼此的权利和义务，如规定生产者不得把同类产品委托本区域内其他中间商经销，经销商不得经营其他生产者的同类产品。同时，在协议中对广告宣传费用的负担、价格的优惠以及其他经销条件等都应做出规定，以便共同遵守。

这种方式的优点是：生产商易于控制市场的销售价格和数量，能够获得经销商的有效协作与支持，有利于带动其他新产品上市。独家经销商由于能取得经营垄断地位，并可获得生产商所给予的各种优惠条件，因此，愿意花一定投资和精力来开拓市场。其缺点是：经销面窄，可能会失去更多顾客，引起销售额下降；过分地依赖单一的中间商，市场风险较大。

（三）规定渠道成员的权利和责任

明确渠道成员的权利和义务，是妥善处理生产商与中间商业务关系、建立高效渠道的基本策略。

（1）产品的价格。如价格折扣、跌价保证等。价格直接涉及各个成员企业的经济利益，是个敏感的问题，生产商必须慎重从事。

（2）支付条件及保证。生产商应对支付条件及销货保证做出明确的规定并严格履行。为鼓励渠道成员提早付款、不拖欠，要给予一定的付款折扣。对某些原因造成的产品降价，生产企业应该设"降价保证"。

（3）给予地域权利。生产商必须给予渠道成员一定的地区（域）权利。

（4）产品的供货。生产商应在产品的数量、质量、品种、交货时间等方面尽可能满足中间商的要求。如供货保证、产品质量保证、退换货保证等。

（5）合作促销。生产商应协助渠道成员搞好销售工作，如人员培训、派员促销、广告促销协助等。

（6）情报互通。生产商与中间商之间应及时传递本企业的产品生产或销售的信息以及所获得的其他市场情报，不能相互搞假情报或封锁消息，以便各方能按需组织生产和经营销售。

四、渠道管理

（一）选择渠道成员

选择渠道成员指企业确定由哪些中间商充当渠道成员，执行产品的销售任务。企业应对构成销售渠道的成员进行认真评估与择定，评估内容有以下几点：

1. 合法经营资格

必须对中间商的各种合法证件认真审核，检查其是否具有国家（或该地区）准许的经营范围和项目，特别是食品、药品、烟酒等限制条件较多的中间商更要谨慎，应将中间商持有的证件经销登记、复印以备案。

2. 目标市场

（1）地理位置。商业店铺位置是否接近生产企业目标顾客的所在地。

（2）店客关系。经常光顾此商店的顾客是否接近生产企业目标顾客的类型。

（3）经营特色。商业企业本身是否具有对生产企业目标市场的吸引力和经营特色。

3. 产品组合

拟交付中间商的产品与该商业企业现有产品线是相匹配，产品的质量、规格、型号是否相近。

拟选定的中间商是否有完整的产品组合。这对生产企业的专业化生产、多元化生产及其品牌营销是极其重要的。

4. 销售能力

中间商的市场占有率或覆盖程度要与生产企业的既定营销目标相符合。若中间商的市场覆盖能力小于生产企业的要求，则达不到预期目标；反之，如覆盖面太大，可能对其他经销商是威胁，容易出现矛盾。另外，还需考虑中间商是否具有稳定的、高效的销售队伍，健全的销售机构，完善的销售网络，足够的推销费用和良好的广告媒体环境。

5. 服务水平

现代市场营销要求一体化服务，包括运输、安装、调试、保养、维修和技术培训等各项售后服务相结合，因此中间商是否具有懂专业技术的人员为消费者提供良好服务，是一个重要条件。

6. 储运能力

储运能力的大小，直接关系到中间商的业务量大小，能否对生产企业的产品起到稳定、发展和延伸的作用，并调节产品生产销售的淡旺季。生产企业一般要求中间商具有能更多地担负产品实体的储藏、运输任务的能力，这也是选择中间商的重要条件。

7. 财务状况

中间商的财务状况是重要的选择条件。中间商财务状况需要考虑的是固定资产量、流动资产量、银行贷存款、企业间的收欠资金等情况，这关系到中间商能否可以按期付款，甚至预付款等问题。

除以上七个方面外，还应考虑：中间商的声望和信誉；中间商的经营历史及经销绩效；对生产商的合作态度及其经营的积极性；中间商的未来发展状况估计等。

知识链接

中间商的类型

一、批发商

(1) 普通商品批发商。经营的商品范围较广、种类繁多，批发对象主要是中小零售商店。在产业用户市场上，直接面对产品用户。

(2) 大类商品批发商。专营某大类商品，如酒类批发公司、专营汽车零配件的公司等。

(3) 专业批发商。专业化程度高，专营某类商品。如商品粮批发商、化工原料批发商等。

(4) 批发交易市场。介于零售业和批发业之间的一种经营业态，如产地、销地、集散地批发市场。

二、零售商

(1) 零售商店。包括百货商店、专业商店、超级市场、便利店、折扣商店、仓储商店。

(2) 无店铺零售。包括上门推销、电话电视销售、自动售货机自动售货。

(3) 零售新业态。包括连锁商业、特许经营、商业街、购物中心。

三、代理商

(1) 生产商代理商。也称生产商代表，他们为签约的生产商推销产品。这种代理商可以同时为几家厂商做代理，但是产品是互补的。

(2) 销售代理商。也称总代理商。通常被授权销售生产商的全部产品，并对交易条件、销售价格有较大影响，在区域上一般也不受限制。每一个生产商只能使用一个销售代理商，不得再委托其他代理商，或设置自己的推销机构。销售代理商也不得经营与被委托人相竞争的产品。

四、经纪人

经纪人，或称掮客，主要作用是为买卖双方牵线搭桥，协助谈判，促使交易成交，由委托方付给他们佣金。如房地产、保险和证券经纪人。

（二）激励渠道成员

鼓励分销渠道成员，使其最大限度地发挥销售积极性，是管理分销渠道的重要一环。主要内容包括：

（1）建立良好的合作关系。生产商与中间商应在诚信合作、沟通交流的过程中形成良好的业务合作关系及人与人之间情感关系。企业应加强合作关系的培养，提高销售渠道运作的效率和效益。

（2）建立相互培训机制。相互培训机制是加强渠道成员关系，提高销售效率的重要举措。例如，生产商培训终端销售人员，提高他们销售的能力；中间商给企业营销、技术人员提供培训，提高他们市场适应能力。

（3）对渠道成员的激励方式。主要包括：提供促销费用；价格扣率运用；实物奖励；销售津贴；年终返利。

（三）评估渠道成员，调整渠道

1. 正确评价渠道成员的销售绩效

企业应定期考核渠道成员的绩效，以此为依据实行分销渠道的有效控制。一定时期内各中间商达到的销售额是一项重要的评价指标，企业应对中间商的销售业绩采用科学方法进行客观评价。方法有：

（1）纵向比较法。将每一中间商的销售额与上期的绩效进行比较，并以整个群体在某一地区市场的升降百分比作为评价标准。对于低于该群体的平均水平以下的中间商，找出其主要原因，帮助改正。

（2）横向比较法。将各个中间商的实际销售额与其潜在销售额的比率进行对比分析，按先后名次进行排列，对于那些比例极低的中间商，需分析其绩效不佳的原因，必要时要予以取消。

2. 及时调整分销渠道

（1）增减渠道成员。即决定增减销售渠道中的个别中间商。既要考虑增或减对某个中间商企业的盈利方面的直接影响，也要考虑可能引起的间接反应，即渠道其他成员的反应。

（2）增减渠道。在某种情况下，各方面变化常常使企业感到只变动渠道中的成员是不够的，必须变动渠道才能解决问题，否则就会有失去这一目标市场的威胁。

（3）调整整个渠道结构。即做通盘调整，而不是在原有基础上修修补补。

情境任务 5　产品促销

◎情境导入

李强确定了产品销售渠道，可是李强知道"酒香也怕巷子深"，一个产品要想占领市场必须进行促销活动，于是李强要求销售总监赵欣尽快拿出公司产品促销方案。同学们，请和赵欣一起研讨吧！

> **思考：** 皇帝女儿不愁嫁、酒香也怕巷子深，你是如何理解这两句话的？

行动任务　为产品设计创意广告

1. 任务描述

针对公司生产或经营的产品设计一段广告创意视频。

2. 任务建议

成立广告策划小组，组织小组讨论广告词、广告创意，利用摄像机或手机自拍自演，并进行剪辑（可利用绘声绘影等视频处理软件进行剪辑和字幕、画外音添加），完成公司产品广告创业视频后在全班公开播放，并予以创意解释。

3. 任务要求

广告创意视频的播放时间不低于 5 分钟，展演后将视频文件上传给教师留存。

学习任务　产品促销

美国 IBM 公司创始人沃森（T. J. Watson）说过科技为企业提供动力，促销则为企业安上了翅膀。在现代商品社会里，客观上存在生产者与消费者间"信息分离"的矛盾，企业必须加强促销工作，利用广告、宣传报道、人员推销等促销手段，把企业、产品等信息传递给消费者和用户，以树立良好的产品形象和企业形象，使消费者和用户最终认可并购买企业产品，达到扩大销售的目的。

促销是指企业通过人员推销或非人员推销的方式，向目标顾客传递商品或劳务的存在及其性能、特征等信息，帮助消费者认识商品或劳务所带给购买者的利益，从而引起消费者的兴趣，激发消费者的购买欲望及购买行为，进而扩大企业产品销售的营销活动。

促销的实质是信息沟通。促销是向消费者或用户传递产品信息，引起他们的注意和兴趣，激发他们的购买欲望和购买行为，从而实现有效的交流和沟通，最终达到扩大销售的目的。

促销形式主要有两种，一是人员推销，即推销员和顾客面对面地进行推销；二是非人员推销，主要包括广告、公共关系和营业推广等多种方式。

知识链接

企业促销活动的基本形式

（1）人员推销。指企业派出推销人员，直接与消费者接触，向目标顾客进行产品介绍、推广，促进销售的沟通活动。

（2）广告促销。指企业支付一定数额的费用，通过不同的媒体对产品进行广泛宣传，促进产品销售的传播活动。

　　（3）营业推广（Sales Promotion）。也称销售促进，它是企业为鼓励购买、销售商品和劳务而用来刺激需求或强烈的市场反应而采取的各种短期性促销方式的总称。

　　（4）公关促销。指企业通过长期开展公共关系活动或通过第三方在各种媒体上宣传企业良好形象，提高企业的声望，获得社会公众信任，促进企业与内部员工、外部公众建立良好关系，从而间接促进产品销售的沟通活动。

促销的作用如下：

　　（1）传递产品销售信息。在产品正式进入市场以前，企业必须及时向中间商和消费者传递有关的产品销售信息。通过信息的传递，使社会各方了解产品销售的情况，建立企业的良好声誉，引起他们的注意和好感，从而为企业产品销售的成功创造前提条件。

　　（2）创造需求，扩大销售。企业针对消费者的心理动机，通过采取灵活有效的促销活动，诱导或激发消费者某一方面的需求，增强产品的销售力，使市场需求朝着有利于企业销售的方向发展。

　　（3）突出产品特色，增强市场竞争力。企业通过促销活动，宣传本企业的产品较竞争对手产品的不同特点，以及给消费者带来的特殊利益，使消费者充分了解本企业产品的特色，引起他们的注意和欲望，进而扩大产品的销售，提高企业的市场竞争能力。

　　（4）反馈信息，提高经济效益。通过有效的促销活动，使更多的消费者或用户了解、熟悉和信任本企业的产品，并通过消费者对促销活动的反馈，及时调整经营决策，使企业生产经营的产品适销对路，扩大企业的市场份额，巩固企业的市场地位，提高企业营销的经济效益。

那么，企业应如何有效地开展产品促销活动呢？

一、制定企业促销方案

（一）确定促销目标

促销目标是指企业促销活动所要达到的目的。企业在进行促销活动之前，需要解决的第一个问题是确定促销目标。在不同时期和不同的市场环境下，企业开展的促销活动都有特定的促销目标。促销目标主要阐述企业的市场现状和进行促销活动的目的。如当前市场现状如何，消费者和竞争者状况、企业目前情况如何，企业开展促销活动的目的是什么，是处理库存还是提升销量，是打击竞争对手还是新品上市，或者是提升品牌认知度和美誉度，目标明确，才会使促销活动有的放矢。

促销目标定位准确客观，可以保证后面的促销活动顺畅地进行。促销目标要根据企业要求及市场状况来确定。企业促销目标的选择必须服从企业营销的总体目标，不能为了单纯的促销而促销。企业的促销目标一般包括刺激购买、市场进入方式、引导消费、双向沟通和品牌塑造等。

促销目标可以确立单个目标，也可以确立多个目标。针对消费者的促销目标，一般包括增加销售量，扩大销售；吸引新客户，巩固老客户；树立企业形象，提升知名度；应对竞争，争取客户。如鼓励消费者更多地使用商品和促使其大批量地购买，争取未使用者试用，吸引竞争者品牌的使用者。针对经销商而言，促销目标一般包括吸引经销商经营新的商品和维持较高水平的存货，鼓励他们购买背季商品，抵消各种竞争性的促销影响，建立品牌忠诚和获得建立新的营销网点的机会。针对企业的销售队伍而言，促销目标一般包括鼓励他们支持一种新产品或新型号，激励他们寻找更多的潜在顾客和刺激他们推销反季商品等。

（二）确认促销对象

促销对象主要是可能实施消费行为的潜在顾客群体，他们主要包括以下三种对象：

1. 产品的使用者

产品的使用者是指实际使用或消费产品的人。实际的需求是这些人实施消费的直接动因。抓住了这一部分消费者，产品销售就有了稳定的市场。

2. 产品购买的决策者

产品购买的决策者是指实际决定购买产品的人。大多数情况下，产品的使用者和购买决策者是一致的，但是也有许多产品的购买决策者与使用者相分离的情况，例如一位中学生想买一台笔记本电脑，但购买的决策往往需要他的父母做出。因此，促销也应当把购买决策者放在重要的位置。

3. 产品购买的影响者

产品购买的影响者是指看法或建议上可以对最终购买决策产生一定影响的人。通常在低值、易耗的日用品购买决策中，这部分人的影响力较小，而在高档耐用消费品的购买决策上，他（她）们的影响力可能会起决定性的作用。因为对高价耐用品的购买，购买者往往比较谨慎，一般会在广泛征求意见的基础上再做决定。

企业通过对目标市场的市场调查与研究，界定其产品的销售对象是现实购买者还是潜在购买者，是消费者个人、家庭还是社会团体。明确了产品的销售对象，也就确认了促销的目标对象。

一般来说，确定促销对象，了解基本情况是起点，同时需要深入分析产品的潜在顾客结构与分布。分析产品的潜在顾客就是分析产品的潜在顾客的结构与类型、地区分布与行业构成等状况的过程。例如，分析产品的适用单位和个人：谁使用这个商品？谁直接购买这种商品？分析潜在顾客构成：有哪些单位？有哪些个人？分布在哪些地区？分布在哪些行业？进而分析他们的购进渠道具体类型，最终确定是直接向他们促销还是向他们的购进渠道促销，等等。

最终，企业需确定促销活动是针对目标市场的每一个人还是某一特定群体，活动控制在多大范围内，哪些人是促销的主要目标，哪些人是促销的次要目标。总之，促销对象的选择正确与否直接影响促销活动效果。

（三）设计促销信息

促销信息是指企业在与目标市场沟通时用以吸引目标市场所采用的文字和形象设计。当在与目标市场进行促销沟通时，必须在促销信息中以充足的理由向潜在的客户表明为什么他们应该对你所传达的促销信息做出反应。

促销信息是促销活动的核心，它是否具有吸引力、感染力和促销力，直接关系到促销活动的成败，需要企业投入较大的精力。

促销信息设计主要解决两个问题：说什么，即信息内容的选择；怎样说，即信息如何表达。

企业要对促销对象的生活方式、购买习惯、购买产品的动机、接受信息的主要渠道以及顾客对产品的认知程度等有所了解，从而在此基础上决定"说什么"以及"怎样说"。

1. 说什么

企业在设计促销信息时，应明确促销对象一般需要什么样的信息，或者会对哪些信息感兴趣、格外关注，这样才能提高促销信息设计的针对性和传递的有效性。一般，促销信息的主要内容包括：

（1）基本信息。企业、产品信息、价格、购买地点、厂商情况等。

（2）重点问题信息。主要是产品的本质特征。即企业所提供的产品最突出的特点是什么，优势在哪儿，它能够给用户带来的最大益处是什么，这是促销信息中最关键的内容。

2. 怎样说

怎样说即对目标对象所要表达的诉求是什么，并以此刺激其反应。一般包括：

（1）功能性诉求。即理性诉求，它是从"实"的方面，即从满足目标顾客的基本需求出发，以介绍产品功能为主。在信息中不仅要说明自己的产品与竞争品牌相比的独特优势，还要突出说明产品给目标顾客带来的实际价值与利益，如解决困难，提高生活质量与工作效率，节约金钱、时间、精力等。这样可使企业真实、准确、公正地传达企业、产品、服务的客观情况，使促销对象经过概念、判断、推理等思维过程，理智地做出决定。

（2）情感性诉求。即感性诉求，它是从"虚"的方面，即从满足顾客心理与社会需要出发。感情诉求是走向人们的内心，与人们的感情世界沟通，消费者得到了一种情绪、情感的体验，对产品产生了一种感性认识，"以情动人"，使消费者在感动之余认同该产品。其一般模式是从顾客类型、购买环境、消费体验等方面，传播商品所体现的身份、地位、文化、品位、时尚等信息。

🔍 知识链接

经典理论——USP 理论

USP（Unique Selling Proposition），即独特的销售主张或"独特的卖点"。USP 是罗瑟·瑞夫斯（Rosser Reeves）在 20 世纪 50 年代首创的，他当时是美国 Ted Bates 广告公司董事长。瑞夫斯比较早地意识到广告必须引发消费者的认同。

USP 理论的内涵主要有三个部分：每一则广告必须向消费者说一个主张，必须让消费者明白，购买广告中的产品可以获得哪些具体的利益；所强调的主张必须是竞争对手做不到的或无法提供的，必须说出其独特之处，在品牌和说辞方面是独一无二的，强调人无我有的唯一性；所强调的主张必须是强而有力的，必须聚焦在一个点上，集中打动、感动和吸引消费者来购买相应的产品。

✏️ 情境案例

白加黑"治疗感冒，黑白分明"

1995 年，"白加黑"上市仅 180 天销售额就突破 1.6 亿元，在拥挤的感冒药市场上分割了15％的份额，登上了行业第二品牌的地位，在中国大陆营销传播史上，堪称奇迹。这一现象被称为"白加黑"震撼，在营销界产生了强烈的冲击。

一般而言，在同质化市场中，很难发掘出"独特的销售主张"（USP）。感冒药市场同类药品甚多，市场已呈高度同质化状态，而且无论中、西成药，都难于做出实质性的突破。康泰克、丽珠、三九等"大腕"凭借着强大的广告攻势，才各自占领一块地盘，而盖天力这家实力并不十分雄厚的药厂，竟在短短半年里就后来者居上，其关键在于其崭新的产品概念。

"白加黑"是个了不起的创意。它看似简单，只是把感冒药分成白片和黑片，并把感冒药中的镇静剂"扑尔敏"放在黑片中，其他什么也没做。实则不简单，它不仅在品牌的外观上与竞争品牌形成了很大的差别，更重要的是它与消费者的生活形态相符合，达到了引发联想的强烈传播效果。

在广告公司的协助下，"白加黑"确定了干脆简练的广告口号——"治疗感冒，黑白分明"，所有的广告传播的核心信息是"白天服白片，不瞌睡；晚上服黑片，睡得香"。产品名称和广告信息都在清晰地传达产品概念。

（四）选择沟通渠道

传递促销信息的沟通渠道主要有人员沟通渠道与非人员沟通渠道。人员沟通渠道向目标购买者当面推荐，能得到反馈，可利用良好的"口碑"来扩大企业及产品的知名度与美誉度。非人员沟通渠道主要指大众媒体沟通。只有实现大众媒体沟通与人员沟通的有机结合才能发挥更好的效果。各种沟通渠道的特点见表5—2。

表5—2　　　　　　　　　　　各种沟通渠道的特点

沟通渠道		优点	缺点
非人员沟通渠道	大众媒体	建立和维持品牌知名度，帮助品牌定位，大众市场产品使用十分经济，可控制广告内容与时间	公众信任度低，高观众接触率的浪费，信息多而纷乱，通常被认为是强迫性接受信息，效果测试困难
人员沟通渠道	营业推广	具有时效性，刺激行为，可以测量	会使客户依赖价格决定是否购买，制造零售业绩假象，大大降低产品价格
	公关活动	帮助品牌定位，易取得信任	见效慢
	人员推销	双向沟通可以立即解决问题，消除抗拒心理，测量度高	成本昂贵，有时难以控制品牌信息

选择有效的沟通渠道还要考虑产品、企业促销的基本策略、沟通任务、产品生命周期阶段和目标顾客获得商品信息的渠道类型等因素。

另外，选择不同的大众媒体，其费用、设计、策略和效果也不同，各种大众媒体的特点见表5—3。企业选择大众媒体时，不仅应了解各种媒体的优缺点，还应考虑以下因素：目标顾客接触媒体的习惯；产品性质；信息性质；媒体费用；媒体影响力。除此之外，还要考虑媒体的使用时机：是长期安排，还是短期使用。短期使用是采取集中式的媒体使用，还是连续式使用，或是间歇式使用等。

表5—3   各种大众媒体的特点

媒体	优点	缺点
报纸	灵活、及时，能很好地覆盖当地市场，普及、可信度高	有效期短，再生质量差，传阅性差
电视	能很好地覆盖大众市场，每次播放成本低，感官吸引力强	绝对成本高，易受干扰，播放时间短暂，很难选择受众
直接邮购	可以选择受众，灵活，没有广告竞争者	每次相对成本较高，有"垃圾邮件"印象
广播	当地普及率好，具有很好的地理和人口选择性，成本低	只有听觉效果，播出时间短，注意力差，听众分散
杂志	具有很好的地理和人口选择性，有威望，传阅性好	成本高，不能保证刊登位置
户外广告	灵活，展示重复性高，低成本，信息竞争低，位置选择性好	观众选择性小，创意受限
互联网	选择性好，低成本，直接，具有互动性	受众少，单一，相对影响小，由受众控制展示时间

知识链接

目标顾客获取信息的渠道

（1）个人使用产品体验的积累。

（2）口碑宣传。即熟人、亲朋好友的介绍。

（3）商业传播。即通过广告、人员推销、新产品发布会等商业传播获得信息。

（4）非商业渠道。如消费者从政府机构、消费者协会发布的信息、科学杂志等获取的相关信息。

情境案例

宝洁公司的营销沟通

宝洁公司与它的顶级顾客"沃尔玛"相邻办公。巨大的网络平台系统与沃尔玛连接，24小时不停地工作，"沃尔玛"的存货情况、即时的产品需求、补货数量与时间、顾客的意见反馈都能以最快的速度传输到宝洁公司办公室，使得宝洁公司能够据此随机应变。而对于级别较低的渠道成员，宝洁公司则采用电话、传真、普通互联网络、邮寄、人员等方式进行沟通和了解。这种信息沟通为宝洁公司及"沃尔玛"创造了巨大的利益。

（五）确定促销的具体组合

促销组合是指企业在市场营销过程中对人员推销、广告、营业推广和公共关系等各种促销方式的综合运用。它是企业组织促销活动的策略思路，主张企业运用广告、人员推销、公关宣传、营业推广四种基本促销方式组成一个策略系统，使企业的全部促销活动互相配合、协调一致，最大限度地发挥整体效果，从而顺利地实现企业目标。

企业促销的基本策略

（1）推式策略。指利用推销人员与中间商促销产品进入渠道。生产者将产品主动推到批发商手上，批发商又积极地将产品推给零售商，零售商再将产品推向客户。

（2）拉式策略。指企业针对最后客户，花费大量的资金从事广告及客户促销活动，以增进产品的需求。如果做得有效，客户就会向零售商要求购买该产品，零售商会向批发商要求购买该产品，而批发商又会向生产者要求购买该产品，于是拉动整个渠道系统。

企业应根据不同的情况，将人员推销、广告、营业推广和公共关系四种促销方式进行适当搭配，使其发挥整体的促销效果。产品种类不同而产生的促销组合上的差异如图5—5所示。应考虑的因素有产品的属性、价格、各种促销方式的特点（见表5—4）、产品生命周期阶段（见表5—5）、目标市场特点、促销目标、企业促销的基本策略。

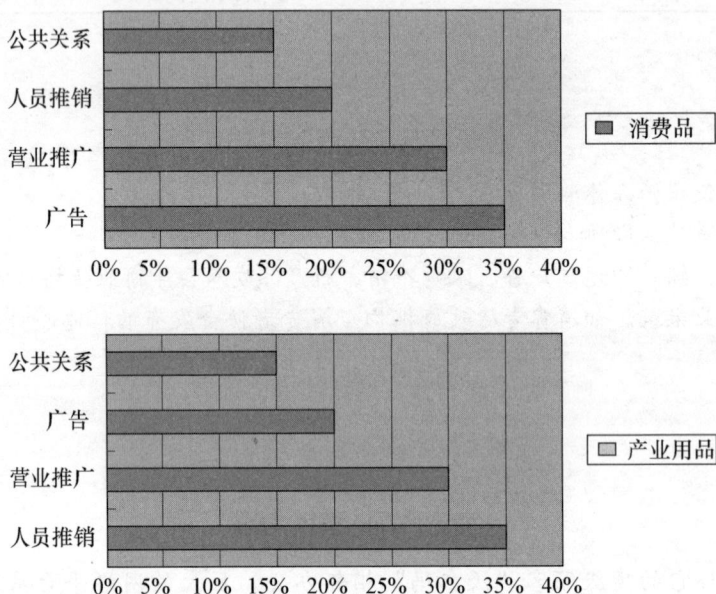

图5—5　产品种类不同而产生的促销组合上的差异

表5—4　　　　　　　　　　　　　　各种促销方式的特点

促销方式	优点	缺点
广告促销	覆盖面广、传播迅速、影响力大、表达方式多样、形象生动、单位成本相对低	间接性、单向性、盲目性，不能促成即时交易
人员推销	针对性强、直接性、灵活性、个人互动、培养关系、效果明确，可当面成交	费时、费钱、费工，接触面窄
公共促销	影响面广、效果持久，可提高企业的知名度、美誉度	需花费较大精力和财力，见效慢
营业推广	吸引力大、刺激性大、效果明显，可促成即时交易	信任度低、不宜长期使用。若使用不当，会引起顾客怀疑和反感

表 5—5 产品市场生命周期与促销组合

产品市场生命周期	促销组合
投入期	广告为主，配合采用示范表演、赠送样品或试用等方法
成长期 成熟期	密集的广告和多种营业推广方式
衰退期	减价或有奖销售等各种营业推广形式，尽快销售

企业目标市场特点：如果产品市场范围较小，应以人员推销为主或营业推广为主，从而以较小的促销成本，取得成效；反之，产品市场范围较大，应以广告为主，并配合公共关系的开展。

短期促销目标，宜采用广告促销和营业推广相结合的方式。长期促销目标采取公关促销具有决定性意义。例如，在一定时期内，某企业的促销目标是在某一市场激发消费者的需求，扩大企业的市场份额；而另一企业的促销目标则是加深消费者对企业的印象，树立企业的形象，为其产品今后占领市场、提高市场竞争地位奠定基础。显然，这两个企业的促销目标不同，因此，促销组合决策就不应该一样。前者属于短期促销目标，为了近期利益，它宜采用广告促销和营业推广相结合的方式。后者属于长期促销目标，宜采用公关促销，辅之以必要的人员推销和广告促销。

知识链接

企业促销组合的选择

遇到下列情况时，企业应以广告为主要促销方式：

(1) 商品的市场广阔；

(2) 商品需要以最快的速度告知广大消费者；

(3) 对商品的需求已显示出有利趋势，市场需求日益增加；

(4) 商品有明显改进与提高；

(5) 商品具有隐藏品质，应通过广告告知广大消费者；

(6) 商品能引起顾客感情上的购买动机，经过宣传的刺激，顾客会迅速采取购买行为；

(7) 企业有足够资金，有力量支持广告活动计划。

遇到下列情况，企业应以人员推销为主要促销方式：

(1) 企业规模小或无足够的资金推行广告计划；

(2) 市场区域集中，渠道短，推销力量强；

(3) 商品单位价值高，专用性强；

(4) 企业与顾客关系亟待改进时；

(5) 对商品的性能、使用方法、保管方法需要作示范时；

(6) 商品需要退、换时。

（六）确定促销预算

促销预算是指企业在计划期内反映有关促销费用的预算。促销费用过低，会影响促销效果；促销费用过高，又可能会影响企业的正常利润。

企业应从自己的经济实力和宣传期内受干扰程度大小的状况决定促销组合方式。如果企业促销费用宽裕，则可几种促销方式同时使用；反之，则要考虑选择耗资较少的促销方式。

常用的促销预算的确定方法如下：

（1）销售额百分比法。指以目前或预估的销货额为基准乘以一定的百分比作为促销预算。

（2）量入而出法。以公司负担得起的促销费用为促销预算，即将促销预算设定在公司所能负担的水平上。

（3）竞争对等法。以主要竞争对手的或平均的促销费用支出为促销预算。这样做，各竞争者若互相看齐，常能避免发生促销战。

（4）目标任务法。营销人员首先设定其市场目标，然后评估为达成市场目标给项目投入的促销费用，并以其作为预算。目标任务法是最合逻辑的预算编列法。以目标任务法编列促销预算，必须做好以下几点：尽可能明确地制定促销目标；确定实现这些目标所应执行的任务；估计执行这些任务的成本，成本之和就是预计的促销预算。目标任务法能使管理当局，明确费用多少和促销结果之间的关系。然而它也是最难实施的方法，因为通常很难算出哪一个任务会完成特定目标。

情境案例

草率天真的计划

梅塔格公司是一家有着100多年历史的洗衣机公司。多年来，梅塔格的洗衣机一直处于市场的主导地位。1980年，梅塔格的净销售额是4.09亿美元。为了促销产品，1992年8月，梅塔格在英国的胡佛公司推出了一项极其诱人的促销计划：凡在1993年1月底以前购买梅塔格公司的产品价值超过100英镑者，可以享受两次免费欧洲旅行；购买超过200英镑者，可享受两次免费去纽约或奥兰多的旅行机会。

受这一巨大诱惑的驱使，当地人立即兴起了一阵购物热潮。从现象上说，他们的促销计划应该是成功了，但是，公司的经理忧心忡忡，因为他们从未想到会有这么多人参加，他们原以为有资格参加旅游的人数至多不超过5万人，但事实上竟有20多万人响应，而且均有资格参加免费旅游。但最终梅塔格公司只对6 000人兑了现。可想而知，梅塔格公司当时受到了怎样的压力，公司甚至专门开通了热线电话以解决大家的投诉，每天投诉的人数都超过2 000人，他们都要求赔偿。为了避免这一促销方案进一步给公司造成危害，梅塔格公司付出了惨重的代价，第一季度就损失了3 000万美元，最后的支出估计超过了5 000万美元。

促销方案的内容还包括促销时间的安排以及促销时机的把握，这方面内容的较好设计也是确保促销活动效果的关键因素。

以上促销方案中的每一个因素都可以是一个独立的内容。对于整体促销方案来说，它适合"木桶理论"，其中任何一个因素处理不利，都会导致促销活动的最终失败。

二、实施促销活动

往往一个好的促销活动方案会由于执行和管理的漏洞而不能达到预期的效果。促销活动的执行效果关键还在于组织的执行力，需要事先成立促销活动的组织以及明确人员职责分工，通过培训和监控来确保整个促销活动顺利开展。

（一）人员组织

加强对促销人员的培训，是促销活动实施的首要任务。如果促销人员的业务素质不高，就有可能极大地影响促销活动的效果。一个成功的促销人员能顺利地实现自身与消费者间的沟通，这需要自身具有多方面的素质，其中包括服务意识、运筹能力、应对能力、熟练的业务能力。

促销活动的组织及职责的分工是活动稳定有序进行的前提。在组织建立方面，必须既有总指挥、总协调等类似主管的角色，也有各个项目的具体负责人。在职责分工方面，应体现清晰明确的原则，专人专责，避免职责不清、相互扯皮现象的发生。在促销执行过程中应当实行主管负责制，一方面项目负责人必须维护主管的权威，另一方面主管必须对所属区域内的所有事件负责。

人员系统的培训是保证促销活动质量的关键所在。不仅仅针对促销人员，对参与促销活动的所有工作人员都需要进行系统培训，当然各个人员培训内容具有不同的侧重点。需通过对企业背景、产品特点、促销技巧等方面的培训提高促销人员的业务素质。并且在促销活动中，引导促销人员关注消费者的心理变化，根据消费者的不同性格特点，采取不同说服方式。对于活动参与的其他人员需要明确促销活动的目的、方式、内容、活动整体流程、典型问题处理、问题反馈程序以及相关奖惩规定等。

严密的监控措施是保证促销活动高效开展的重要环节，主要包括促销活动期间的常规例会、报表体系以及相关奖惩措施等。

同时，企业还要注意做好对促销员本身的激励工作，提高士气，最终达成提高销量的目的。需实施项目奖励计划，使销售成绩与促销员的收益挂钩，调动促销员的积极性。在项目执行过程中，对完成并超过目标销量的城市及促销员按其完成目标销量的比例给予不同的奖励，并设立销量排行榜，大大提高促销员的积极性。

（二）广告宣传

在宣传方面必须做到：

（1）结合企业促销活动的辐射范围和活动期限，合理选择广告媒体和媒体使用的时间及频率。

（2）确认宣传单均已发放完毕，以免留置卖场逾期作废。

（3）广告海报、宣传布条等应张贴于最佳位置，如入口处或布告栏上，以吸引顾客入内采购。

（4）特卖品的 POP 广告应放置在正确位置，价格标识应醒目，以吸引顾客购买。

（三）卖场气氛布置

卖场氛围可以根据促销活动进行针对性的布置，应张贴各种商品说明性、气氛性的海报、旗帜、气球等物品，以增加促销气氛，同时应辅之以各类商品的灯具、垫子、隔物板、模型等用品以更好地衬托商品，刺激顾客的购物兴趣。适当时可以播放轻松愉快的背景音乐，使顾客感觉舒适。必要的话也可以适当安排专人在卖场直接促销商品。

（四）商品管理

在商品管理方面，要做到：

（1）要准确预测促销商品的销售量并提前进货，商品必须充足，以免缺货造成顾客抱怨及丧失促销机会。

（2）促销商品价格必须及时调整，以免使顾客产生被欺骗的感觉及影响收银工作的正常进行。

（3）新产品促销应配合试吃、示范等方式，以吸引顾客消费，以免顾客缺乏信心不敢购买。

（4）商品陈列必须正确且能吸引人，以配合促销获得达到最佳效果。如促销商品和高毛利非促销商品必须有效组合、关联陈列，以提高顾客对非促销商品的关注。

三、评价促销效果

促销效果评价是企业促销工作的一项重要内容，分事前评价、事中和事后评价三类，它们的特点各异，作用各异。

（一）事前评价

事前评价就是指促销计划正式实施之前所进行的调查测定活动。其目的在于评价该计划的可行性和有效性，或以此在多个计划中确定出最佳的方案。事前评价主要有征求意见法和试验法两种方法。

（二）事中评价

事中评价就是在促销活动进行过程中对其效果进行评价，其方法是消费者调查。调查内容分三个方面：

（1）促销活动进行期间消费者对促销活动的反应，可以通过现场记录来分析消费者参与的数量、购买量、重复购买率、购买量的增幅等。

（2）参与活动的消费者结构，包括新、老消费者比例，新、老消费者的重复购买率，新消费者数量的增幅等。

（3）消费者意见，包括消费者参与的动机、态度、要求、评价等。

综合上述几方面的分析，就可大致掌握消费者对促销活动的反应，客观评价促销活动的效果。

（三）事后评价

事后评价就是在促销活动告一段落或全部结束后对其产生的效果进行评价。常用的方法有前后比较法和市场调查法。

1. 前后比较法

前后比较法，即将开展促销活动之前、之中和之后三段时间的销售额（量）进行比较来测评效果。这是最常用的消费者促销评估方法。促销前、促销期间和促销后产品的销售量变化会呈现出几种不同的情况，这说明促销产生了不同的效果。通常，可能出现的情况有以下四种：

（1）初期奏效，但在促销中期销售就逐渐下降，到结束时，已恢复到原来销售水平。这种促销冲击力强，但缺乏实质内容，没能对消费者产生真正的影响。主要原因可能是促销活动缺乏长期性、策划创意缺乏特色、促销管理工作不力。

（2）促销期间稍有影响，但促销后期销售低于原来水平。这说明由于产品本身的问题或外来的其他因素，使该品牌的原有消费者构成发生动摇，而新的顾客又不愿加入，从而在促销期满后，销量没有上升。其中主要原因可能是促销方式选择有误，主管部门干预，媒体协调出现问题，消费者不能接受，竞争者的反攻生效，争夺了大量消费者。

（3）促销期间的销售情况同促销前基本一致，但促销结束后又无多大变化。这说明促销无任何影响，促销费用浪费。这种情况说明该品牌基本上处于销售衰退期。主要原因可能是企业对市场情况不熟悉、促销方式缺乏力度、信息传播方式、方法出现问题、产品根本没有市场。

（4）促销期间销售有明显增加，且促销结束后销势不减或略有减少。这说明促销明显，且对今后有积极影响，促销方式对路。促销产品的市场销量上升，增加的原因是由于促销对消费者产生吸引力。在促销活动结束后的一段时期内，称为有货消耗期，消费者因消耗在促销期间积累的存货而没有实施新的购买，从而商品销量在刚结束的时候略有下降，但这段时间过后，商品销量比促销前上升，说明促销取得了良好的效果，使产品的销售增加。

2．市场调查法

市场调查法是一种企业组织有关人员进行市场调查分析确定促销效果的方法。这种方法比较适合于评估促销活动的长期效果。它包括以下两方面内容：

（1）确定调查项目。调查的项目包括促销活动的知名度、消费者对促销活动的认同度、销势增长（变化）情况、企业的形象在前后的变化情况等。

（2）市场调查法的实施方式。一般来说，采用的方法是寻找一组消费者样本和他们面谈，了解有多少消费者还记得促销活动，他们对促销的印象如何，有多少人从中获得利益，对他们今后的品牌选择有何影响等。通过分析这些问题的答案，就可以了解到促销活动的效果。

思考与讨论

1．为什么要进行市场细分？
2．目标市场策略有哪些，如何选择？
3．如何进行产品整体设计？
4．如何制定产品价格？
5．企业产品的销售渠道有哪些？如何选择？
6．产品促销方法有哪些？
7．如何制定企业促销方案？

拓展训练

寻找当地一些产品或代理一些产品，到周边市场尝试人员推销。

学习情境6　经营分析诊断

没有错误的顾客，只有错误的经营！

——佚名

◎学习情境

李强的公司到目前已经运营了一年，一年来李强和他的创业团队风雨同舟，边学习边摸索，公司从无到有，从不规范到规范，大家都体验到创业的艰辛，也品尝到成功的喜悦。年终岁尾，李强和他的团队到酒店聚餐。席间，李强让每一位伙伴对自己的工作进行总结，通过大家的总结，李强认识到公司经营还存在诸多问题，李强想深入了解公司的经营状况，了解公司现存问题，以便来年改进。

【学习目标】

通过本学习情境的学习，掌握企业财务分析与企业诊断等相关知识，能进行企业利润表、资产负债表分析，客观评估企业获利能力，分析投资报酬、资产运用效率，能对企业经营状况进行初步的诊断，找出问题，提出可行性建议。

【情境任务】

任务1　企业经营财务分析

任务2　企业经营自我诊断

【学习建议】

1. 利用课余时间自学一些财会知识，了解财务报表的产生来源。
2. 亲自动手计算或利用 Excel 软件对财务报表数据进行处理。

情境任务1　企业经营财务分析

◎情境导入

公司已经经营一年了，李强想知道公司一年来的经营情况到底如何，于是李强找来财务总监李惠，让李惠尽快做出公司财务报告。李惠接到任务后马上组织财务部开会，要求财务部尽快完成公司资产负债表、利润表、现金流量表的编制，一周后进行公司财务分析。同学们，请和李惠一起学习财务分析吧！

思考：通过财务分析能判断出公司经营状况的哪些方面？

行动任务　对公司进行财务分析

1. 任务描述

利用主要财务分析指标对案例公司的财务报表进行财务分析，撰写财务分析报告。

2. 任务建议

成立财务分析小组，由财务总监任组长，通过学习有关财务分析的程序和方法，对案例中的公司的财务报表进行分析，将分析结果在小组内进行讨论，最后形成公司财务分析报告，并将报告提交给总经理审阅签字。如果有条件可以以周边企业的真实财务报表为对象进行研究分析。

3. 任务要求

至少对三种财务报表进行分析，至少分析出 5 个以上财务分析指标，对企业的偿债能力、营运能力、盈利能力做出正确评价，最后形成公司财务报告。财务报告应有财务总监签名，需总经理审阅签名，最后上交给教师留存，财务报告格式自定义。

学习任务　企业财务分析

一、财务分析概述

（一）财务分析的含义和目的

财务分析，亦称财务报表分析，是运用财务报表的有关数据对企业过去的财务状况、经营成果及未来前景的一种评价。财务分析的主要内容是会计报表分析、财务比率分析和预算分析。

财务分析是财务管理的重要方法之一，它是对企业一定期间的财务活动的总结，是评价财务状况、衡量经营业绩的重要依据；是挖掘潜力、改进工作、实现理财目标的重要手段；是合理实施投资决策的重要步骤，为企业进行下一步的财务预测和财务决策提供依据。因此，财务分析在企业的财务管理工作中具有重要的作用。

通过对企业进行财务分析，我们可以实现以下目的：

（1）评价企业的偿债能力；

（2）评价企业的资产管理水平；

（3）评价企业的盈利能力；

（4）评价企业的发展能力。

（二）财务分析的基础

财务分析是以财务报告为基础，以日常核算资料及其他资料为补充的。企业的财务报告主要包括资产负债表、利润表、现金流量表、其他附表以及财务状况说明书。

资产负债表是反映企业一定日期财务状况的会计报表。它以"资产＝负债＋所有者权益"这一会计等式为依据，按照一定的分类标准和次序反映企业在某一个时间点上资产、负债及所有者权益的基本状况。

分析者通过对资产负债表的分析，可以了解企业的偿债能力、资金营运能力等财务状况，为债权人、投资者以及企业管理者提供决策依据。

实例链接

例 6—1

某企业资产负债表见表 6—1。

表 6—1　　　　　　　　　　　　某企业资产负债表（2015 年 12 月 31 日）　　　　　　　　　单位：元

资产	期末余额	负债及所有者权益	期末余额
流动资产：		流动负债：	
货币资金	3 918 900	短期借款	900 000
以公允价值计量且其变动计入当期损益的金融资产	145 000	以公允价值计量且其变动计入当期损益的金融负债	
应收票据	738 000	应付票据	600 000
应收账款	897 300	应付账款	2 861 400
预付款项	300 000	预收款项	
应收利息		应付职工薪酬	330 000
应收股利		应交税费	109 800
其他应收款	15 000	应付利息	3 000
存货	7 740 000	应付股利	
其中：消耗性生物资产		其他应付款	150 000
一年内到期的流动资产		一年内到期的非流动负债	3 000 000
其他流动资产		其他流动负债	
流动资产合计	13 754 200	流动负债合计	7 954 200
非流动资产：		非流动负债：	
可供出售金融资产		长期借款	1 800 000
持有至到期投资		应付债券	
长期应收款		长期应付款	
长期股权投资	750 000	专项应付款	
投资性房地产	200 000	预计负债	
固定资产	3 300 000	递延所得税负债	
在建工程	4 500 000	其他非流动负债	
工程物资		非流动负债合计	1 800 000
固定资产清理		负债合计	9 754 200
生产性生物资产		所有者权益（股东权益）：	
油气资产		或股本	15 000 000
无形资产	1 800 000	其他权益工具	
开发支出		资本公积	
商誉		减：库存股	
长期待摊费用	900 000	其他综合收益	
递延所得税资产		盈余公积	300 000
其他非流动资产		未分配利润	150 000
非流动资产合计	11 450 000	所有者权益合计	15 450 000
资产总计	25 204 200	负债和股东权益总计	25 204 200

利润表也称损益表，是反映企业在一定期间生产经营成果的财务报表。利润表是以"收入－费用＝利润"这一会计等式为依据编制而成的。

通过利润表可以考核企业利润计划的完成情况，分析企业的盈利能力以及利润增减变化的原因，预测企业利润的发展趋势，为投资者及企业管理者等各方面提供财务信息。

实例链接

例 6—2

某企业利润表见表 6—2。

表 6—2　　　　　　　　　　　某企业利润表（2015 年度）　　　　　　　　　　单位：元

项目	行次	本期金额	上期金额（略）
一、营业收入		3 750 000	
减：营业成本		2 250 000	
营业税金及附加		6 000	
销售费用		60 000	
管理费用		561 300	
财务费用		124 500	
资产减值损失		2 700	
加：公允价值变动收益（损失以"－"号填列）			
投资收益（损失以"－"号填列）		94 500	
其中：对联营企业和合营企业的投资收益			
二、营业利润（亏损以"－"号填列）		840 000	
加：营业外收入		150 000	
减：营业外支出		59 100	
其中：非流动资产处置损失			
三、利润总额（亏损总额以"－"号填列）		930 900	
减：所得税费用		232 725	
四、净利润（净亏损以"－"号填列）		698 175	
五、其他综合收益税后净额		30 000	
（一）以后不能重分类进损益的其他综合收益			
1. 重新计量设定受益计划净负债或净资产的变动			
2. 权益法下在被投资单位不能重分类进损益的其他综合收益中享有的份额			
（二）以后将重分类进损益的其他综合收益			
1. 权益法下在被投资单位以后将重分类进损益的其他综合收益中享有的份额		30 000	
2. 可供出售金融资产公允价值变动损益			
3. 持有至到期投资重分类为可供出售金融资产损益			
4. 现金流量套期损益的有效部分			
5. 外币财务报表折算差额			
六、综合收益总额		728 175	
七、每股收益：			
（一）基本每股收益			
（二）稀释每股收益			

现金流量表是以现金及现金等价物为基础编制的财务状况变动表，是企业对外报送的一种重要会计报表。

现金流量表为会计报表使用者提供企业一定会计期间内现金和现金等价物等流入和流

出的信息，以便于报表使用者了解和评价企业获取现金和现金等价物的能力，并据以预测企业未来现金流量。

实例链接

例 6—3

2015 年度某企业现金流量表见表 6—3。

表 6—3　　　　　　　　　　2015 年度某企业现金流量表　　　　　　　　单位：元

项目	本期金额
一、经营活动产生的现金流量	
销售商品、提供劳务收到的现金	4 027 500
收到的税费返还	
收到其他与经营活动有关的现金	
经营活动现金流入小计	4 027 500
购买商品、接受劳务支付的现金	1 176 798
支付给职工以及为职工支付的现金	900 000
支付的各项税费	597 267
支付其他与经营活动有关的现金	300 000
经营活动现金流出小计	2 974 065
经营活动产生的现金流量净额	1 053 435
二、投资活动产生的现金流量	
收回投资收到的现金	49 500
取得投资收益收到的现金	90 000
处置固定资产、无形资产和其他长期资产收回的现金净额	900 900
处置子公司及其他营业单位收到的现金净额	
收到其他与投资活动有关的现金	
投资活动现金流入小计	1 040 400
购建固定资产、无形资产和其他长期资产支付的现金	1 353 000
投资支付的现金	
取得子公司及其他营业单位支付的现金净额	
支付其他与投资活动有关的现金	
投资活动现金流出小计	1 353 000
投资活动产生的现金流量净额	−3 126 00
三、筹资活动产生的现金流量	
吸收投资收到的现金	
取得借款收到的现金	1 200 000
收到其他与筹资活动有关的现金	
筹资活动现金流入小计	1 200 000
偿还债务支付的现金	3 750 000
分配股利、利润或偿付利息支付的现金	37 500
支付其他与筹资活动有关的现金	
筹资活动现金流出小计	3 787 500
筹资活动产生的现金流量净额	−2 587 500
四、汇率变动对现金及现金等价物的影响	
五、现金及现金等价物净增加额	−1 846 665
加：期初现金及现金等价物余额	3 918 900
六、期末现金及现金等价物余额	2 072 235

（三）财务分析的基本方法

财务分析的方法灵活多样。根据分析对象、企业实际情况和分析者的不同可采用不同的分析方法。这里仅介绍几种常用分析方法。

1. 比较分析法

比较分析法是财务分析普遍使用的重要分析方法。它是通过对经济指标在数据上的比较，揭示经济指标之间数量关系和差异的一种分析方法。对经济指标的对比，主要有以下几种形式：

（1）绝对数分析法。绝对数分析是将不同时期、相同项目的绝对金额进行比较，以观察其绝对额的变化趋势。

（2）定基分析法。定基分析是以分析期间某一期的报表数据作为基数，其他各期与之对比，计算百分比，以观察各期相对于基数的变化趋势。

（3）环比分析法。环比分析是以某一期的数据和上期的数据进行比较，计算趋势百分比，以观察每期的增减变化情况。

2. 比率分析法

比率分析法是通过计算经济指标的比率来考察、计量和评价经济活动变动程度的一种分析方法。比率分析法主要有：

（1）结构分析法。结构分析是通过计算某项经济指标各个组成部分占总体的比重，探讨各个部分在结构上的变化规律。用于考核各部门在总体中所占的比重，或各费用在总体费用中所占比重等。

（2）相关比率分析法。相关比率分析是根据经济活动客观存在的相互依存、相互联系，将两个性质不同但又相关的指标加以对比，求出比率，以便从经济活动的客观联系中认识企业生产经营状况。

（四）财务分析的种类

1. 按财务分析主体的不同分类

按财务分析主体的不同可分为内部分析和外部分析。

内部分析是企业内部管理部门对本企业的生产经营过程、财务状况所进行的分析。这种财务分析，不仅要利用财务会计所提供的会计资料，也要利用管理会计和其他方面所提供的经济资料，是对整个生产经营活动的全面分析。通过这种分析，可以了解企业的财务状况是否良好，生产经营活动是否有效率，存在什么问题，从而为今后的生产经营提供决策依据。

外部分析是企业外部的利益集团根据各自的要求对企业进行的财务分析。这种分析，因各自目的不同，分析的范围也不同，它可以是对企业某一方面进行局部财务分析，也可以是对整个企业的各方面进行全面的财务分析。例如债权人常常关心的是贷款的风险，这样就需要对企业的偿债能力进行分析；投资者在购买企业股票时，要对企业的获利能力和投资风险等进行分析；而要与企业进行合资经营的人，则要对企业的各方面进行全面的财务分析。

2. 按财务分析对象的不同分类

按财务分析对象的不同可分为资产负债表分析、利润表分析和现金流量表分析。

资产负债表分析是以资产负债表为对象所进行的财务分析。从财务分析的历史看，最早的财务分析都是以资产负债表为中心，通过资产负债表可以分析企业资产的流动状况、负债水平、偿还债务能力、企业经营的风险等财务状况。

利润表分析是以利润表为对象进行的财务分析。在分析企业的盈利状况和经营成果时，必须要从利润表中获取财务资料。而且，即使分析企业偿债能力，也应结合利润表，因为一个企业的偿债能力同其获利能力密切相关。一般而言，获利能力强，偿还债务的能力也强。

现金流量表分析是以现金流量表为对象进行的财务分析。现金流量表是资产负债表与利润表的中介，也是这两张报表的补充。通过对现金流量表的分析，可以了解企业现金的流动状况，在一定时期内，有多少现金流入，是从何而来的，又有多少现金流出，都流向何处。这种分析可以了解企业财务状况变动的全貌，可以有效地评价企业的偿付能力。

3. 按财务分析方法的不同分类

按财务分析方法的不同可分为比率分析和比较分析。

比率分析，是将财务报表中的相关项目进行对比，得出一系列财务比率，以此来揭示企业的财务状况。

比较分析，是将企业本期的财务状况同以前不同时期的财务状况进行对比，从而揭示企业财务状况变动趋势，这是纵向比较。也可以横向比较，即把本企业的财务状况与同行业平均水平或其他企业进行对比，以了解本企业在同行业中所处的水平，以及财务状况中所存在的问题。

4. 按财务分析目的的不同分类

按财务分析目的的不同，可分为偿债能力分析、营运能力分析、盈利能力分析、发展能力分析和综合分析等。

（五）财务分析的程序

（1）确定财务分析的范围，收集有关的经济资料；

（2）选择适当的分析方法进行对比，做出评价；

（3）进行因素分析，抓住主要矛盾；

（4）为做出经济决策，提供各种建议。

二、主要财务分析指标

（一）偿债能力分析

偿债能力分析是指对于偿还债务的能力所进行的相关分析，包括短期偿债能力分析和长期偿债能力分析两个方面。

1. 短期偿债能力分析

短期偿债能力是指企业流动资产对流动负债及时足额偿还的保证程度，是衡量企业当前财务能力，特别是流动资产变现能力的重要标志。企业短期偿债能力的衡量指标主要有流动比率、速动比率和现金流动负债比率三项。

（1）流动比率。流动比率的计算公式如下：

流动比率＝流动资产÷流动负债

一般情况下，流动比率越高，反映企业短期偿债能力越强，债权人的权益越有保证。

（2）速动比率。速动比率的计算公式为：

速动比率＝速动资产÷流动负债

在分析时需要注意的是，尽管速动比率比流动比率更能反映流动负债偿还的安全性和稳定性，但并不能认为速动比率较低的企业的流动负债到期不能偿还。

（3）现金流动负债比率。现金流动负债比率的公式为

现金流动负债比率＝年经营现金净流量/年末流动负债×100％

其中，年经营现金净流量指一定时期内，由企业经营活动所产生的现金及其等价物的流入量与流出量的差额。它是企业一定时期的经营现金净流量同流动负债的比率，可以从现金流量角度来反映企业当期偿付短期负债的能力。

2. 长期偿债能力分析

长期偿债能力是企业偿还长期债务的现金保障程度。分析一个企业长期偿债能力，主要是为了确定该企业偿还债务本金和支付债务利息的能力。企业长期偿债能力的大小主要取决于企业资产与负债的比例关系和获利能力大小。

（1）资产负债率。又称负债比率，是企业负债总额对资产总额的比率。其计算公式为：

资产负债率＝负债总额÷资产总额

其比率越小，表明企业的长期偿债能力越强。

（2）产权比率。也称资本负债率，是企业财务结构稳健与否的重要标志。其公式为：

产权比率＝负债总额÷所有者权益

该指标越低，表明企业的长期偿债能力越强，债权人权益的保障程度越高，承担的风险越小。

（3）已获利息倍数。其计算公式为：

已获利息倍数＝息税前利润÷利息支出

其中，息税前利润是指包括利息支出和所得税前的正常业务经营利润，不包括非正常项目；利息支出包括企业在生产经营过程中实际支出的借款利息、债券利息等。

该指标不仅反映了企业获利能力的大小，而且反映了获利能力对偿还到期债务的保证程度，它既是企业举债经营的前提依据，也是衡量企业长期偿债能力大小的重要标志。

（4）长期资产适合率。其计算公式为

长期资产适合率＝（所有者权益＋长期负债）/（固定资产＋长期投资）×100％

该指标从企业长期资产与长期资本的平衡性与协调性的角度出发，反映了企业财务结构的稳定程度和财务风险的大小。

（二）营运能力分析

营运能力是指通过企业生产经营资金周转速度的有关指标所反映出来的企业资金利用的效率，它表明企业管理人员经营管理、运用资金的能力。企业生产经营资金周转的速度越快，表明企业资金利用的效果越好，效率越高，企业管理人员的经营能力越强。

营运能力分析包括流动资产周转情况分析、固定资产周转情况分析和总资产周转情况分析。

1. 流动资产周转情况分析

反映流动资产周转情况的指标主要有应收账款周转率、存货周转率和流动资产周转率。

(1) 应收账款周转率。是反映应收账款周转速度的指标，是一定时期内赊销收入净额与应收账款平均余额的比率。应收账款周转率有两种表示方法：一种是应收账款在一定时期内（通常为一年）的周转次数；另一种是应收账款的周转天数即所谓应收账款账龄。应收账款周转次数的计算公式如下：

$$应收账款周转次数 = \frac{赊销收入净额}{应收账款平均余额}$$

$$赊销收入净额 = 销售收入 - 现销收入 - 销售退回 - 销售折让$$

$$应收账款平均余额 = (初期应收账款 + 期末应收账款)/2$$

在一定时期内应收账款周转的次数越多，表明应收账款回收速度越快，企业管理工作的效率越高。这不仅有利于企业及时收回货款，减少或避免发生坏账损失的可能性，而且有利于提高企业资产的流动性，提高企业短期债务的偿还能力。

应收账款周转天数的计算公式如下：

$$应收账款周转天数 = \frac{计算期天数}{应收账款周转次数} = \frac{应收账款平均余额 \times 计算期天数}{赊销收入净额}$$

应收账款周转天数，表示企业自产品销售出去开始，至应收账款收回为止所需经历的天数。周转天数越少，说明应收账款变现的速度越快。

(2) 存货周转率。是一定时期内企业销货成本与存货平均余额间的比率，它是反映企业销售能力和流动资产流动性的一个指标。其计算公式如下：

$$存货周转率 = \frac{销货成本}{存货平均余额}$$

$$存货平均余额 = (期初存货 + 期末存货)/2$$

在一般情况下，存货周转率越高，表明企业的销货成本数额增多，产品销售的数量增加，企业的销售能力加强；反之，则销售能力不强。

存货周转率也可以用周转天数来表示，其计算公式如下：

$$存货周转天数 = \frac{计算期天数}{存货周转次数} = \frac{存货平均余额 \times 计算期天数}{销货成本}$$

(3) 流动资产周转率。是反映企业流动资产周转速度的指标。它是流动资产的平均占用额与流动资产在一定时期所完成的周转额之间的比率。

流动资产周转率有以下两种表示方法：

1) 一定时期流动资产周转次数，计算公式为：

$$流动资产周转次数 = \frac{流动资产周转额}{流动资产平均余额}$$

2）流动资产周转一次所需天数，计算公式为：

$$流动资产周转天数 = \frac{计算期天数}{流动资产周转次数} = \frac{流动资产平均余额 \times 计算期天数}{流动资产周转额}$$

在一定时期内，流动资产周转次数越多，表明以相同的流动资产完成的周转额越多，流动资产利用率越高。

2. 固定资产周转情况分析

固定资产周转率是指企业年销售收入净额与固定资产平均净值的比率。它可反映企业固定资产周转情况，是衡量固定资产利用效率的一项指标。其计算公式为：

$$固定资产周转率 = \frac{销售收入净额}{固定资产平均余额}$$

固定资产周转率高，表明企业固定资产利用充分，同时也能表明企业固定资产投资得当，固定资产结构合理，能够充分发挥效率；反之，如果固定资产周转率不高，则表明固定资产使用效率不高，提供的生产成果不多，企业的运营能力不强。

3. 总资产周转情况的分析

总资产周转率是反映总资产周转情况的指标，是企业销售收入净额与资产总额的比率。其计算公式如下：

$$总资产周转率 = \frac{销售收入净额}{资产平均余额}$$

这一比率可用来分析企业全部资产的使用效率。如果这个比率较低，则说明企业利用全部资产进行经营的效率较差，最终会影响企业的获利能力。这样，企业就应该采取措施提高各项资产的利用程度，从而提高销售收入或处理多余资产。

（三）盈利能力分析

盈利能力是指企业获取利润的能力。企业盈利能力分析可从企业盈利能力一般分析和股份公司税后利润分析两方面来研究。

1. 企业盈利能力一般分析

反映企业盈利能力的指标主要有：

（1）销售利润率。是企业利润总额与企业销售收入净额的比率。它反映企业销售收入中，职工为社会新创价值所占的份额。其计算公式为：

$$销售利润率 = \frac{利润总额}{销售收入净额} \times 100\%$$

该项比率越高，表明企业为社会新创价值越多，贡献越大，也反映企业在增产的同时，为企业多创造了利润，实现了增产增收。

（2）成本费用利润率。是指企业利润总额与成本费用总额的比率。它是反映企业生产经营过程中发生的耗费与获得的收益之间关系的指标。其计算公式为：

$$成本费用利润率 = \frac{利润总额}{成本费用总额} \times 100\%$$

该比率越高，表明企业耗费所取得的收益越高。

（3）总资产利润率。是企业利润总额与企业资产平均总额的比率，即过去所说的资金利润率。它是反映企业资产综合利用效果的指标，也是衡量企业利用债权人和所有者权益总额所取得盈利的重要指标。其计算公式为：

$$总资产利润率 = \frac{利润总量}{资产平均总额} \times 100\%$$

资产平均总额为年初资产总额与年末资产总额的平均数。此项比率越高，表明资产利用的效益越好，整个企业获利能力越强，经营管理水平越高。

（4）资本金利润率。是企业的利润总额与资本金总额的比率，是反映投资者投入企业资本金的获利能力的指标。计算公式为：

$$资本金利润率 = \frac{利润总额}{资本金总额} \times 100\%$$

这一比率越高，说明企业资本金的利用效果越好；反之，则说明资本金的利用效果不佳。

（5）权益利润率。是企业利润总额与平均股东权益的比率。它是反映股东投资收益水平的指标。计算公式为：

$$权益利润率 = \frac{利润总额}{平均股东权益销售收入净额} \times 100\%$$

股东权益是股东对企业净资产所拥有的权益，净资产是企业全部资产减去全部负债后的余额。股东权益包括实收资本、资本公积、盈余公积和未分配利润。平均股东权益为年初股东权益额与年末股东权益额的平均数。

该项比率越高，表明股东投资的收益水平越高，获利能力越强；反之，则收益水平不高，获利能力不强。

2. 股份公司税后利润分析

股份公司税后利润分析所用的指标很多，主要有每股利润和每股股利。

股份公司中的每股利润是指普通股每股税后利润。该指标中的利润是税后利润，如果发行了优先股还要扣除优先股应分的股利，然后除以流通股数，即发行在外的普通股平均股数。其计算公式如下：

$$普通每股利润 = \frac{税后利润 - 优先股股利}{流通股数}$$

每股股利是企业股利总额与流通股数的比率。股利总额是用于对普通股分配现金股利的总额，流通股数是企业发行在外的普通股股份平均数。其计算公式如下：

$$每股利润 = \frac{股利总额}{流通股数}$$

每股股利是反映股份公司每一普通股获得股利多少的一个指标。每股股利的高低，一方面取决于企业获利能力的强弱，同时，还受企业股利发放政策与利润分配需要的影响。如果企业为扩大再生产，增强企业的后劲而多留，则每股股利就少；反之，则多。

（四）发展能力分析

企业的发展能力即企业的成长性，是企业通过自身的生产经营活动，不断扩大积累而形成的发展潜能。

（1）销售（营业）增长率。

销售（营业）增长率是指企业本年销售（营业）收入增长额同上年销售（营业）收入总额的比率。其计算公式为：

$$销售（营业）增长率 = \frac{本年销售（营业）增长额}{上年销售（营业）收入总额} \times 100\%$$

其中，企业销售（营业）收入是指企业的主营业务收入。

该指标是衡量企业经营状况和市场占有能力，预测企业经营业务拓展趋势的重要标志，也是企业扩展增量和存量资本的重要前提。该指标若大于零，表示企业本年的销售（营业）收入有所增长。该指标值越高，表明增长速度越快，企业市场前景越好；反之，则企业市场前景越差。

（2）资本积累率。

资本积累率是指企业所有者权益增长额同年初所有者权益的比率，它可以表示企业当年资本的积累能力，是评价企业发展潜力的重要指标。其计算公式为：

$$资本积累率 = \frac{本年所有者权益增长额}{年初所有者权益} \times 100\%$$

该指标反映了企业所有者权益在当年的变动水平，体现了企业资本的积累情况。该指标越高，表明企业的资本积累越多，企业资本保全性越强，应付风险、持续发展的能力越大。该指标若为负值，表明企业资本受到侵蚀，所有者利益受到损害，应给予充分重视。

（3）总资产增长率。

总资产增长率是企业本年总资产增长额同年初资产总额的比率。它可以衡量企业本期资产规模的增长情况，评价企业经营规模总量上的扩张程度。其计算公式为：

$$总资产增长率 = \frac{本年总资产增长额}{年初资产总额} \times 100\%$$

该指标越高，表明企业一个经营周期内资产经营规模扩张的速度越快。但在实际操作时，应避免资产盲目扩张。

三、财务分析报告的编写

财务分析结束后，需要编写财务分析报告。财务分析报告的种类主要有综合分析报告和专题分析报告。财务分析报告应包括以下几方面内容：

（1）反映基本情况。财务分析报告要说明分析对象的基本情况，列出主要分析数据。如某政府组织的财政预算拨款数、收入数、支出数等，以及与上期比较的绝对差异和相对差异等。

（2）分析主要因素。财务分析报告要对影响分析对象的主要因素进行重点分析，这是财务分析报告的主要内容。同时，要尽可能透彻地分析影响财务状况的主要因素，如增收、减支或节支等因素及对财务收支状况影响的程度等。

（3）总结经验，发现问题。通过财务分析，要实事求是地肯定工作中好的做法和经验，更要注意发现工作中存在的问题和不足之处，对财务管理工作做出正确的评价结论。分析报告的结论应当突出重点，避免面面俱到；同时要注意不夸大成绩，不文过饰非。

（4）提出建议。根据财务分析报告的结论，针对财务分析中发现的问题，提出切实可行改进工作的建议和措施。

知识链接

编写财务分析报告的总体要求

内容完整，格式统一，数字准确，条理清楚，文字简练，重点突出，说理透彻，评价正确，建议合理，措施可行。这些都是编写财务分析报告的要求。

财务分析报告的结构一般分为标题、开头、正文、结尾四个部分。

（1）标题。一般直接指出进行财务分析的主要内容，有时还要加上年度、季度或月份等时间标志，有时也可以用建议或者意见做标题。

（2）开头。一般是概括地介绍财务活动的基本情况，提出问题和介绍分析的目的。

（3）正文。主要根据财务分析的目的和分析报告的种类来安排正文内容。如果是综合分析报告，则要对各项重要财务分析指标逐项进行财务分析；如果是专项分析报告，则应依据专题的要求展开财务分析。进行财务分析时，既要分析财务活动的成效，总结经验，又要揭示矛盾，找出产生问题的主客观原因；既要分清主次，抓住主要矛盾，突出重点，又要充分利用数据，做到有理有据，说理透彻；既要结合客观实际情况，通过准确的数字和事实，揭示问题的本质，又要对财务活动做出评价，肯定成绩，指出存在问题。有时，为了便于反映财务活动情况和说明问题，正文中还经常需要引用必要的财务报表，如收支情况汇总表、收入和支出明细表、基本数字及补充资料表、资产负债表等。这是财务分析报告的主要部分。

（4）结尾。要针对正文所说明的情况，提出改进工作的意见、建议和措施。意见应实事求是，措施要切实可行。

情境任务 2　企业经营自我诊断

◎情境导入

李强及管理团队通过财务分析发现公司的运营运能力、盈利能力都不是很强，存在销售收入低、经营成本高、利润率低等问题，这些问题是由什么原因产生的呢？李强之前听说过这样一个说法：同样在中国，平均每 10 个企业有一个被管理病"扼杀"，而在发达国家，优秀企业的管理病已完全可以预防和治疗，这也完全归功于他们的常规普查和定期、不定期的诊断手段。为了找出公司目前存在的问题及其产生原因，李强决定在公司开展一次内部诊断。同学们，请你们和李强一起来做企业自我诊断吧。

思考：你认为企业诊断能发现企业现存问题吗？

行动任务　公司内部自我诊断

1. 任务描述

公司内成立专案小组，指派专人负责，先设计公司诊断方案，按照方案实施公司诊断，诊断结束后撰写公司诊断报告书。

2. 任务建议

可以针对本小组设立的模拟公司进行企业诊断，有条件的可以为学校附近的餐饮企业、宾馆、娱乐企业做企业诊断。资源包内有企业诊断调查问卷和测评诊断工具及诊断报告样本。

3. 任务要求

诊断结束后，要将小组诊断方案、设计的问卷与公司诊断报告书整理归档上交。各类文件格式自定义（可参照书中案例）。

学习任务　企业经营自我诊断

一、企业诊断概述

（一）企业诊断的定义

诊断，是医学上常用的术语，其含义是用观察、把脉的方法判断病人的病情和病因，并开出治疗处方。诊断借用到企业经营管理上，就形成了企业诊断。

企业诊断就是分析、调查企业经营的实际状态，发现其性质、特点及存在的问题，最后提出合理经营的改革方案。

企业诊断任务有两项：一是找出或判断出企业生产经营上的主要问题，找出主要原因；二是提出切实可行的改进方案。

（二）企业诊断的意义

企业诊断可使企业知己知彼，针对存在的问题及时调整经营战略并采取对策措施。因而企业诊断是一项关系到企业生存和发展的重要活动。特别是对处于改革深化、市场经济体制不断健全的中国企业，更有其特殊的重要意义。具体地讲，企业诊断对企业生产经营有以下几方面的好处：

1. 促进管理改善，提高经营成效水平

开展企业诊断，可以掌握企业生产经营运作的现状，对企业经营管理的强项、弱点和问题点都可掌握得一清二楚，相应地就可使企业经营扬长补短，可针对问题点及时调整经营战略，采取相应的对策措施，改善管理，提高企业经营运作成效的水平。

2. 对企业实施年度经营方针和目标，能起到重大的促进作用

对年度方针目标实施进行诊断就可掌握年度方针目标进展情况，发现实施中存在的重大问题。通过印发诊断报告，提出改进建议，就可对实现年度经营方针和目标起到重大的促进作用，提高目标的实现率。

3. 为企业发展规划提供必要的依据

当企业制定或调整经营战略和编制企业发展规划之时，企业经营的现状是重要的依据之一。通过企业诊断和编写的诊断报告，可满足企业发展策划的需要。

4. 弥补企业领导知识和能力的不足

企业领导希望企业生产各方面都能做到出色，但由于受知识水平和能力所限，很难亲自去各个经营领域中进行调查和推动。通过企业诊断，就可为领导提供各个经营领域中存在的主要问题及其改善方案。这样，就可弥补领导知识和能力的不足。

（三）企业诊断的方式

企业诊断的方式，一般可分为企业内部人员诊断和企业外部人员诊断两种。而企业内部和外部人员的诊断又可具体各划分为 3 种，具体如图 6—1 所示。

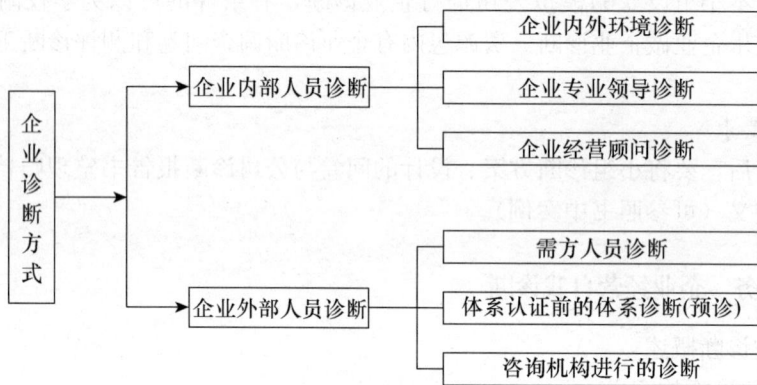

图 6—1　企业诊断方式

企业内部人员诊断和企业外部人员诊断各有其优缺点。

企业内部人员诊断除具有上文所述"企业诊断的意义"中所讲的好处外，还有费用低、诊断时间安排企业能自主、介绍情况的时间短等优点；其最大的缺点是对企业生产经营上的问题往往习以为常，视而不见，不易发现问题。

企业外部人员诊断的优点是客观公正，冷眼观察，易于发现问题；其缺点是费用昂贵，诊断时间需协商，介绍情况的时间长。特别是现在国内有些咨询机构的咨询人员，缺乏实践经验，提出的改进方案缺乏可操作性和有效性，致使企业花了人力、物力、财力、时间而得不到预期的效果。

（四）企业诊断工作的主要内容

（1）采用各种分析和调查方法对企业现状进行调查。根据调查对象的性质及研究目的，单独或综合运用各种专门分析方法（其中包括经营分析、流程分析、生产分析和接触检查等）进行分析。

（2）要根据对实际情况的了解，在明确企业性质、特点后，查明经营缺点所在。这里所谓的缺点（需要改革的事项），也包括为了加强销售能力及生产能力所采取的必要事项在内。在提出改革方案时，不能局限于消极地改正缺点，还要制定旨在促进企业发展的具体措施。因此，改革方案的内容将根据企业就诊目的而有所不同。

（3）为了达到诊断的目的、付诸实施以及维护诊断的权威，需要编制诊断报告书，并举行说明会，根据需要也可以进行实施指导。

知识链接

企业内部诊断的内容如图 6—2 所示。

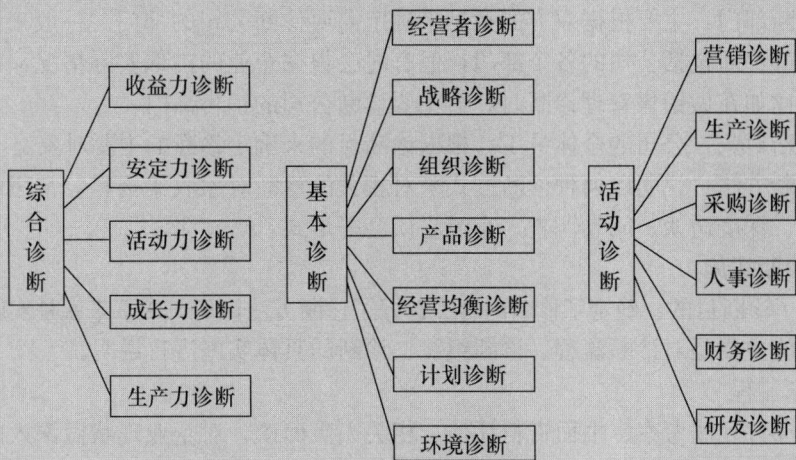

图 6—2　企业内部诊断的内容

二、诊断方案

正确地编制诊断方案是保障整个企业内部诊断活动取得成功的基础。一个完善而系统的诊断方案一般包括诊断背景、诊断目的、诊断内容、诊断方法、诊断实施、质量控制、日程安排等。

（一）诊断背景

诊断背景是企业内部诊断工作开展的原因，是企业诊断必要性的大致介绍和总体概况。主要内容包括：简要描述行业大背景，阐明行业历史、行业现状以及行业发展趋势；分析企业（产品）市场现状、优势与劣势、机会与威胁；在此基础上，推导出做企业诊断的必要性、分析的目的等。

（二）诊断目的

诊断目的主要是针对企业内部和企业产品而定的，它包括诊断涉及的各个细节点。简而言之，就是解释为什么要进行企业内部诊断，即通过企业内部诊断所获得的信息将主要用来解决什么问题。它是对如何解决客户决策及管理问题的具体问答，一般根据客户的要求而有所变化。诊断设计人员应该根据客户具体情况，在充分酝酿的基础上，灵活、机动地确定此次诊断的目的。

具体化的诊断目的可以从企业组织、生产管理、销售管理、财务管理等方面展开。

（三）诊断内容

企业是否需要诊断，哪些范围的工作需要诊断，取决于企业诊断的目的。目的不同，企业诊断的范围、内容和要求就不一样。它主要解决为达到企业内部诊断目的，必须收集哪方面的信息的问题。

一般而言，诊断的内容主要有：企业的组织构架、企业的人力资源管理、企业的营销管理、企业的激励机制、企业员工的满意度等。

（四）诊断方法

企业内部诊断方法主要说明从什么地方、什么人、用什么方法来收集有关的信息。它一般对三个内容进行说明：诊断部门、诊断对象、诊断方法。

（1）诊断部门：主要根据双方的意见来确定需要诊断公司的部门。一般来说，一个全面的企业内部诊断包括公司的各个部门，但有时会根据企业的内部实际情况，确定主要的诊断部门，比如在做销售管理诊断时，会主要诊断公司的销售部门。

（2）诊断对象：公司的全体员工，根据诊断目的来确定诊断的主要对象。

（3）诊断方法：说明以何种诊断方式来对相关的诊断对象收集资料。常用的诊断方法有案头诊断、深度访谈、问卷调查、小组座谈会等形式。

（五）诊断实施

在明确了诊断目的、确定了诊断内容、选好了诊断方法以后，接下来就是实施诊断了。诊断实施主要是对诊断流程、诊断组织、诊断的具体实施进行说明。

1. 诊断流程

主要是通过现场考察、书面资料评估、相关人员面谈，对企业现状做深入的剖析，发现企业的问题所在，提出针对性的改善建议，并指导企业进行改进的过程。

知识链接

企业内部诊断流程如图6—3所示。

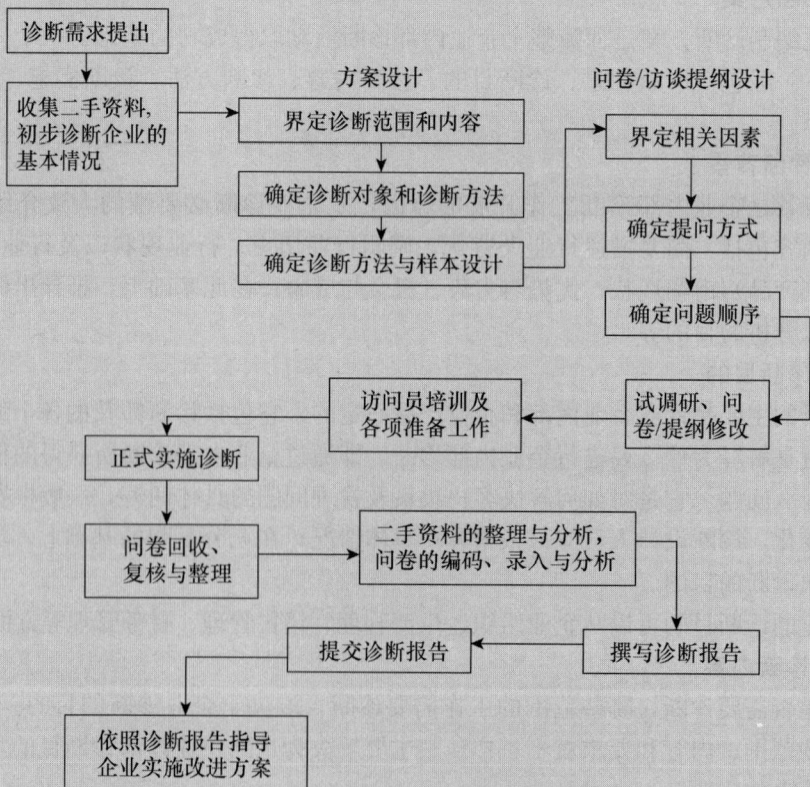

图6—3 企业内部诊断流程

2. 诊断组织

诊断组织一般包括诊断小组、诊断组组长、诊断人员。

（1）诊断小组。不管是企业领导主持的诊断还是经营顾问组织的诊断，都必须组成诊断小组。诊断小组的人员要少而精，一般为 3～4 人，最多不超过 6 人，被诊断对象内容多时可适当增加。

（2）诊断组组长。诊断组组长的人选关系到企业诊断能否取得成功。要求诊断组组长除应具有知识面广、经验丰富、思维敏捷、反应快的特点外，还应具备善于观察、分析、归纳和正确判断的能力，并且应是诊断工作领域的专家。

（3）诊断人员。参加企业诊断的人员，应具备两方面的知识和技能：一是具有与被诊断工作领域有关的业务知识；二是掌握进行诊断调查和发现问题的技能。

3. 诊断的具体实施

诊断的具体实施是按照诊断日程的安排，执行诊断方案以达到诊断目的行为。这体现了企业诊断与传统企业咨询的明显差别。企业诊断除了对企业的经营活动进行全面诊断，提出建议改进方案外，还负责指导企业实现诊断方案。而传统的咨询顾问公司只是就具体的问题帮助企业论证或提出解决方案，并没负责执行和指导方案的实施。

（六）质量控制

质量控制贯穿着整个诊断流程。其目的是通过规范诊断各个阶段的工作，并通过成熟的程序来检验和监视整个诊断流程，排除各段导致不满意的因素。质量控制是保证客观、科学地收集市场信息的前提。过程控制的好坏直接影响诊断结论的正确性。

针对一个项目成立专门的诊断小组，由诊断组组长任该项目的负责人，协调整个调研的进行并对调研质量实行直接控制。

（七）日程安排

为了使诊断工作有条不紊，就要有计划地安排诊断工作的各项日程，对诊断所需的日期、进度、地点和执行人员依诊断的流程分别予以界定，用以规范和保证诊断工作的顺利实施。

知识链接

诊断的实施步骤在时间安排上可参考以下内容（时间仅供参考，可根据具体情况调整）：

（1）诊断方案、问卷的设计（3 天）；

（2）诊断方案、问卷的修改与确认（4 天）；

（3）项目准备阶段（2 天）；

（4）实地诊断阶段（4 天）；

（5）数据预处理阶段（3 天）；

（6）数据统计分析阶段（5 天）；

（7）诊断报告撰写阶段（5 天）。

三、企业诊断技巧

当一个企业患上"企业病"时，要想恢复"健康"，可能最需要的不仅是医者高超的医术，更需要医者的细心。善于发现问题，并且对症下药。在这方面，中医的"望、闻、问、切"之道，对企业病的诊治有重要的启迪意义。

（一）望的艺术

眼睛是心灵的窗户，人有了明亮的双眼，即可洞察一切。在内部诊断的时候，尤应发挥自己双眼的"望"功，善于发现问题点、症结点之所在，然后再做出科学明智的举措和决策，也就是说"善望才能善断"。"望"之艺术性，不仅在于"知望"，重要的是"善望"、"会望"，做到望大亦望小，望远亦望近，望高亦望低，望细亦望粗。例如：诊断人员可要求查看与被诊断工作区域有关的现场、文件资料和实物，再通过与被诊断方工作人员的接洽言谈，察言观色找出蛛丝马迹。

（二）闻的艺术

"闻"即"听"，要随时听，不断听，兼听，专心听，追着听，从不同角度来听。一般来说，"听"的过程实际上是捕捉和处理信息的过程，是掌握言者心态的过程。不但要善于"听"，更要善于快速准确地处理和及时地反馈。例如：诊断人员听被诊断工作领域有关人员按"调查提纲"来进行介绍时，除了例行的介绍工作状况信息外，还应让被诊断方提供书面的证实文件、资料或记录作为言者的证论。

（三）问的艺术

人体的内部结构是比较复杂的，一个企业或部门也一样，要使其健康起来并非易事，在一定时期内，必然要连续不断地遇到各种问题，除了要靠"医生"本身去"望"、"闻"发现问题外，还要主动地询问，以得到更多的潜在信息。但是如果不"问"或不讲究"问"的方式，那么潜伏性强的问题很难暴露，最终会造成不良后果。诊断人员可以在望、闻的基础上提出问题，请有关人员解答。

（四）切的艺术

在中医学中，"切"就是为病人号脉，诊断人员根据望、闻、问的结果，顺藤摸瓜，核实望、闻、问的实际情况，向生产工人、基层工作执行者、高层管理者提问，并且查看原始凭证等。

四、企业内部诊断的主要内容

企业诊断的目的指导整个诊断活动，诊断的内容涉及方方面面，每次诊断都要针对调研目的来确定诊断的重点内容。现在我们来看一看诊断内容的主要类别。一般而言，诊断的主要内容有：企业的组织架构、企业的营销管理、企业的人力资源管理、企业员工的满意度等。

（一）企业的组织架构诊断

搭建企业组织结构的主要目标在于通过一系列"组织过程"来实现企业的经营活动，进而构建企业的最优价值链。因此，企业经营目标的实现在很大程度上依赖于健全的组织架构。为了寻找对企业的人、财、物进行适当组合的方式，给企业经营活动创造更优的组织环境，企业需要诊断。

1. 企业的构成体系

主要包括人员的归属、部门（或单元）的划分、职责的确认、部门（或单元）间的控制方式等。它在很大程度上决定着企业对市场需求变化的响应能力。

2. 企业个体成员或构成单元相互间的协同关系

主要包括上下级之间的主从约束（纵向）、各部门/各单元间的配合（横向）等。协同关系是组织结构形成、运转、重构的最重要前提。

3. 企业的组织行为

企业的组织行为必须限定在相关的活动空间，并受到一定的规范约束，规范性既是指导企业组织运作的基础，亦是实现组织协同的前提。

4. 动态性企业的组织结构的市场性

市场环境和客户需求不断变化，组织结构对市场的反应能力直接制约着企业的生存。因此，企业的组织结构不能再墨守过去那种刚性的、僵化不变的形式，应随市场变化而敏捷地做出调整。

知识链接

企业组织架构诊断的基本问题

（1）企业是否有明晰的组织结构？

（2）这个组织结构是否满足企业的需要？

（3）企业组织结构中的管理跨度是否合适？

（4）企业组织结构中类似的活动是否被恰当地安排在一起了？

（5）职能部门是否放在企业组织结构的合适位置？

（6）企业的组织结构是否体现了统一命令的原则？

（7）企业的管理者是否进行了恰当的分权？

（8）企业的岗位描述是否明确？责、权、利是否明确？

（员工知道自己在企业中的功能、作用、应该做些什么、达到什么结果，具体内容有职位介绍、主要职责、职位资格、职位权限、组织结构、职位关系。）

（9）企业职工是否感到他们的工作岗位有意义，有满足感和挑战性？

（二）企业的营销管理诊断

为了制定正确的营销政策，搞好市场信息管理和广告宣传以及售后服务，实现用户完全满意，更好地参加市场竞争，战胜竞争对手，开拓市场，提高市场占有率，企业需要进行诊断。企业营销管理诊断的内容一般包括市场要素诊断、产品及价格策略诊断、分销渠道诊断、促销策略诊断、营销组织及队伍状况诊断。

知识链接

企业营销管理诊断的基本问题

一、市场要素诊断

（1）所在行业的体系是什么样的？

（2）企业将会如何发展？

（3）公司在本行业中属于哪一种类？

（4）供求为什么会发生变化？

（5）需求变化的长期趋势是什么？

（6）对公司产品的需求是在增长还是在衰减？

(7) 你观察到的变化是长期趋势还只是一时流行的风尚？

(8) 公司产品的市场将可能出现什么情况？

(9) 市场中是否存在反常情况？

(10) 公司是否属于新加入者不容易参与竞争的行业？

(11) 行业是否能遵守约定，是否有削价竞争的问题？

(12) 如果吸收、合并其他企业，或采取合作方式，能否扩大市场？

(13) 是否可借助现有的主力商品（强势商品）提高销售额？

(14) 公司的产品是否以附加值较高者为主体？其销售额能否继续扩大？

(15) 是否可获得消费者体谅而轻易涨价？

(16) 是否拥有购买力强的顾客？

(17) 是否受到政府或有关机关的保证？

二、产品及价格策略诊断

(1) 公司有正确的关于革新的理念吗？这种理念广为认同了吗？

(2) 寻求新产品创意的方法多吗？

(3) 筛选各种创意的程序合理吗？有无出现相反的情况？

(4) 产品概念的发展与试验踏实吗？

(5) 有无拟订市场营销占领报告书？

(6) 营业分析进行了吗？

(7) 产品开发高效吗？

(8) 有无进行市场试验？

(9) 大规模商业化的时机、地理位置、推出方式合适吗？

(10) 价格决定权属于谁？

(11) 推出新产品定价是否有完整而科学的程序？

(12) 定价目标是否踏实而明确？

(13) 充分考虑成本因素了吗？

(14) 充分考虑竞争因素了吗？

(15) 充分考虑消费心理因素了吗？

(16) 定价方法的选择有依据吗？

(17) 采用了哪些定价技巧？

(18) 是否考虑该项产品的生命周期而确定最合适的价格？

(19) 定价策略的采用依据是什么？

(20) 销售的折价、折价是否考虑购买数量的多寡、淡旺季节变动而有适当的伸缩？

(21) 对销售渠道上的各层次，在价格折扣上，是否有令人满意的利益分配？

(22) 存在地区及销售情况差别价格吗？

三、分销渠道诊断

(1) 现行的销售渠道政策大体如何？

(2) 销售渠道是怎么定的？是经验、习惯还是战略考虑？

(3) 假如销售渠道是依据战略考虑决定的，那么是基于什么战略？

（4）销售渠道的合理性如何？

（5）它们的目标是什么？

（6）销售渠道的层次有几个？

（7）与销售商的关系是什么样的？长期合作还是相机而定？

（8）如何激励销售商？

（9）如何控制销售商？

（10）各商品类别的销售渠道如何？

（11）销售渠道是否与经营品种相适应？

（12）供货速度如何？

（13）存货位置是否合理？

（14）是否需要开发更有利的销售渠道？

（15）有几个销售商？

（16）各销售点的平均人数是多少？

（17）各销售点的平均成绩如何？

（18）各销售点店员的平均年龄、平均工龄、销售能力如何？

（19）现行的销售渠道有无可能扩大市场？

（20）现行的销售渠道是否完善？

（21）现有渠道的主要问题是什么？

（22）将来打算采用的销售渠道政策大致是什么？

四、促销策略诊断

（1）是否制订了年度促销计划？

（2）有无宣传计划？是否周密地制订了日程计划和费用计划？

（3）对消费者采用了何种促销方法？

如：设立消费者奖励；对消费者进行教育；向消费者发放宣传材料；为消费者举办展览会；为消费者进行实地表演；发给赠品兑换券；建立评议员制度；向消费者提供新产品；发给优惠券；让消费者试用新产品；设立商品陈列室；开办商品咨询活动。

（4）对经销商采取了何种促销方法？

如：对商店经营加以指导；货架管理；培训教育；联合做广告宣传；举办联谊会；允许提成；让经销商之间展开竞赛；向经销商提供销售用具；向经销商发放公司内部用物；向其职员赠送礼品等。

（5）本公司采用何种促销方法？

如：让推销员之间展开竞争；制定推销员手册；制作产品目录；办公司内部刊物；提供销售用具等。

（6）对供货商（厂家或批发商）给予了哪些支持？

（7）促销计划的预算是怎样计算的？

（8）是否会因市场状况或季节变动而举行促销活动？

（三）企业的人力资源管理诊断

"人"是企业竞争之本，若人力和人才资源不足，企业必将陷入困境，这已成为企业家们的共识。为了寻找正确的途径，加快人力和人才资源的开发，找到更好地发挥已拥有的人力和人才资源的作用、挖掘他们潜力的方法，企业需要进行诊断。

知识链接

企业人力资源管理诊断的基本问题

1. 企业有否对人力资源进行预测？
(1) 企业未来发展对人力资源需求的数量和类型预测；
(2) 企业未来的人力资源状况的预测；
(3) 未来行业竞争形势的预测和社会人才资源供求关系的预测。

2. 企业现有人力资源的配置是否合理？
(1) 人力组织架构设计合理；
(2) 岗位设计适应企业发展的需要；
(3) 人员配置结构兼顾个人和群体素质；
(4) 及时恰当地起用新人，创造新增长点；
(5) 适当进行人力资源交流，兼顾发展和继承；
(6) 制定防止现有人力资源流失的措施；
(7) 为员工提供足够的发展空间。

3. 为发挥员工积极性、创造性，企业采取了哪些措施？
如：设计富有吸引因素的薪酬管理制度、完善福利保险制度、改善工作环境、加强企业凝聚力、注意各阶层人员的情感交流、让员工适当地参与决策及管理等。

4. 有没有为保持人力资源的不断增值采取相应的措施？
如：有系统和有计划地培训人员以改善人员的知识和技能结构、开发及引进人才、提高现有人员的素质、创造拴心留人的软硬条件等。

5. 企业有没有定期开展对人力资源有效的评估？
如：评估岗位描述，评估工作目标实现情况，个人能力情况，评估岗位员工所需要的岗位知识、技能等，通过岗位描述所达到的结果和工作目标完成的情况，对员工的工作进行量化考核，人力资源的投入产出效益状况；对企业人力资源管理的指导思想、劳动人事政策、管理方式、手段的考核评价。

6. 企业的劳资关系协调得怎样？

7. 有没有规范本企业的劳资行政工作和员工应遵守规章制度？
如：员工手册、考评制度、考勤制度、社会保险制度、合同签订制度，培训制度、保密制度、劳资纠纷处理制度等。

（四）企业员工满意度诊断

企业作为一种由"人"聚集而形成的团队组织，企业中员工活动的总和构成了企业的各种生产经营活动。"人"是先进技术和科学管理的载体，企业的技术进步和科学管理都靠人——员工去实施，没有员工的积极性，纵有再先进的技术和现代科学管理，也发挥不了作用。企业中员工的理念、思想、精神面貌、工作作风和人际关系等，都直接影响企业的经营业绩。员工是企业内部客户，员工满意就是内部客户满意，是顾客/客户满意的基础。因此，要让员工满意，调动员工的积极性，充分发挥员工的潜力，企业需要诊断。

> **知识链接**
>
> ### 企业员工满意度诊断的基本问题
>
> 1. 对工作背景的满意程度
> (1) 工作空间质量。对工作场所的物理条件、企业所处地区环境的满意程度。
> (2) 工作作息制度。合理的上下班时间、加班制度等。
> (3) 工作配备齐全度。工作必须的条件、设备及其他资源是否配备齐全、够用。
> (4) 福利待遇满意度。对福利、医疗和保险、假期、休假的满意程度。
> 2. 对工作群体的满意程度
> (1) 合作和谐度。上级的信任、支持、指导，同事的相互了解和理解，以及下属领会意图、完成任务情况。
> (2) 信息开放度。信息渠道畅通、信息的传播准确高效等。
> 3. 对企业的满意程度
> (1) 企业了解度。对企业的历史、企业文化、战略政策的理解和认同程度。
> (2) 组织参与感。意见和建议得到重视、参加决策等。
> 员工满意度的重要之处在于通过对员工满意度的测量和分析，企业可以了解员工的工作状态，反省企业管理状况，及时改进管理，增强企业凝聚力。

五、企业诊断访谈提纲及问卷设计

一般来说，企业内部诊断调查主要针对企业的高层领导、中层领导、基层员工进行，调查的方法也分为深度访谈和问卷调查等。

（一）问卷及提纲的基本组成部分

对相关人员进行深度访谈的提纲与问卷的构成，一般都包含问卷说明、被访问者的基本情况、访问员的基本情况、主体部分（即问题部分）四个部分。

(1) 问卷说明。即开场白，其意在向调查者说明调查的意图、填表须知和时间等。它可以用简短的语言进行说明，也可以以信函的形式详细说明。

(2) 被访问者的基本情况。深度访谈的内容包括姓名、地址、邮编、联系电话等；问卷访问的内容包括姓名、联系电话、性别、职业、年龄、收入、文化程度、家庭人口等。

(3) 访问员的基本情况。包括姓名、职务等。

(4) 主体部分。它以提问的形式，要求被访问者就调查内容表达自己的看法或态度。

（二）访谈提纲

为了使访谈不会偏离诊断调查的目的和范围，在诊断调查前，应由诊断组组长亲自或组织诊断人员拟订"访谈提纲"。"访谈提纲"应覆盖被诊断工作的范围和内容，以便按"提纲"调查，避免漏项，找出问题点时能依据"提纲"评价打分，并根据评价打分确定问题点。"提纲"应以提问的方式，按被诊断工作内容分层次有逻辑地列出；"提纲"应具有可操作性。

实例链接

例6—4

访问对象：基层员工

(1) 请介绍一下您的个人经历，尤其是在本企业的经历。

姓名：　　　　　　性别：　　　　　　　　年龄：

职务：　　　　　　在公司的时间：　　　　学历：

(2) 请您谈谈您的日常工作情况，碰到最大的困难是什么？为什么？

(3) 您是怎样看待公司的客户/顾客？

(4) 据您的亲身体验，客户/顾客对公司服务/产品满意和不满意的地方在哪？这与公司现在的工作有什么联系？

(5) 您认为公司需要在哪些方面改进，以适应客户/顾客变化的要求？

(6) 公司其他同事对公司满意和不满意的地方主要是哪里？

(7) 在日常工作中，其他部门有无不合作的情况？其他的部门对本部门是否有投诉？各自体现在哪？公司上下级的沟通怎样？

(8) 您怎样看待公司的凝聚力？它与公司现在通行的激励分配机制有什么关系？

(9) 如果您的竞争对手较成功，您认为他的成功要素是什么？

(10) 您认为公司目前哪些方面需要改革？其中最需要改革的地方是哪方面？

(11) 请谈谈您对公司经营管理、发展规划的看法。

(12) 您是否参加过企业组织的员工培训？培训的内容适合您吗？您觉得目前员工最需要的培训内容是什么？

(三) 问卷

为了对企业内部情况有一个更加整体、更加客观的把握，诊断一般还会配合采用问卷调查的方法。问卷调查属于定量研究，通过严格抽取样本进行分析，允许对结果进行量化处理。这样得出的信息更具代表性、客观性。客户得到的是清晰的数字和有针对性的建议。一个好的定量研究必须具备：正确的资料收集方法，严格的质量监控，正确的统计方法和数学模型的应用，专业人士的分析，客观的误差分析。

实例分析

例6—5

本次调查旨在了解各位对公司管理上的一些看法，并收集各位的宝贵意见，以改进和完善公司相关管理工作。您的意见对我们非常重要。本次调查采用匿名调查的方式进行，我们保证您不会因此受影响。

1. 您认为公司目前的主要优势：（多选）

人才优势——1　　领导优势——2　　资金优势——3　　政策优势——4

策略优势——5　　管理优势——6　　技术优势——7　　服务优势——8

设备优势——9　　　产品优势——10　　　其他——11

2. 您认为公司存在的主要问题是：（多选）

人才得不到运用——1　　　　　　　管理程序很乱——2

上下级缺乏沟通——3　　　　　　　缺乏科学规划——4

大锅饭现象严重——5　　　　　　　决策不民主——6

许多制度不健全——7　　　　　　　职责分工不明——8

已有内部宗派——9　　　　　　　　营销观念欠缺——10

其他——11

3. 您认为员工存在的主要困惑是：（多选）

工作缺乏目标——1　　　　　　　没有将合适的人安排在合适岗位——2

人与人之间缺乏沟通——3　　　　　员工正常淘汰率低——4

没有合理的激励与发展机制——5　　个人工作压力小——6

论资排辈现象大量存在——7　　　　普通员工发展前景有限——8

其他——9

4. 您认为公司有及时发现问题的科学管理机制吗？（单选）

有——1　　　　　　　　　　　　　没有——2

有，但不健全——3　　　　　　　　不理解——4

5. 您认为公司有迅速解决问题的有效办事程序吗？（单选）

有——1　　　　　　　　　　　　　没有——2

有，不健全——3　　　　　　　　　有，但很混乱——4

不清楚——5

6. 您认为公司有很好的工作前的计划制度吗？（单选）

有——1　　　　　　　　　　　　　没有——2

有，但不易懂——3　　　　　　　　不清楚——4

7. 您认为公司对一件事情有科学的决策程序吗？（单选）

有——1　　　　　　　　　　　　　没有——2

有，但不健全——3　　　　　　　　有，太繁琐——4

不清楚——5

8. 您认为公司的一件事情落实下去后，有及时的反馈制度吗？（单选）

有——1　　　　　　　　　　　　　没有——2

有，不完善——3　　　　　　　　　不清楚——4

9. 您认为公司的事情在实施过程中，有很好的控制、考核评估制度吗？（单选）

有——1　　　　　　　　　　　　　没有——2

有，不完善——3　　　　　　　　　不清楚——4

10. 您觉得在工作中与其他部门沟通、协作容易吗？

很容易——1　　　　还可以——2　　　　不容易——3　　　　很不容易——4

11. 您是自愿参加公司组织的业余活动吗？

自愿——1　　　　　非自愿——2　　　　说不准——5

12. 每天上班后，您最先做的三件事分别是：

1. _____ 2. _____ 3. _____

六、企业诊断报告书撰写

（一）企业诊断报告书的类型

企业诊断报告书是在企业诊断过程结束时写出的有关经营管理中存在的问题和提出改善方案的报告文书。

一般情况，企业诊断报告书按内容划分，主要有以下三种：

（1）综合诊断报告书。主要包括外部经营环境诊断、经营战略诊断、产品竞争能力诊断等内容。

（2）专业诊断报告书。如财务管理诊断报告书、质量管理诊断报告书等，主要着眼解决企业专业管理中存在的问题。

（3）专题诊断报告书。主要着眼于解决特定的经营项目和经营课题。

（二）企业诊断报告书的写作格式

企业诊断报告书，一般由文字报告和各种附表组成。文字报告大致包括：诊断缘由、诊断成员的构成、诊断工作概况；受诊断企业的现状和主要问题；改善意见及效果预计。以上内容可视不同情况，选择取舍。其格式如下：

（1）标题。如"关于××市××公司企业诊断报告"。

（2）诊断概要。交代诊断缘由、依据、目的，说明诊断组成人员的构成情况，概述诊断时间、对象、范围和诊断经过、内容要点以及诊断方法。在整个报告中，诊断概要起开头、铺垫作用。

（3）诊断评价。一般包括企业概况、基本评价、弊病剖析三项内容。

（4）改善建议及效果预计。

（5）结尾。在主体部分下一行右方署名，并写明日期，注明附件于后。

知识链接

常见的"企业病"及其具体表现

1. 组织架构上的企业病

（1）组织机构臃肿，人浮于事，反应迟缓，无创新精神。

（2）链条过长，等级森严。

（3）机构设置随意、重复。

（4）职能部门和管理层人员庞大，存在因人设岗的现象。

2. 内部管理上的企业病

（1）管理层次繁多，使下情不能上达，上意不能下行。

（2）管理体系混乱，部门职能弱化，存在多头和交叉管理。

（3）制度形式化，形式主义泛滥。

（4）出现过度集权现象，人治现象严重。

（5）缺乏危机意识，缺乏内部沟通。

3．人力资源上的企业病

（1）基层人员流失严重，中高层人才的作用又得不到充分发挥。

（2）人力资源无规划，储备系统没有建立。

（3）用人制度刻板，追求公司现有标准的大统一。

（4）缺乏包容性，任人唯亲，而不是任人唯贤。

4．激励机制上的企业病

（1）吃大锅饭，强求公司大统一的标准。

（2）奖罚制度不分明，不合理。

（3）空头允诺过多。

（4）考评制度不完善，同工不同酬，缺乏竞争性薪资。

（5）实行双重标准。

5．营销管理上的企业病

（1）没有制定有序的营销策划工作。

（2）网络建设不当，过分依赖经销商。

（3）对终端认识模糊，忽视终端建设。

（4）门市管理混乱，远程遥控不力。

（5）对业务员管理松懈，出现工作作风拖拉、擅离职守现象。

（6）过多依靠个人的力量，没有形成整体的合力。

（7）营销工具落后。

6．销售管理上的企业病

（1）没有明确的销售策略。

（2）销售目标模糊。

（3）业务队伍素质不高。

（4）后勤支持系统跟不上。

7．市场推广上的企业病

（1）没有系统的市场推广计划。

（2）市场推广目标不明晰。

（3）盲目追求广告轰动效应。

知识链接

各类型企业容易出现的主要问题

1．大企业主要存在的问题

（1）缺乏挑战精神。

（2）官僚主义横行。

（3）危机感的丧失。

2．零售企业主要存在的问题

（1）地理位置不佳。

(2) 商店管理不善。

(3) 企业形象不佳。

(4) 商品布局不合理。

(5) 货品单一，缺少名牌。

(6) 与客户关系不善。

(7) 商圈商场过多，僧多粥少。

(8) 企业文化建设不力。

3. 高技术企业主要存在的问题

(1) 预算不足，投资不到位。

(2) 市场变化时过境迁。

(3) 技术"高度"不够，转化能力不够。

(4) 高度足够，新度不够，无卖点。

(5) 硬件足够，软件不够，综合实力低下。

4. 个体企业主要存在的问题

(1) 组织管理体制不健全。

(2) 缺乏长远的战略眼光。

(3) 缺少品牌意识，企业形象差。

(4) 缺乏人才，管理不严。

5. 国有企业主要存在的问题

(1) 盲目多元化。

(2) 人力资源架构不合理。

(3) 薪酬制度不合理，人才流失现象严重，员工没有积极性。

(4) 人浮于事现象严重。

(5) 现代企业产权制度不明晰。

(6) 财务制度不健全，过度负债经营。

6. 中国的股份制企业存在的问题

(1) 股份制改造成了集资的手段。

(2) "穿上新鞋走老路"的股份制。

(3) 股份制等同于"私有制"。

7. 企业的兼并与扩张中存在的问题

(1) 追赶时髦，盲目兼并，追求规模或形式上的大而全。

(2) 企业兼并中的政府行为。

思考与讨论

1. 企业为什么要进行财务分析？

2. 企业财务分析的方法有哪些？

3. 企业财务分析的指标有哪些?
4. 企业诊断有何意义?
5. 如何开展企业诊断?

拓展训练

寻找当地一家经营不善的企业,尝试为其进行经营诊断。

参考文献

[1] 靳胜福. 畜牧业经济与管理. 北京：中国农业出版社，2008.

[2] 黄渝祥. 企业管理概论. 北京：高等教育出版社，1998.

[3] 刘瑞军. 企业经营管理. 北京：中国农业大学出版社，2007.

[4] 吴振顺. 现代企业管理. 北京：机械工业出版社，2004.

[5] 王钊. 现代企业管理概论. 北京：中国农业出版社，2003.

[6] 余向平. 企业管理原理. 北京：经济管理出版社，2004.

[7] 王革非. 战略管理方法. 北京：经济管理出版社，2002.

[8] 吴振兴. 管理的游戏规则. 北京：现代出版社，2004.

[9] 曹军. 现代企业经营管理基础. 北京：中国农业大学出版社，2006.

[10] 陈新平. 企业管理自我诊断. 北京：中国物资出版社，2003.

[11] 王小兰. 现代企业管理. 成都：四川人民出版社，2000.

[12] 赵有生. 现代企业管理. 北京：清华大学出版社，2006.

[13] 于俊，胡小九. 市场调查与预测. 北京：中国传媒大学出版社，2010.

[14] 徐阳. 市场调查与市场预测. 北京：高等教育出版社，2005.

[15] 赵轶. 市场调查与分析. 北京：北京交通大学出版社，2008.

[16] 王瑶. 市场营销基础实训与指导. 北京：中国经济出版社，2009.

[17] 方四平，吕莲. 市场营销技能实训. 北京：清华大学出版社，2009.

[18] 魏玉芝. 市场营销实训项目教程. 北京：清华大学出版社，2010.

[19] 覃常员. 市场营销理论与实践. 北京：北京交通大学出版社，2009.

[20] 黄彪虎. 市场营销原理与操作. 北京：北京交通大学出版社，2008.

[21] 赵兴军. 现代市场营销学案例教程. 北京：北京交通大学出版社，2007.

[22] 顾青，赵亚翔，姚长佳. 市场营销. 大连：大连理工大学出版社，2006.

[23] 冯文权. 经济预测与决策技术. 武汉：武汉大学出版社，2008.

图书在版编目(CIP)数据

现代企业经营管理/相成久主编. —北京：中国人民大学出版社，2016.1
21世纪高职高专规划教材. 工商管理系列
ISBN 978-7-300-21422-1

Ⅰ.①现… Ⅱ.①相… Ⅲ.①企业经营管理-高等职业教育-教材 Ⅳ.①F270

中国版本图书馆 CIP 数据核字（2015）第 120219 号

职业教育工学一体化课程改革规划教材
21世纪高职高专规划教材·工商管理系列
现代企业经营管理
主　编　相成久
Xiandai Qiye Jingying Guanli

出版发行	中国人民大学出版社		
社　　址	北京中关村大街 31 号	**邮政编码**	100080
电　　话	010－62511242（总编室）		010－62511770（质管部）
	010－82501766（邮购部）		010－62514148（门市部）
	010－62515195（发行公司）		010－62515275（盗版举报）
网　　址	http://www.crup.com.cn		
	http://www.ttrnet.com（人大教研网）		
经　　销	新华书店		
印　　刷	北京七色印务有限公司		
规　　格	185 mm×260 mm　16 开本	**版　　次**	2016 年 1 月第 1 版
印　　张	17.5	**印　　次**	2019 年 8 月第 4 次印刷
字　　数	416 000	**定　　价**	38.00 元